U0529539

本书为国家社科基金一般项目"西南乡村0—3岁儿童养育和照料的社区整合机制研究"(项目批准号:18BSH160)结项成果

乡村育儿的社会化出路

——以西南乡村0—3岁儿童为例

| 李树燕 著 |

中国社会科学出版社

图书在版编目(CIP)数据

乡村育儿的社会化出路：以西南乡村0—3岁儿童为例/李树燕著.—北京：中国社会科学出版社，2023.4
ISBN 978-7-5227-1597-1

Ⅰ.①乡… Ⅱ.①李… Ⅲ.①农村—婴幼儿—社会服务—研究—中国 Ⅳ.①G61

中国国家版本馆CIP数据核字(2023)第047988号

出 版 人	赵剑英
责任编辑	马　明
责任校对	王佳萌
责任印制	王　超

出　　版	中国社会科学出版社
社　　址	北京鼓楼西大街甲158号
邮　　编	100720
网　　址	http://www.csspw.cn
发 行 部	010-84083685
门 市 部	010-84029450
经　　销	新华书店及其他书店
印　　刷	北京明恒达印务有限公司
装　　订	廊坊市广阳区广增装订厂
版　　次	2023年4月第1版
印　　次	2023年4月第1次印刷
开　　本	710×1000 1/16
印　　张	21.75
插　　页	2
字　　数	335千字
定　　价	99.00元

凡购买中国社会科学出版社图书，如有质量问题请与本社营销中心联系调换
电话：010-84083683
版权所有　侵权必究

目　　录

第一章　导论 ……………………………………………………（1）
　一　问题的提出 ……………………………………………（1）
　二　核心概念界定 …………………………………………（2）
　三　研究方法与数据处理 …………………………………（12）
　四　文本结构与主要内容 …………………………………（14）

第二章　文献综述与理论框架 ……………………………（18）
　一　文献综述 ………………………………………………（18）
　二　西南乡村0—3岁儿童养育和照料社区整合机制
　　　建构思路 ………………………………………………（24）

**第三章　西南乡村0—3岁儿童成长环境及社区整合
　　　　　现状调查** ………………………………………（29）
　一　西南乡村0—3岁儿童成长环境现状调查 …………（29）
　二　西南乡村0—3岁儿童享有的社区资源整合现状分析 …（193）
　三　西南乡村0—3岁儿童养育和照料社区整合要素不足
　　　及影响 …………………………………………………（195）

**第四章　西南乡村0—3岁儿童养育和照料现有社区整合机制
　　　　　案例研究** ………………………………………（205）
　一　社区整合主体项目运行机制 …………………………（206）
　二　社区整合主要服务类型 ………………………………（242）
　三　社区整合主要服务模式 ………………………………（260）

第五章　西南乡村现有社区整合机制在运行中的困境 ……（263）
　　一　地方认知—行为逻辑影响项目成效 ……（263）
　　二　行政权责在应然与实然间消减 ……（264）
　　三　外部主体难嵌入地方社会生活场域 ……（265）
　　四　行动者利益偏好受限于制度设置 ……（267）
　　五　国家政策悬空难落地 ……（268）
　　六　乡村基层社区自身发展能力不足 ……（270）
　　七　项目设计脱离乡村思维惯习 ……（271）
　　八　跨部门协同机制难健全 ……（272）
　　九　托育机构发展困难重重 ……（274）

第六章　古今中外养育和照料社区整合发展历程与经验启示 ……（276）
　　一　国外发展历程与经验 ……（277）
　　二　国内发展历程与经验 ……（281）
　　三　西南乡村发展历程与经验 ……（292）
　　四　国内外发展历程与经验对西南乡村的重要启示 ……（303）

第七章　西南乡村0—3岁儿童养育和照料社区整合机制理想模型建构及推进策略 ……（307）
　　一　社区整合机制理想模型建构 ……（308）
　　二　推进策略 ……（323）

结论与展望 ……（330）
　　一　结论 ……（330）
　　二　展望 ……（332）
　　三　研究不足之处 ……（333）

参考文献 ……（334）

第一章　导论

一　问题的提出

自 2016 年全面二孩政策实施以来，0—3 岁儿童养育和照料问题已突破家庭私域空间，成为一个日益凸显的公共性社会问题，人口不增反降是舆论肇端。据国家统计局公布的人口信息显示，2016 年比 2015 年多生了约 171 万；而仅隔一年的 2017 年却比 2016 年少生了约 63 万；2018 年出生人口持续降低，比 2017 年少生了约 200 万；2019 年比 2018 年少生了约 58 万；2020 年比 2019 年少生了 265 万；2021 年比 2020 年少生了 141 万，以上现象被称为"断崖式下跌"。① 中国传统文化有多子多孙多福气的生育理念，全面二孩政策仅释放了 1 年生育红利后就持续下滑。政府和全社会高度关注这一现象，连续出台了一揽子积极生育支持法规政策。② 破解生养难题

---

① 数据来源于国家统计局网站，中国出生率 2015 年为 11.99‰，净增人口 678 万；2016 年出生率为 13.57‰，净增人口 906 万；2017 年为 12.64‰，净增人口 779 万；2018 年出生率为 10.86‰，净增人口为 530 万；2019 年出生率为 10.41‰，净增人口为 467 万；2020 年出生率为 8.52‰，净增人口 204 万；2021 年出生率为 7.52‰，净增人口 48 万。逐年下滑趋势明显。(2019-02-14)[2020-01-22], http://www.stats.gov.cn。

② 最具有代表性的是 2019 年 5 月国务院办公厅《关于促进 3 岁以下婴幼儿照护服务发展的指导意见》明确提出了到 2025 年要基本健全婴幼儿照护服务的政策法规和标准规范体系，多元化、多样化、覆盖城乡的婴幼儿照护服务体系基本形成；2019 年 9 月，教育部联合七部门出台《关于教育支持社会服务产业发展提高紧缺人才培养培训质量的意见》，把养老、家政、托育纳入紧缺性人才培养范畴；2019 年 10 月，国家发改委出台《支持社会力量发展普惠托育服务专项行动实施方案（试行）》的通知，鼓励社会力量办托育机构，并给予每个新增托育机构 1 万元的补贴；2019 年 10 月，国家卫健委出台《托育机构设置标准（试行）》和《托育机构管理规范（试行）》；2021 年 6 月，通过了《中华人民共和国人口与计划生育法〈修正草案〉》，明确了依法带娃，三孩生育与构建生育友好型社会法制体系，养育孩子从家事变为国事；2021 年 7 月，《中共中央、国务院关于优化生育政策促进人口长期均衡发展的决定》（以下简称《决定》），这是中华人民共和国成立以来，中央人口相关《决定》文件中首次提出"积极生育支持"概念，并出台三孩生育系列配套政策；2021 年 10 月，国家发改委等 23 部门联合发布了《儿童友好城市建设指导意见》，为生育友好型社会构建法制政策体系，营造良好生育氛围。这一变化说明 0—3 岁孩子的生育、养育与教育成了一个急难愁盼的社会问题。

使0—3岁儿童社会化养育和照料成为全社会关注的重要民生事项,也加快推进了社会化养育和照料的国家进程,养育孩子从"家事"变为"国事"。

此外,0—3岁儿童发展事业表现出巨大的不充分和不平衡性。不充分表现在0—3岁儿童养育在整个教育体系里是最薄弱的短板,涉及0—3岁儿童养育关键内容的营养、健康、安全、回应性照护、早期学习五大领域发展之间的不充分;重生轻养、早期教育是整个教育体系的短板,公办普惠托育刚需矛盾突出,多样化服务供给严重不足。而不平衡则体现在区域之间、城乡之间的发展水平存在较大差异,尤其是西南乡村,集多民族、边疆、欠发达和文化多样性的特征为一体,呈现出政府公共服务供给不足、社会供给稀缺和市场供给不活的局面。目前政府相关部门、社会组织及企业从不同角度加大试点工程,但试点工程较为零散、缺乏整合、可持续发展后劲乏力,探索以社区为依托的整合机制,推向制度供给,形成长效运行机制显得必要而又急需。

综上所述,0—3岁儿童养育和照料已成为家庭私域困境,走社会化发展道路是必然趋势,社会化发展难题主要体现在主体多元、资源分散、供给不足、区域发展不平衡、城乡差异显著等方面。构建多元化、多样化,覆盖城乡,以社区为依托辐射家庭的养育照护服务供给体系是国家人口战略,是各级地方政府"十四五"及2035年远景目标的重要内容,也是学界达成的普遍共识。但如何整合资源、做好服务是一件新事物,也是一项待开拓的民生事业。学界在这方面的探索刚起步,且存在重城市轻农村、重生轻养的客观现实。本研究以问题为导向,以西南乡村为研究对象,深入调查西南乡村0—3岁儿童养育和照料现有社区资源整合背景下,家庭养育和照料、社会供给服务及儿童成长三个主要方面的现状、问题、深层原因与行为机制。针对现有社区整合存在的运行难题,借鉴国际、国内经验,建构社区整合理想模型,为社会化养育和照料提供理论支撑与解难途径。

二 核心概念界定

(一)0—3岁儿童养育和照料

世界卫生组织和联合国儿童基金会在儿童发展目标中均提出,促进

第一章 导论

儿童早期发展最直接、最有效的方法就是养育和照料，养育和照料本质是照护者创造环境，让婴幼儿在健康安全的同时获得良好的早期学习机会，并于2018年通过了《儿童早期发展养育框架》，明确了婴幼儿养育和照料包括：健康、营养、安全、回应性照护、早期学习五大领域。[①] 2020年，中国妇幼保健协会婴幼儿养育照护专业委员会围绕五大领域制定了"专家共识"与"关键信息100条"，细化了五大领域的具内容与操作流程，以上五大领域为0—3岁儿童养育和照料的核心概念。

本研究0—3岁儿童养育和照料概念与"儿童早期发展"（Early Childhood Development）"3岁以下婴幼儿照护服务"（Infants care for 0 - 3 year old）"婴幼儿养育照护"（Infants care）具有相同内涵，在文本中经常交叉出现。"0—3岁儿童"与"婴幼儿""幼儿""孩子""宝贝"在本研究中不具有概念上的区分，在文本中交叉使用。学界、政界与社会对0—3岁儿童养育和照料没有形成一致概念，但表达了同质思想。

本研究在以上观点的指导下，结合西南乡村实际，从服务的主体、内容、类型、对象、方式等方面给予操作上的界定。从服务主体上讲，0—3岁儿童养育和照料包含政府、企事业单位、社会组织、家庭、个人提供的养育照护服务。从服务内容上讲，0—3岁儿童养育和照料涵盖了健康、营养、安全、回应性照护、早期学习五方面的综合性服务。从服务类型上讲，0—3岁儿童养育和照料服务属于公共服务范畴，主要有政府保障性服务，分布在基本公共卫生领域，涉及孕产妇健康管理、0—3岁儿童健康管理、预防接种和营养改善项目；早期学习、托育照护主要由家庭承担，机构照护为辅（机构照护主要有：公办托育机构、公益普惠性机构、市场经营机构），入户指导项目支撑（主要是政府、社会组织介入农村、城市社区对处境不利家庭与0—3岁儿童进行入户养育指导）。从服务对象上讲，0—3岁儿童养育和照料服务对象涉及家庭照养人、0—3岁婴幼儿、工作者、决策者、研究者等。从服务方式上讲，

[①] 2018年，世界卫生组织、联合国儿基会等国际组织联合发布了"儿童早期发展框架"，明确了儿童早期发展五大内容，以及"健康、营养、安全、回应性照护和早期学习机会"为核心内容的养育照护策略。2020年，中国妇幼保健协会延续引用了世界卫生组织发布的"养育照护促进儿童早期发展框架"，可上网参阅 www.nurturing-care.org。

0—3岁儿童养育和照料服务有直接服务（直接提供实践照护服务）与间接支持服务（政策、法规、制度、福利、项目等）。

（二）社区整合机制

要阐述社区整合首先要厘清社区与社会之间的关系，以及社会整合与社区整合之间的关系，只有澄清这两对概念，才能对社区整合机制概念有一个内涵与外延上的明确界定。中国有"家国天下"的传统思想，国家与社会边界模糊，社区与社会概念不清。

社区（Community）一词最早由德国社会学家滕尼斯在其《共同体与社会》（也称为《社区与社会》）一书出提出，社区的本质是具有血缘、地缘关系纽带的人与人之间有机结合形成的共同体，靠道德习俗维持社区秩序，家庭和乡村是社区的主要形式，在"社区"里，社会关系是以个人联系、友谊以及亲属血缘关系为基础；而社会的本质是人与人之间为了各自的目的和利益，通过契约关系结合在一起的联合体，靠法律、权力、制度、彼此异己的个人组织起来的，在"社会"里，社会关系是正式的、契约的、非人格的、专门化的（戴维·波普诺，2005；林荣远，1999）。

社会学创始人孔德认为，社会是一个有机体，家庭是有机体的细胞，政府、社团是社会真正的组织，社区则是有机体的器官，是组成社会的重要元素，各个部分都发挥着它们的功能作用（August Comte，1875）。当简单地指居住在一起并具有共同文化的一群人时，社会学家通常依据规模的大小、独立和自足程度将二者区分开。当一群人集中于个人家庭和工作地点，并且以社会互动的日常模式为基础时，我们通常将这种集合叫社区，村庄、小镇、城市、郊区和现代大都市都可以称为社区的实例。社会是由相互认同，具有团结感和集体目标的人组成。自社区与社会术语诞生以来都被认为是习惯用语的同义词，科学术语往往对它不加区分，只在方法论上有意义，并不涉及真实的历史过程，在任何真实的社会中都有社区和社会这两种因素（谢立中，2007）。

综上所述，社区既是一个空间结构（基层地域），也是一个时间系统（传统与现代，社区与社会），社区一词诞生100多年来，也没有一个明确清晰的界定。在中国现实场景中，社区分为城市社区（居委会）和农村社区（村委会），市—县—乡镇/街道—村/居委会，都可称为社区。而乡镇/街道—村/居委会是行政区域最基层的位置，社区是社会的基层单元，社会是由千万个社区构成，社会与社区的关系是有机体与器官的关系，家庭是社区这个器官的细胞，个人是家庭的成员。社区是有边界的单位，是生活在同一地域中的一群人，通过日常共同感强有力地联系在一起（戴维·波普诺，2005）。社区具备了这样的功能：一定的区域边界和人口规模，社区资源，拥有完整的组织制度，由个人、家庭、群体、组织及资源等构成的集生产、生活、消费为一体的共同体，能有序进行资源整合，是提升居民生活质量的平台。中国的农村社区是一个"熟人社会"（费孝通，1985），人与人之间是一种血缘和地缘的私人关系，彼此相互熟悉、重感情、有强烈的社区认同感和归属感。本研究的对象是乡村社区。

"社会整合"自涂尔干开始，成为经典社会学的基本问题，社会整合的基本机制正在从"机械团结"（对应滕尼斯的社区）走向"有机团结"（对应滕尼斯的社会），职业伦理和职业团体是社会整合的核心。社会整合本质上来讲即为社会学长期关注的"行动/结构"的问题（沈毅，2007）。

经典社会学家马克思认为生产关系是社会关系的总和，社会不是由个人构成，而是表现这些个人彼此发生的那些关系的总和，包括经济关系、政治关系和文化关系（马克思、恩格斯，1995）。中国提出的政治、经济、文化、社会、生态五位一体的关系总和，进一步拓展了马克思的社会关系。社会整合的实质就是社会结构中对各关系的冲突进行调适，并达到良性运行的状态，马克思提出了社会关系整合是社会整合机制的重要元素。

亨廷顿认为，"社会整合是建立在矛盾与冲突逐渐解决与化解的基础之上"（亨廷顿，1989）。也就是社会的分化带来社会的整合。经济社会发展的不平衡性是社会分化的重要原因，西南乡村曾经是全国贫困人口最多、贫困程度最深的地区，西南城乡社区与全国城乡社区、西南城乡社区与东部发达社区存在显著性的分化。乡村社区与城市社区存在明显的分化，社区分化映射出了社区整合的方向与目标。在社区分化上体现出了西南乡村0—3岁儿童养育和照料的发展与整合，传统养育与现代科学育儿之间的整合，家庭养育与社会化养育之间的整合。

功能主义代表帕森斯认为，社会是一个大系统，构成社会系统的各子系统必须符合AGIL模式，才能实现社会整合的功能。即，适应功能（Adaption），行为有机系统具有适应功能，要与环境发生一定的关系，能从外部环境获得所需资源；目标达成功能（Goal attainment），任何行动系统都有目标，并能调动系统资源实现目标，人格系统在目标达成过程中起着关键作用；整合功能（Integration），社会系统具有整合功能，社会系统充分发挥各子系统的功能，各功能相互调适，防止对社会系统造成紧张和瓦解，整合子系统功能实现社会的良性运行与协调发展；潜在模式维持功能（Latency pattern maintenance），文化系统具有潜在模式维持功能，在系统运行过程暂时中断，即互动中止时期，原有的运行模式必须完整地保存下来，以保证系统重新开始运行时能照常恢复互动关系。美国社会学家兰德克（Wemer S. Landecker）提出了社会整合的四个维度，即文化整合、规范整合、意见与信息整合、功能整合，其中，文化整合起着最核心的作用。诞生于西方的社会整合理论，强调公共领域的市民社会建设，组织、文化、规范和宗教信仰是社区整合的重要元素。

在中国，社区不仅有地域上的边界，最为核心的是"社区是党委和政府联系群众、服务群众的神经末梢"。[①]是行政权力网络深入群众最后一公里的代言人。2022年1月，国务院办公厅印发了《"十四五"城乡社区服务体系建设规划》，进一步明确了社会服务体系建设要遵循党委领导、政府依法履责、社会多方参与的原则，构建以社区为基础，以各类社区服务设施为依托，以公共服务、便民利民服务、志愿服务为主要内容，以满足社区居民生活需求、提高生活品质为目标的服务网络和运行机制（民政部，2022）。规划体现了中国特色的社会整合内涵，提出加强社区能力建设，实现国家治理体系与治理能力现代化转变，中国的

---

① 参见《人民日报》2018年11月8日刊发的文章《加强城市基层党组织建设打通社会治理的神经末梢》，之后"社区是基层治理的神经末梢，服务群众'最后一公里'"成为常态化表述。

社区整合更多是强调社区整合的社会治理功能。社区治理是党和人民参与社会治理与社会建设的宏观战略的微观实践，同时也是国家治理体系的基层系统。

综合以上阐述，本研究的社会、社区、家庭和个人形成了这样的关系：社区是社会的器官，家庭是器官的细胞组织，个人是细胞，如图1-1所示。

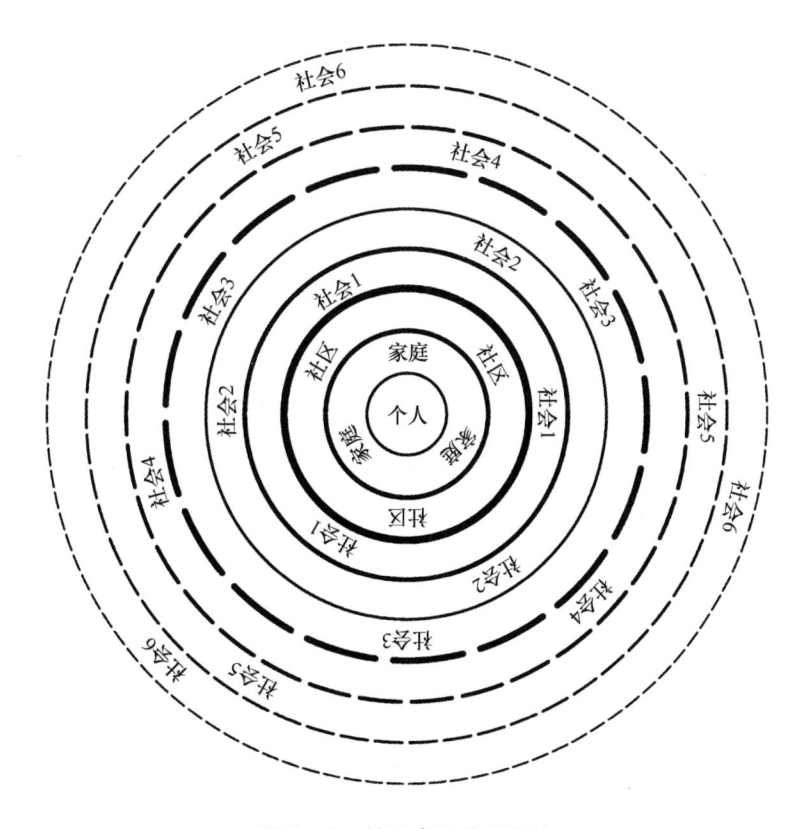

图1-1 社区亲疏关系结构

这里的社会相对社区来说，是一个无限外延的概念，社区与社会的关系就像费孝通"差序格局"里的波纹一样，有亲疏远近关系，以社区为观察点，越往外延，关系纽带越松散。如，离村/居社区最近的社会是乡镇/街道，往外延是县域社会，再往外延是市省域社会、省外、国内、国外等，甚至地球以外的宇宙。距离越近关系越亲密，这是"差序格局"解释中国社会结构的原理。在全球化和信息化发展的今天，世界体系（沃勒斯坦，1974）、人类命运共同体①超越了传统意义上的社区概念，使各社会之间的相互依赖性越来越大。

0—3岁儿童养育和照料事业与妇女、儿童、贫困、发展等人类命运共同体的问题紧密相连，社区与社会的关系复杂多变，社区不仅与它关系最紧密的社会有了联系，还与最遥远的社会建立起关系，不仅与国内社会有了关系，还与国际社会有了业务往来。如，联合国儿基会开展的"儿童早期发展社区家庭支持服务项目"落到了西南乡村最偏远的社区，世界卫生组织、国际NGO组织等相关项目也有不少落到基层社区；从国内来讲，与0—3岁儿童养育和照料相关部门多达17个②，构成了社区运行的主体力量。综合分析来看，社区运行主体涵盖了政府和非政府组织，具体有：政府、企事业单位、社会组织（国际、国内）。多元服务主体纵向垂直、横向交叉，最终业务都要下沉到社区，所有资源在社区落地，社区整合"碎片化"资源服务到家庭和个人，架起了个人与社会之间的桥梁。落在社区的项目与业务工作是各行为主体与社区发生关系的基础。社区整合机制目的就是实现社区功能与社会发展目标之间的耦合，垂直下沉的行政权力网络、目标任务、考评机制是双方达成目标共识的制度保障。

社区整合是一种行为，构成社区整合的各要素具有零散性、碎片化与流动性等特点，而社区整合机制是社区整合行为背后的逻辑体现，具有制度性、系统性、创新性与相对稳定性等特征。

结合以上分析，课题组为核心概念作了操作上的界定。社区整合机制就是行为主体整合全社会资源（主要是资金、技术、项目），把资源

---

① "人类命运共同体"最早是2012年胡锦涛在党的十八大报告中提出。习近平主席相继出席了很多国内外重要会议与大型活动多次提到人类命运共同体的内涵与实践路径，发展成为习近平理论思想的重要组成部分。
② 依据2019年国务院办公厅《关于促进3岁以下婴幼儿照护服务发展的指导意见》，提出相关部门有发改、教育、公安、民政、财政、人社、自然资源、住建、卫健、应急管理、税务、市场监管、工会、共青团、妇联、计生协以及以宋庆龄基金会为代表的社会组织。

分配到基层社区，基层社区在制度、规范与目标的总体要求下行使资源服务的一套行为逻辑系统，包括理念共识、支持系统、制度设置、行动者核心素养、运行类型和服务模式6个核心素养。

政府、企事业单位、社会组织、社区、家庭、个体，构成了社区整合的主体系统。各主体之间具有独立性与合作性特点，可独立运行也可跨主体合作。各行为主体之间通过项目、部门业务工作建起各要素之间的互动关系，透过各要素之间的互动逻辑呈现社区整合机制运行轨迹。社区整合机制是个体嵌入社会和国家的平台和载体，个体通过社区整合机制架起与社会和国家沟通的桥梁，共谋、共建、共享社会发展成果；国家和社会通过社区整合机制使个体融入其中，并使国家和社会在场，强化个体对国家和社会的认同感与凝聚力。

本研究社区整合机制的目的是提供西南乡村0—3岁儿童家庭养育与照料的行为支持系统，为婴幼儿营养、健康、安全、回应性照护与早期学习，提供公平且有质量的服务（Black et al., 2017）。

（三）0—3岁儿童养育和照料与社区整合机制的关系

《"十四五"城乡社区服务体系建设规划》提出优先发展社区托育服务，《托儿所、幼儿园建筑设计规范》JGJ39－2016局部修订条文（2019），提出幼儿机构服务半径为300—500米，符合0—3岁儿童养育和照料的便利性原则。社区是提供0—3岁儿童社会化养育和照料的主阵地，具有天时、地利、人和的天然优势。随着社会化养育在思想、认知、行为方面的日趋成熟，社区整合从"自在"状态发展为"自觉"行为。

社区整合的"自在"状态是古今中外对育儿从理念到实践的孕育与发展，"自在"的社区整合机制是一种隐性、潜在、无意识，但却真实地存在于古今中外育儿思想体系与历史进程中的一种"实然"状态，需要挖掘、归纳、提炼。西方哲学家柏拉图、亚里士多德及中国千百年来悠久传统育儿思想都提倡养育孩子是国家的事业，是治国之道，私有制出现以前实行公育，柏拉图认为"一个安排得非常理想的国家，必须妇女公有，儿童公有，全部教育公有"；中国《礼记·礼运》中提到"不独子其子"和"幼有所长"；《孟子·梁惠王上》中所说"幼吾幼以及人之幼"的慈幼观念与习俗。

私有制之后至工业化社会以前，注重家庭养育，《礼记·礼运》中说的"各亲其亲，各子其子，天下为家"的时代，通过规训家庭养育行为，培养适合国家需要的合格公民，为"自觉"的社区整合机制培育了厚重的思想土壤，工业化社会以前是"自在"状态发展的重要时期，养育行为主要靠家庭完成，社会化养育机构以慈善功能为主，主要收养弃婴，宫廷慈幼机构虽然诞生较早[①]，但受惠面狭窄，仅供皇亲国戚、贵族阶级享用，普通平民主要靠家庭养育，所以不具有现代意义上的社会普惠性。因社会化发育程度低，社区资源整合也没有可依存的载体，资源基本都来源于国库。

"自觉"的社区整合机制是一种"应然"的状态，在发展进程中不断朝着理想的模式完善，在全球工业化进程中进入实践阶段，诸如建立公育机构、解放妇女劳动力、实施儿童福利保障、支持家庭养育等行为，为社区整合机制提供了丰富的实践经验。20世纪60年代，以社区为依托、具有福利性质的社会化养育在全世界开启，立法、政策体系、管理规范、制度建设、托育机构、人员素质成为社会养育的核心要素，各国纷纷依据自己的国情建章立制，为民提供福利。

中国是社会主义国家，经历了计划经济向市场经济转型阶段，社会化养育也经历了跌宕起伏的发展历程，由中华人民共和国成立初期的政府福利阶段到改革开放后逐步回归家庭，资源整合由政府主导向家庭私域转移。随着老年化社会日益加速，少子化趋势越来越严峻，家庭养育功能日益衰微，伴随着三孩政策放开，以社区为依托支持家庭养育的社会化服务体系建设提到政府的重要工作日程，社区整合经历了"自在""自觉"漫长的发展历程，真正意义上成了制约社会化养育发展的关键性问题，亟须解决。

"自觉"的社区整合机制强调科学育儿理念与行为落在社区的高度统一，跨部门联动的社区资源整合能力，政府、企业与社会多元主体提

---

① 中国最早的专门慈幼机构出现在公元前11世纪的西周，西周王宫与各诸侯国宫廷内皆设有婴幼儿养育机构：孺子室，专供太子、王子及诸侯的儿子们使用。

供育儿服务的社区在场行为，公办、公益普惠、市场经营、家庭互助等多样化服务模式在社区的良性运行。"自觉"的社区整合机制对0—3岁儿童综合成长带来有益功效及主动积极行为。本研究结合了"自在"与"自觉"两种状态，梳理古今中外有关0—3岁儿童养育和照料社会化思想与实践历程，深入调查社区整合供给在0—3岁儿童养育和照料中的社会功效、内在逻辑及运行中的困难，建构社区整合机制的理想模型，加快完善家庭养育支持体系，激发广大家庭"生"的意愿，解决"育"的难题，减轻"养"的负担，提高乡村0—3岁儿童身心健康综合发展，提升国家人口素质，阻隔贫困代际传递，实现乡村振兴可持续发展的人才储备。

（四）西南乡村

本研究的"乡村"依据《中华人民共和国乡村振兴促进法》提出的指城市建成区以外，拥有自然、经济、社会特点，集生产、生活、生态、文化等多重功能的地域综合体，包括乡镇和村庄等。西南地区从行政区划来讲，主要包括云南、贵州、四川、重庆和西藏五省（区市），国土面积250万平方公里，人口约2亿。西南地区是中国经济社会发展程度较低的地区，城镇化率低（2021年西南地区平均城镇化率为50%，全国为64.7%，其中，云南、贵州排在全国后列[①]，城镇化与社会化养育成正相关），是原国家级贫困县最多的地区，贫困面广、贫困程度深，集边疆、民族、贫困、革命老区为一体的欠发达地区，西南乡村经济社会发展处于全国末梢，社会化养育和照料程度低，政府公办养育和照料机构近乎一片空白，社会公益普惠型社会化养育和照料稀缺，市场经营型社会养育和照料缺乏双向吸引力（乡村社会化养育和照料意识淡薄对企业无吸引力，企业难获利不愿投资乡村市场），亟须政府主导，全社会积极参与，加快推进高质量的社会化养育和照料服务进入乡村社会，提升传统家庭养育和照料能力不足带来低质量养育水平及缓解家庭劳动与养育和照料之间不平衡的刚需。

---

① 课题组参照国家统计局第七次人口普查数据整理所得。

三 研究方法与数据处理

（一）数据采集

本研究主要采用问卷调查、个案研究、深度访谈、座谈会、婴幼儿发育测评等研究方法。调研对象有3岁以下婴幼儿及看护人、托育机构从业人员，涉及3岁以下婴幼儿照护服务相关管理部门人员（《国家指导意见》涉及17个部门），本研究主要调研了卫健、计生、民政、教育、发改、妇联、工会、市场监管部门及人社部门。

问卷调查采用自编问卷《西南乡村0—3岁儿童养育和照料家庭问卷调查》，以下简称《家庭问卷》。此问卷共有5部分188个问题，包括：其一，看护人与幼儿的基本情况，共29题；其二，看护人养育观点与行为，共57题，包括：性别意识、日常养育观念和行为意识、早教观念、生育意愿等；其三，幼儿健康、情绪（养育人报告方式），共30题，包括：卫生、健康、生活习惯、情绪等；其四，幼儿成长的家庭环境，共72题，包括：父母的基本情况、家庭收支、居住环境、能源使用、耐用消费品、日常开支等，涵盖了自然环境、经济环境和人文环境。本问卷在大量文献阅读的基础上，结合西南乡村现状自制而成，经过100份试调，最后进入全面调研阶段。数据采集时间为2018年7月—2019年9月，发放问卷2000份，对调查问卷进行筛选，剔除答题不完整的问卷，最终有效问卷为1819份，回收率91.0%。汉族占比78%，少数民族占比22%；性别上，女童占比48.79%，男童占比51.21%，男性照养人占24.5%人，女性照养人性占75.5%。

案例研究主要选取了具有代表性的国家基本公共卫生服务、教育部试点、国际非政府组织（INGO）、公募基金会、私募基金会、社区儿童之家、社区微型连锁企业7个服务项目进行个案研究。主要围绕项目实施主体、背景、项目管理、资源整合途径、项目实施社会成效、存在的问题及特色亮点进行分析。以上7个案例代表四种类型，即政府—保障性服务类型，政府—试点性服务类型，社会组织—试点性服务类型，企业经营性服务类型。社会组织是社区项目试点的主力军，本研究选取了

第一章 导论

国际NGO，国内公募基金会、私募基金会三种典型代表。企业经营性服务类型在经济发展好的乡镇少量存在，但代表着未来发展趋势，选取了具有代表性的社区企业连锁店进行研究。

本研究选取的7个案例，7家运行主体除了在云南、贵州、四川试点外，在全国偏远农村地区皆有他们的身影。课题组对云南、贵州、四川地区的试点项目进行了实地调研，并走访了陕西宁陕、上海、重庆等地，对比同一项目、同样的行为主体、同样的管理模式在不同地区运行的社会成效有什么差别，影响差别的因素有哪些，要想达到理想的状态，需要具备什么条件。这是本研究构建社区整合机制理想模型的重要依据。

除此之外，本研究开展了深度访谈、座谈会及实地考察环节。对家庭照养人、托育机构负责人、政府相关部门管理人员进行了深度访谈。对家庭照养人的深度访谈，主要了解隔代养育的观念与行为、代际养育变迁、养育民俗文化等。托育机构有幼儿园托幼一体化、市场专门托育服务机构、亲子早教机构、妇幼保健院早期发展指导中心、社区儿童之家。探索0—3岁照护服务机构提供的多样化服务模式现状、存在的问题及政策支持，加快推进西南乡村0—3岁儿童照护服务机构发展，缓解家庭托育需求，回应社会托育服务热点、难点和重点问题。对政府相关部门管理人员的访谈涉及省、市、县三级妇儿工委办、卫健部门、教育部门、民政部门在执行《中国儿童发展纲要（2010—2020年）》《中国妇女发展纲要（2010—2020年）》，有关0—3岁儿童与妇女在健康、教育、福利等重要指标方面的完成情况、推进中的难点、下一步推进的重点。通过深入访谈，整体了解国家政策层层下达到地方过程中的执行逻辑。

课题组设置了管理层和照护机构两份座谈提纲，主要围绕现状、问题及政策支持开展。课题组先后在云南、贵州、四川、重庆、陕西、上海、甘肃分别召开了省—州/市—区/县—乡镇/街道—社区/村委相关管理层参与的座谈会，包括卫健、计生、教育、民政、发改、妇联、共青团、市场监督等部门，深入了解了各地在0—3岁儿童养育和照料工作事务中的政策法规、管理规范、行业标准，以及社会实验示范项目经验上的诸多经验，通过座谈会对乡村0—3岁儿童养育和照料情况有了一个宏观上的把握。所调研县区既有省会中心城市主城区、发展较好的B类县区，又有原国家级贫困县和少数民族边境县。并实地参观考察了各地开展的实验示范项目，为本研究的社区整合机制服务模式提供了实践依据。

（二）数据处理

问卷使用SPSS 21.0软件对问卷收集的数据进行处理和分析。在统计样本的基本信息时采用了描述性分析，统计了频数和百分比，以此描述样本的基本特征；采用交叉表和χ^2检验比较不同性别、不同受教育程度、不同职业、不同月龄段孩子看护人在照护观念及行为，孩子各方面状况（如身高、体重、睡眠、大小便、生活自理能力等方面）的差异，以此描述乡村3岁以下婴幼儿的照护状况及相关影响因素。本研究中，进行卡方检验时，$P<0.05$被认为差异具有统计学意义。当使用到Post hoc testing判断各组差异时，调整后标化残差绝对值大于2为差异具有统计学意义。采用了独立样本t检验考察少数民族与总样本、少数民族与汉族在家庭经济收入、孩子出生时身高体重、家庭共同居住人口等项目上的差异，$P<0.05$被认为差异具有统计学意义。

访谈与个案研究采集到了部门工作文件、访谈录音、视频、照片、观察记录、调研日志等第一手资料，通过人工资料编码、分类、整理、归纳、总结、提炼，开展理论研究。

四 文本结构与主要内容

本研究报告连同导论一共七个章节，各章内容概要如下。

第一章，导论。主要阐述了问题的提出，界定了养育和照料的核心概念、研究方法与数据处理三个部分。紧紧围绕养育和照料从家庭私域走向社会化公共服务的现实困境、必然趋势，以及西南乡村面临的挑战性与紧迫性。以操作化、问题化为导向，阐述了社会化公共服务的痛点是行为主体资源分散、政府无财力、市场无吸引力、社会无活力，建立以社区为依托的资源整合机制是最优的路径这一前提假设，也使读者通过阅读导言部分，对本研究有一个全面认知。

第二章，文献综述与理论框架。以社区为依托整合社会资源提供辐射家庭的养育支持服务体系是国际国内发展儿童早期事业的普遍经验与有效做法。综合以往研究，第二章主要从理论与实践两个层面梳理了学界在0—3岁儿童养育和照料社区整合机制领域的研究前沿。0—3岁儿童成长的生态系统理论、福利多元主义理论、人力投资理论给本研究提供了坚实的理论基础。实践层面上的研究主要有三个倾向，即分国别介绍国外经验，为中国实践提供参考；分区域研究中国的现状；对处境不利家庭实施儿童早期发展干预项目研究并引入中国开展实验示范项目。在理论研究的基础上评述研究薄弱点，提出目前学界研究存在两条腿平行走路，一条腿强调顶层设计，一条腿重视专业操作技能，但少有人关注社区层面如何实施，才能把国家意志和科学育儿专业知识真正转化为民生家庭日常行为，这是学界一个技术路线上的难题。

基于以上分析，提出了本研究起点、价值及理论建构思路。社区整合机制是破解西南乡村0—3岁儿童养育和照料困境的重要途径，通过理论研究、历史发展视角、国际共识、政策标准和具体实践的分析路径，把分散在日常生活中的各种社会现象进行挖掘、整理、归纳、提炼、建构，并优化使其上升为系统化的理论模型，为以西南乡村为代表的广大欠发达农村地区0—3岁儿童养育和照料事业提供解决途径。

第三章，西南乡村0—3岁儿童成长环境及社区整合现状调查。第三章问卷调查设计基于两个方面，其一，0—3岁儿童身心发展规律与特点所需的成长环境（家庭环境、社区环境、制度环境）；其二，0—3岁儿童照养内容（健康、营养、安全、回应性照护、早期学习），共设计了188个问题，全面呈现了西南乡村0—3岁儿童养育和照料现状。全面了解西南乡村0—3岁儿童家庭养育现状、享有哪些社区公共服务资源、享有哪些社会保障福利，在这样的现实环境下，0—3岁儿童发育情况如何，要改善欠发达农村地区育儿状况，我们需要从哪些方面置入。课题组想透过日常行为呈现的信息，挖掘、整理、归纳、提炼对养育和照料影响大的核心要素，为社区整合机制理想模型的建构提供依据。

第四章，西南乡村0—3岁儿童养育和照料现有社区整合机制案例研究。0—3岁儿童养育和照料社区公共服务刚起步，西南乡村基本处于一片空白，目前主要以社会示范项目的方式提供，受惠面不广，可持续性差。但是，各行为主体开展的多样化服务模式提供了可复制推广的经验。第四章选取目前在西南乡村实施的 7 个典型案例进行研究，即卫健委基本公共卫生服务案例、教育部儿童早期教育试点案例、国际 NGO 组织、公募基金会、私募基金会、社区儿童之家和社区微型连锁企业案例。

深入剖析社会服务供给项目在西南乡村运行的逻辑、成效、特点与难点，总结提炼出政府—基本公共卫生服务类型、政府—非基本公共卫生服务试点类型及社会组织—普惠性试点服务类型；3 种社区服务模式，即社区中心指导、家庭入户指导、社区中心＋家庭指导服务。通过社区整合案例的经验与启示，为建构理想模型提供经验支持。

第五章，西南乡村现有社区整合机制在运行中的困境。第五章总结了第三章、第四章实证研究内容，归纳了现有社区整合机制在运行中出现的困境。即地方社会认知—行为逻辑影响项目成效、行政权责在应然与实然间消减、外部主体难嵌入地方社会生活场域、行动者利益偏好受限于制度设置、国家政策悬空难落地、社区自身发展能力不足、项目设计脱离乡村思维习惯、跨部门协同机制难健全、托育机构发展困难重重等九大困境。针对现实中出现的运行困境，寻找解决困境的优化方案。

第六章，古今中外养育和照料社区整合发展历程与经验启示。第六章对国内外不同历史时期的社会化养育发展脉络进行研究，重点关注现代发展时期。通过历程发展视角，希望能从古今中外 0—3 岁育儿思想、理念、行为和制度中吸取经验养分，丰富社区整合机制理论体系并助力现存问题的解决。

从章节结构上看，国外部分梳理了古代育儿社会养育思想：儿童养育和照料是国家的事业，近代科学育儿普适观：初步建立儿童早期发展知识体系；现代育儿保障制度：建立健全多元福利供给体系。中国部分整理了古代社会化思想：蒙养是治国之道；近代中西经验整合：社会化养育机构兴起；现代社会化养育探索：多元主体跌宕起伏。西南乡村从养育主体、养育理念和养育方式考察了从传统到现代的发展历程。纵观历史发展视角，结合西南乡村现状，吸收对西南乡村有益的经验与启示。

第七章，西南乡村 0—3 岁儿童养育和照料社区整合机制理想模型建构及推进策略。第七章是课题研究理论贡献部分，在前 6 章研究的基础上建构社区整合机制理想模型。社区整合机制理想模型来源于四个方面，其一，0—3岁儿童养育和照料的关键期发展理论回顾与研究内容；其二，社区整合理论回顾与研究内容；其三，西南乡村社会调查资料搜集、整理与研究；其四，古今中外发展经验对西南乡村的启示。通过理论研究、历史发展视角、国际共识、政策标准和具体实践的分析路径，对分散在日常生活中的各种社会现象进行挖掘、整理、归纳、提炼、建构并优化使其上升为系统化的理论模型。社区整合机制理想模型包含：理念共识（3个二级维度、7个三级维度）、支持系统（4个二级维度、16个三级维度）、制度设置（4个二级维度、11个三级维度）、参与者核心素养（4个二级维度、12个三级维度）、运行类型（4个二级维度、13个三级维度）、服务模式（3个二级维度、13个三级维度）在内的6个一级维度、22个二级维度、72个三级维度，并进行了系统化阐述，最后提出实现社区整合机制理想模型的策略。

第二章　文献综述与理论框架

一　文献综述

以社区为依托整合社会资源提供辐射家庭的养育支持服务体系，是国际、国内发展儿童早期事业的普遍经验与有效作法，综合以往研究，主要集中在以下两方面。

（一）基于理论基础研究

基于社区资源整合服务 0—3 岁儿童养育和照料理论基础研究主要有三方面，即生态系统理论、福利多元主义理论与人力资本理论。

其一，生态系统理论。生态系统理论是发展心理学的领导性理论，美国著名心理学家尤里·布郎芬布伦纳（Urie Bronfenbrenner）1989 年提出了个体发展的生态系统理论，孩子的生长发育受生理与环境因素的影响，即个体的发展受到微系统（家庭、朋友和学校）、中系统（微系统背景中的交互关系）、外系统（对个体发展产生影响的那些背景）、宏系统（特定文化中的意识形态、态度、道德观念、习俗及法律）的制约[①]。影响 0—3 岁儿童发展最直接的因素是微系统，围绕家庭、朋友和社区等微系统所需的各种资源整合是儿童发展最良好的生态模型。这一理论已在中国各级教育体制中得到广泛运用，形成了较为成熟的"家、校、

[①] Bronfenbrenner U. Ecological systems theory. Ross Vesta（Eds）, *Annals of Child Development*, 1989；雷雳：《发展心理学》，中国人民大学出版社 2017 年版；华爱华：《"早期关心与发展"的内涵与 0—3 岁婴幼儿教养理念》，《学前教育》2004 年第 11 期。

社"三位一体的合作模式。但是，支持微系统的法律、政策、道德观念和多元文化层面的宏观系统环境是中国儿童早期发展中较为薄弱的环节，3岁以下婴幼儿是教育体系中的短板，涉及该群体的研究刚起步，把性别视角、家庭养育支持纳入生态系统理论的研究较少，生态系统理论落在社区实践层面如何实现微观、中观与宏观的整合研究缺乏。

其二，福利多元主义理论。福利多元主义概念首次出现在1978年英国的《沃尔芬德的志愿组织的未来报告》（Wolfenden，1978）一文中，提出了政府、市场之外的志愿组织在福利供给中的功能，打破了福利国家将社会福利供给的责任完全归为政府的理念，得到各国学界、政府及政策制定者的普遍认可，并在各国实践中得到广泛运用。此理论的核心思想认为，福利供给来源应该多元化，国家、市场、社会组织、家庭等都应该成为儿童福利资源的重要来源，并倡导建立多元福利提供者的服务模式，该理论特别强调各种模式之间的有效衔接及跨部门合作的体制机制，国内外学者对此都有过成熟且精彩的论述（Evers，1988；Johnson，1999；Abrahamson，2005；Marshall，2004；Elizabeth Benninger，2017；Mohamed AmaraHatem and Jemmali，2017；Gary Darmstadt，2019）。中国学者黄黎若莲是早期把西方福利多元主义理论引入国内的典型代表，在养老领域、公共服务领域研究成果较为丰硕[1]。

2021年三孩政策落地，计划生育法修正草案出台以来，0—3岁儿童生育、养育、教育等友好型社会福利体系建构，成为各级政府实施民生工程的重点，社会关注的焦点，家庭建设的难点。儿童不是父母的"私有财产"，而是国家最重要、最宝贵和最稀缺的"政治资产"和"政治财富"，强调国家是儿童福利制度建设的责任主体，重构现代、广义、普惠性和以家庭福利为基础的现代儿童福利理念，儿童养育、关爱、照顾、保护和救助服务的本质属性是"福利"，社会化是其重要特征之一，

---

[1] 黄黎若莲：《"福利国"、"福利多元主义"和"福利市场化"》，《中国改革》2000年第10期；彭华民：《福利三角：一个社会政策分析的范式》，《社会学研究》2006年第4期；刘继同：《中国现代儿童福利服务体系制度化建设论纲》，《探索与争鸣》2021年第10期；毕天云：《论底线福利公平》，《学术探索》2017年第11期；李笑春：《我国0—3岁婴幼儿早期教育公共服务供给问题研究》，西北大学，硕士学位论文，2017年。

强调政府在公共服务领域的主导责任,应该为处境不利家庭及困境儿童承担主要职责①。西方不少发达国家把儿童早期发展干预纳入政府补救型福利制度向预防型福利制度转变的一个平台,欧盟国家的"社会投资"理念就是以"积极福利"取代"消极福利"的典型②。

福利多元主义理论在西方文化土壤里诞生,社会组织发育程度高,政府、社会、市场边界清晰,为中国提供了较好的理论支撑。中国0—3岁儿童社会化养育和照料事业刚起步,福利提供者主要是政府,呈现广覆盖、保基本、资源匮乏的特点;社会组织发育程度低,非营利性机构缺乏;市场经营性发展环境不健全,企业经营困难重重,乡村市场吸引力不强;家庭一老一小养育负担沉重,男女两性家庭分工不对等,家庭支持政策乏力;政府、企业、社会组织、家庭多元福利提供主体出现系统性困境,学界在这方面的研究较少。福利多元主义理论倡导福利供给多元化,但在实践运用中导致不同福利供给者之间的权责张力,服务碎片化,跨部门体制机制不畅通等处于学界正在攻克的难点。

本研究将进一步拓展社区、亲属、邻里、私人关系及个体对0—3岁儿童养育和照料的福利供给,丰富福利多元主义理论体系,进一步探索多元福利提供者的服务模式,各种模式之间的有效衔接及跨部门合作的体制机制。

其三,人力资本关键期理论。脑科学、心理学、生理学对儿童早期发展理论得出了0—3岁是对环境影响非常敏感的一段时期(丹尼斯·库恩,2014)。错过关键期发展将造成不可逆转的人生缺憾,其中,大脑就是0—3婴幼儿发展不可逆转的关键,0—3岁时达到成年人的80%,高质量的养育能够确保婴幼儿在大脑、身体、认知、语言、动作、情感及社会性领域的潜能得到充分发展,对后期人格形成终生影响③。最具

---

① 刘继同:《中国现代儿童福利服务体系制度化建设论纲》,《探索与争鸣》2021年第10期;杜智鑫、卢迈:《探索儿童发展的中国式新路》,载李伟主编《反贫困与儿童早期发展》,中国发展出版社2018年版。

② 郭磊、曲进:《赫克曼曲线与人力资本投资——加大学前公共投入的思想与借鉴》,《经济学动态》2019年第1期。

③ 雷雳:《发展心理学》,中国人民大学出版社2017年版。

代表性的经典心理学家弗洛伊德、埃里克森、皮亚杰从不同的视角提出了个体发展的阶段性理论，并在实验的基础上建构出了测评量表（丹尼斯·库恩，2014）。这一时期的发展将为个人终生的健康素质、学习能力、习惯养成、职业生涯，奠定基础性工程，并影响下一代的发展。脑科学、心理学对儿童早期发展的理论贡献为经济学在研究儿童早期人力投资回报理论领域奠定了坚实基础。

人力资本理论集大成者是 2000 年诺贝尔经济学奖得主美国经济学家詹姆斯·赫克曼（James J. Heckman），他基于生命周期视角提出了享誉世界的人力资本投资回报规律（也称为"赫克曼曲线"），即越早投资回报率越高，0—3 岁是投资回报率最高的时期，堪比"干细胞"的人力资本蓄积价值最高的黄金阶段，特别是对贫困儿童、处境不利家庭回报率更高，要注重对儿童非认知能力的投入，倡导政府公共资源向儿童早期发展倾斜，特别加大对贫困家庭的养育支持，阻隔贫困代际传递（Flavio Cunha, 2019；Carneiro & Heckman, 2003；王蕾等，2019）。人力资本投资回报率进一步深化了儿童早期发展的"关键期理论"，被学界认为与脑科学、心理学重大发现平齐的规律。此理论推动了各国政府在政策上的积极实践，通过直接支出、税收激励等政策措施支持家庭养育，特别是对贫困家庭养育进行政府强干预。

中国学者纷纷引进儿童早期发展的国际研究成果，推动了政府、社会及家庭对儿童早期养育与照料的高度关注，并成为中国扶贫模式的重要组成部分，逐步纳入社区建设的重要内容，在 3—6 岁"山村幼儿园计划"中得到广覆盖。近 10 年来学界推动政府层面在农村偏远社区开展了 0—3 岁儿童早期综合发展干预示范项目，不少学者及团队在项目运作过程中持续关注项目进展，在社会实验研究的基础上取得了阶段性成果[①]。深入研究中国十年来针对 0—3 岁农村地区儿童早期发展示范项目取得的成效，贡献中国大样本，丰富人力投资理论是学界刚开启的工作。

---

① 史耀疆、张林秀等：《教育精准扶贫中随机干预实验的中国实践与经验》，《华东师范大学学报》（教育科学版）2020 年第 8 期；杜智鑫、卢迈：《探索儿童发展的中国式新路》，载李伟主编《反贫困与儿童早期发展》，中国发展出版社 2018 年版。

（二）基于实践经验研究

生态系统理论、福利多元主义理论、人力资本理论研究成果极大地推进了各国在0—3岁儿童早期发展实践层面与政策层面的广泛运用，发达国家对儿童发展事业规划与实践走在国际前列，为全球提供了诸多经验，其中，社区整合性模式因操作性强、适用性广、可持续性高等特点，被不同国家广为采用。中国学者纷纷介绍国外以社区为依托支持家庭养育服务的政策法规、福利保障、运作模式、专业标准体系、课程体系、人才培养、评估体系等，并进行本土化实践与探索，建构中国社区服务体系（王峥，2005；张航空，2016），这是目前实践经验研究的主流。

学界对实践经验研究有三种倾向，其一是分国别研究，如美国的"早期开端计划"、英国的"早期儿童优质服务中心"（简称EEC）、日本的"社区幼儿支援中心"、澳大利亚的"家庭和社区振兴战略"（简称SFCS）等发达国家以社区为中心提供家庭养育照护全方位支持的公共服务经验介绍及对中国的启示[①]。其二是分区域研究，如对以OECD为代表的经合组织国家在儿童早期发展领域的公共投入与托育经验的研究，并与中国发展现状进行对比，倡导政府重视儿童早期发展事业的顶层设计、家庭支持，加快构建社区公共托育服务设施[②]。其三是对处境不利家庭实施儿童早期发展干预项目研究，以牙买加、巴西、拉丁美洲等国家和地区为代表的3岁以下婴幼儿早期发展社区家庭支持服务项目研究，把各国支持贫困家庭养育的政策体系、服务模式、活动指南、评估体系等实践经验引入中国并推动本国在广大乡村开展实验研究，产出了一批

---

① 郭林、董玉莲：《0—3岁婴幼儿托育服务：国际比较与中国选择》，《中共中央党校（国家行政学院）学报》2021年第5期；刘丽伟、修钰颖：《美国0—3岁婴幼儿照护服务体系及借鉴》，《学前教育研究》2020年第12期；和建花：《部分发达国家0—3岁托幼公共服务经验及启示》，《中华女子学院学报》2018年第5期；曹能秀：《世界幼儿教育的"一体化"趋势浅探》，《平安校园》2015年第11期；柳倩：《世界三国以社区为基础的整合性早期服务机构运行模式的比较研究》，华东师范大学，硕士学位论文，2004年。

② 江夏：《OECD国家儿童早期照顾政策取向差异及其对我国的启示》，《学前教育研究》2021年第5期；邬春芹：《世界经合组织国家育儿支持政策的架构、特征及启示》，《教育评论》2021年第12期；申小菊、茅倬彦：《OECD国家3岁以下儿童照料支持体系对我国的启示》，《人口与计划生育》2018年第2期。

可复制的"社区中心+家庭入户指导"服务模式①。

(三) 研究述评与反思

学界在理论与实践层面研究呈现两条腿平行走路,一条腿朝着0—3岁儿童早期发展专业知识体系研究,挖掘支撑0—3岁儿童早期发展重要性的科学依据、理论体系、政策法规体系、标准规范体系、服务供给体系,呼吁国家和社会的重视,这方面的研究主要强化顶层设计。另一条腿朝着实践层面开采0—3岁儿童早期发展相关的实操技能,如喂养指南、游戏活动、亲子阅读、课程体系、一日活动流程等方面的研究,强调0—3岁儿童养育的专业技能指导。以上两方面的研究与实践为中国0—3岁儿童养育和照料事业奠定了坚实的科学理论专业知识体系和厚重的实践经验。但少有人关注社区层面如何实施,才能把国家意志和科学育儿专业知识真正转化为民生家庭日常行为,是学界一个技术路线上的难题。

以上研究给本课题提供了科学的理论体系与丰富的实践素材,但0—3岁儿童早期发展事业就全球范围来讲都还在起步阶段,是全生命周期综合发展较为薄弱的环节,中国在这方面的研究更为缺乏,且主要集中在大城市社区研究,诸如上海、北京、广东、深圳等地,乡村实践滞后,研究成果有限,存在"重国外经验介绍轻本土实证调研""重城市研究轻乡村探索""重国家顶层设计说理轻地方具体落实反馈""重理论阐述轻实践转化""重示范性项目宣传轻制度性供给策略"等研究不足,碎片化研究特点明显,体系化研究缺乏。

(四) 本研究起点与价值

本研究提出,社区整合机制是破解西南乡村0—3岁儿童养育和照料

---

① [巴西] 奥斯马尔·特拉(Osmar Terra)、汤蕾等:《儿童早期发展入户项目和公共政策:巴西经验》,《华东师范大学学报》(教育科学版)2019年第3期;[西班牙] 诺伯特·斯查迪(Norbort Schady)、贤悦等:《儿童早期发展项目:拉丁美洲的实践和政策推广》,《华东师范大学学报》(教育科学版)2019年第3期;李树燕等:《农村贫困地区0—3岁儿童早期发展的意义、困境与出路》,《当代教育论坛》2019年第6期;岳爱、蔡建华等:《中国农村贫困地区0—3岁婴幼儿面临的挑战及可能的解决方案》,《华东师范大学学报》(教育科学版)2019年第3期。

困境的重要途径。社区整合机制是一个"实然"的社会事实，根植于人类如何看待儿童的观念与行为中，体现在国家育人的意识形态与社会发展水平里，表现在0—3岁儿童综合发展素质上，反映基层治理能力与治理现代化程度。这种"实然"的社会事实碎片化分散在0—3岁儿童日常生活的家庭环境、社区环境和制度环境里，发育成长所需的营养、健康、安全、回应性照护及早期学习内容里。

课题组通过理论研究、历史发展视角、国际共识、政策标准和具体实践的分析路径，把分散在日常生活中的各种社会现象进行挖掘、整理、归纳、提炼、建构并优化使其上升为系统化的理论模型是本研究最大的贡献。

西南乡村0—3岁儿童养育和照料资源匮乏，政府公共服务缺位，社会公益普惠资源稀缺，市场资源要素活力不足，儿童早期发展公共意识淡薄，家庭养育能力滞后且支持政策缺失。目前政府相关部门、社会组织及企业事业单位从不同角度进行项目试点，多方运行主体存在碎片化、条块分割的弊端，缺乏整合化的制度性供给机制，探索以社区为依托的整合机制，形成常态化制度供给是解决这一难题的主要出路。

本研究以西南乡村0—3岁儿童养育和照料为研究对象，关注0—3岁最柔弱群体、乡村家庭、国家最急难愁盼的民生问题、现实运行中最难攻克的社区资源整合难题，弥补现有研究中最薄弱的环节。通过理论研究、历史发展视角、国际共识、政策标准和具体实践的分析路径，建构社区整合机制理想模型及推进策略，解决以西南乡村为代表的广大农村地区0—3岁儿童养育和照料存在的现实困境。

二 西南乡村0—3岁儿童养育和照料社区整合机制建构思路

本研究以问题为导向，提出了社区整合机制是破解西南乡村0—3岁儿童养育和照料事业的重要途径，并在理论与实证研究的基础上建构社区整合机制理想模型，研究思路围绕以下四点展开。

第二章　文献综述与理论框架

（一）总体思路

围绕0—3岁儿童养育和照料与社区整合关系开展理论与经验研究，在理论与经验研究的基础上提出社区整合机制概念体系，并建构社区整合机制指标体系，围绕指标体系设计西南乡村0—3岁儿童养育和照料问卷调查与案例研究框架，通过实证研究剖析社区整合机制在西南乡村运行中的张力与成因，借鉴国际、国内经验，建构适合西南乡村0—3岁儿童养育和照料社区整合机制理想模型及推进策略。

（二）理论研究思路

紧紧围绕0—3岁儿童养育和照料及社区整合机制之间的关系构建指标体系，主要来源于三方面，其一，来源于0—3岁儿童发展理论。把0—3岁儿童身心发展关键期理论、孩子成长环境的生态系统理论、福利多元主义理论、人力资本理论研究成果运用于指标体系建设指导，构建0—3岁儿童综合发展所需的社区资源系统（人、财、物、制度、文化）。其二，来源于社区整合相关理论。社区整合围绕结构—功能主义社区与社会主要流派及观点梳理，结合中国社区现状与西南乡村实际情况，明晰"社区"研究边界、社区与社会关系、社会整合与社区整合关系以及社区整合与社区整合机制关系，剖析社区整合的内在运行逻辑，提炼社区整合核心要素（人、财、物、制度、文化），构建社区整合机制。其三，来源于跨学科研究成果。广泛研读社会学、哲学、心理学、脑科学、经济学、教育学、管理学及政治学在0—3岁儿童社会化养育和照料领域的相关研究成果，紧贴0—3岁儿童养育和照料服务对象，丰富社区整合机制指标体系。通过以上三方面研究构建西南乡村0—3岁儿童养育和照料社区整合机制指标体系，在指标体系的指导下设计问卷调查与个案研究框架。

（三）实证研究思路

实证研究主要采用问卷调查与个案研究。问卷调查围绕孩子成长与社区资源供给整合的核心要素：家庭环境、社区环境、制度环境，三方面设计，全面了解孩子成长的生态环境系统、身心发展状况，及社区资源整合现状；案例研究围绕社区整合的指标体系：理念共识、支持系统、制度设置、行动者核心素养、项目运行类型及服务模式展开，深入剖析社会服务供给项目在西南乡村运行的逻辑、成效、特点与难点。通过实证研究，分析社区整合机制在实际运行中的现状与困境。

（四）社区整合机制建构思路图

本研究以问题为导向，提出了社区整合机制是解决西南乡村 0—3 岁儿童养育和照料现有困境的重要途径，并在理论与实证研究的基础上建构社区整合机制理想模型。以下呈现了社区整合机制构建思路。

如图 2-1 所示，社区整合机制概念分析是本研究的逻辑起点，围绕为什么要整合、谁整合、整合什么、如何整合及实现什么功能，课题组从理论研究、实证考察及社区整合功能分析开启本研究的逻辑起点。

西南乡村 0—3 岁儿童养育和照料最大的困境是社区资源匮乏、零散和不可持续，建立健全社区资源整合行为的长效机制是解决困境的重要途径，以问题为导向提出了社区整合机制的缘由。

西南乡村 0—3 岁儿童养育和照料的利益相关者构成了社区整合主体，"0—3 岁儿童是谁的"[①] 这一问题决定了利益相关者何以可能。0—3 儿童不是孤立存在的个体，也不仅仅是家庭一个组织所拥有，是社会、国家和全人类共同拥有的成员。儿童的人类观构建起了社区整合行为主体包括：政府、企事业单位、社会组织、社区、家庭和个人。这些主体包含内外主体，即国际主体和本国主体，所以案例分析引入了国际 NGO 试点项目。0—3 岁儿童所持有的观念共识、意义共识及发展共识列为社区整合机制的核心要素之首。利益相关性使行为主体成为可能并采取行动，国际上有联合国儿童基金会、世界卫生组织及诸多国际 NGO 组织开展 0—3 岁儿童早期发展项目。2019 年中国出台的《国务院办公厅关于促进 3 岁以下婴幼儿照护服务发展的指导意见》提出了 17 个相关部门的职责分工。行为主体对儿童的观念与行为、职能职责、业务工作、责任

---

① 这一提问的本质是"儿童观"问题，看待儿童的观念与对待儿童的行为。本研究在第六章对古今中外 0—3 岁儿童养育和照料社区整合发展历程进行了梳理、提炼、归纳和总结。

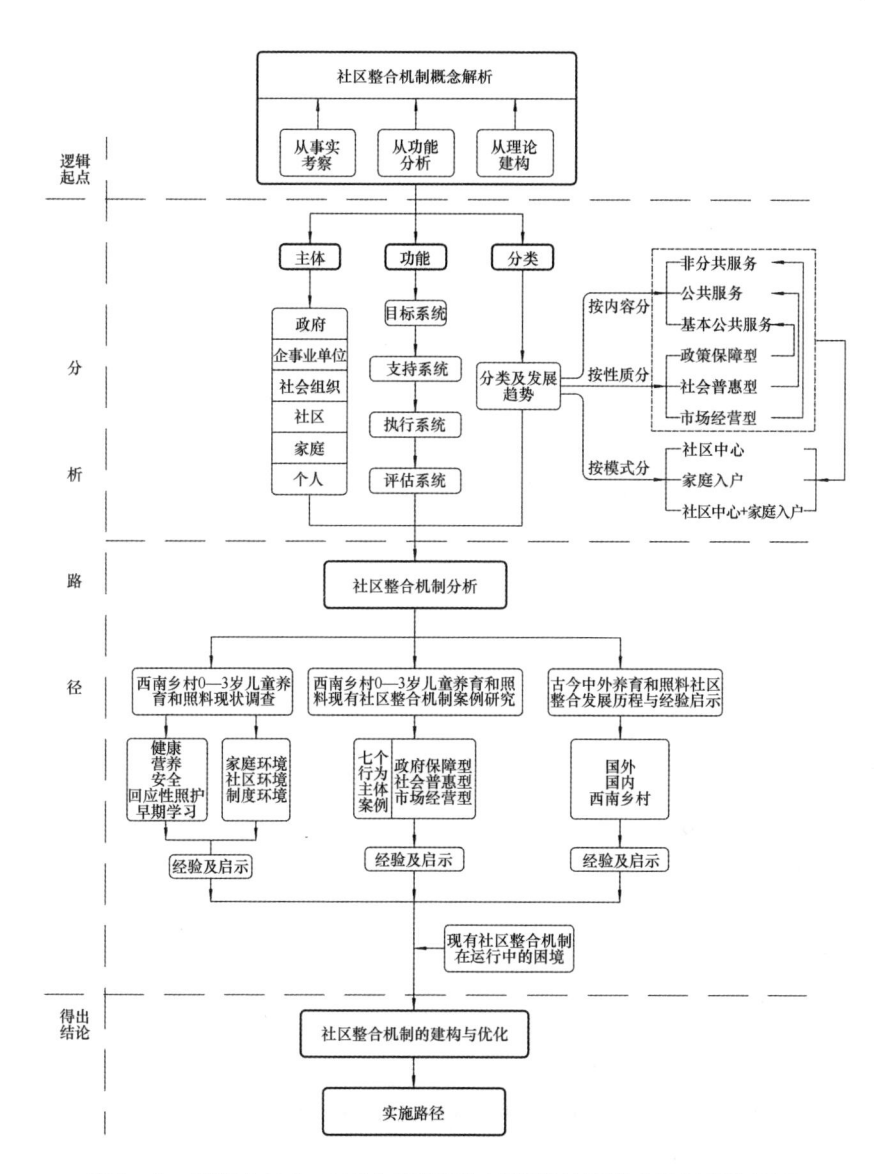

图 2-1 西南乡村 0—3 岁儿童养育和照料的社区整合机制建构思路

目标和考核机制决定着在基层社区运行的成效。各行为主体之间利益关系最密切的是纵向关系（上下级），横向间的合作（跨部门）是社区整合的难点。跨国互动比国内互动看上去要复杂得多。

目前，西南乡村 0—3 岁儿童养育和照料现状，主要是卫健委提供的妇幼健康基本公共卫生服务项目，通过垂直下沉的纵向行政网络（上下级）关系产生联结互动，各级利益相关群体构成了内部系统整合的一个独立子系统，维持系统内部功能整合，实现社区基本公共卫生服务的目标达成。除此之外，卫健委也经常与国际 NGO 组织合作开发一些公共服务类项目，如 0—3 岁儿童家庭入户指导项目，两个行为主体之间产生了跨国合作关系又遵循另一套逻辑系统。[①]

各行为主体在西南乡村实施的 0—3 岁儿童养育和照料项目，真实体现了社区整合机制运行的现状。而西南乡村 0—3 岁儿童养育和照料的家庭环境、社区环境和制度环境现状及儿童发育状况，体现了行为主体对待乡村 0—3 岁儿童养育和照料的理念与行为逻辑，也就是本研究框架的问卷调查和案例分析部分。

社区整合是一种行为，构成社区整合的各要素有零散性、碎片化与流动性等特点，而社区整合机制是社区整合行为背后的逻辑体现，有制度性、系统性、创新性与相对稳定性等特征。社区整合机制就是行为主体整合全社会资源（主要是资金、技术、项目、人员），把资源分配到基层社区，基层社区在制度、规范与目标的总体要求下行使资源服务的一套行为逻辑系统。

课题组通过理论研究、国际共识、古今中外历史发展视角、政策标准和具体实践的分析路径，把分散在日常生活中的各种社会现象进行挖掘、整理、归纳、提炼、建构与优化，使其上升为系统化的社区整合机制理论模型，为欠发达乡村地区 0—3 岁儿童养育和照料现实困境提供解决途径。

[①] 本研究的第四章选取了西南乡村 0—3 岁儿童养育和照料社区整合机制现有项目 7 个案例，剖析了 7 个不同行为主体的运行逻辑。

第三章　西南乡村0—3岁儿童成长环境及社区整合现状调查

本章问卷调查设计基于两个方面，其一，0—3岁儿童身心发展规律与特点所需的成长环境（家庭环境、社区环境、制度环境）；其二，0—3岁儿童照养内容（健康、营养、安全、回应性照护、早期学习），共设计了188个问题，全面呈现了西南乡村0—3岁儿童养育和照料现状。通过问卷调查整体了解西南乡村0—3岁儿童家庭养育现状、享有哪些社区公共服务资源、享有哪些社会保障福利。在这样的现实环境下，0—3岁儿童发育情况如何，要提升欠发达农村现状，我们需要从哪些方面置入。课题组想透过日常行为呈现的信息，挖掘、整理、归纳、提炼对养育和照料影响大的核心要素，为社区整合机制理想模型建构提供依据。

一　西南乡村0—3岁儿童成长环境现状调查

（一）看护人与0—3岁儿童基本情况

此部分包括看护人及幼儿的基本信息，设置了31道题，包含：看护人的年龄、性别、受教育程度、职业、与孩子的关系、看护孩子的数量；被测评孩子的年龄、性别及生长发育状况等。

看护人的基本情况

（1）看护人的性别与年龄

看护人中，男性看护人445人，占比24.5%；女性看护人1374，占比75.5%，女性看护人占七成以上。0—3岁儿童看护人平均年龄为30.99±10.18岁，20—29岁占58.4%，30—39岁占22.5%，40—49岁占8.4%，

50—59岁占7.1%,60岁及以上占1.8%,19岁及以下占1.7%。

表3-1　　　　　　　　　看护人的年龄情况

项目			统计量	标准误
看护人年龄	均值		30.99	0.239
	均值的95%置信区间	下限	30.52	
		上限	31.45	
	5%修整均值		30.04	
	中值		28.00	
	方差		103.554	
	标准差		10.176	
	极小值		19	
	极大值		78	
	范围		59	
	四分位距		10	
	偏度		1.513	0.057
	峰度		1.847	0.115

表3-2　　　　　　　　　看护人的年龄分组情况

项目	频率（n）	百分比（%）	有效百分比（%）
最小到19岁	31	1.7	1.7
20—29岁	1062	58.4	58.4
30—39岁	410	22.5	22.6
40—49岁	153	8.4	8.4
50—59岁	129	7.1	7.1
60岁以上	33	1.8	1.8
合计	1818	99.9	100.0

（2）看护人的受教育程度

从看护人受教育程度看,文盲/半文盲占8.6%,小学占13.2%,初中占32.5%，高中/中专/技校占23%，大专占10.6%，大学及以上占12.1%。初中及以下受教育程度占了54.3%。详细见表3-3。

表3-3　　　　　　　　看护人的受教育程度情况

项目	频率（n）	百分比（%）	有效百分比（%）
文盲/半文盲	156	8.6	8.6
小学	241	13.2	13.2
初中	592	32.5	32.5
高中/中专/技校	418	23.0	23.0
大专	192	10.6	10.6
大学本科及以上	220	12.1	12.1
合计	1819	100.0	100.0

（3）看护人的职业

针对看护人的职业，设计了两道选题，104选题是"过去一年，你主要从事何种职业"，105选题是"过去一年您的工作主要为以下哪种情况"。由表3-4和表3-5得知，过去一年中，看护人的职业分别为农民/渔民/猎人39.1%、服务行业人员13.1%、一般专业技术人员9.0%、高级专业技术人员3.2%、管理人员2.1%、办公室一般人员6.2%、技术工人9.1%、军人/警察0.5%、司机1.6%、运动员/演员/演奏员0.1%、其他16.0%。过去一年中，看护人的工作主要分布是纯粹务农21.7%、纯粹打工22.9%、务农兼零工15.4%、务农及个体经营8.8%、纯粹个体经营8.1%、不干活8.5%、其他14.6%。

"其他"选项中，50%的回答属于有相对稳定的薪资工作，如教师、护士、公务员、政府临聘人员、企事业单位、村委员干事等；另外50%属于家庭主妇、带娃等情况。

从此项调研发现，很多看护人认为"带孩子"和"家庭主妇"属于一项需要给予认可的社会职业，女性比男性认同感更强。此外还发现，很多看护人对公务员、事业单位、国企的职业认同感较强，很多受访人员在105项里对此单独添加说明。详见表3-4，表3-5。

表 3-4　　　　　　　　　　看护人的职业情况

项目	频率（n）	百分比（%）	有效百分比（%）
农民/渔民/猎人	711	39.1	39.1
高级专业技术人员（医生、教授、律师、建筑师、工程师）	58	3.2	3.2
一般专业技术人员（助产士、护士、教师、编辑、摄影师等）	164	9.0	9.0
管理者/行政官员/经理（厂长、政府官员、处长、司局长、行政干部及村干部等）	38	2.1	2.1
办公室一般工作人员（秘书、办事员）	113	6.2	6.2
技术工人或熟练工人（工段长、班组长、工艺工人等）	62	3.4	3.4
技术工人或熟练工人（普通工人、伐木工等）	103	5.7	5.7
军人与警察	10	0.5	0.5
司机	30	1.6	1.6
服务行业人员（管家、厨师、服务员、看门人、理发员、售货员、洗衣工、保育员等）	238	13.1	13.1
运动员/演员/演奏员	1	0.1	0.1
其他	291	16.0	16.0
合计	1819	100.0	100.0

表 3-5　　　　　　　　　　看护人职业分布情况

项目	频率（n）	百分比（%）	有效百分比（%）
纯粹务农	395	21.7	21.7
纯粹打工	416	22.9	22.9
务农兼各类定期、不定期零工	281	15.4	15.4
务农及个体经营	160	8.8	8.8
纯粹个体经营	148	8.1	8.1
不干活	154	8.5	8.5
其他	265	14.6	14.6
合计	1819	100.0	100.0

（4）看护人与被测评孩子的关系

在看护人与被测评孩子的血缘关系中，95%家庭的孩子是亲生的，0.8%家庭的孩子是收养的，0.7%家庭的孩子是继子女，3.6%家庭的孩子是其他类型。其中"其他选项"中，有48份可归为亲生一栏，修正以后，亲生占比达到98%，此选项中有17位孩子属于邻居、朋友、亲戚委托照护的。

在看护人中，64.1%的看护人是孩子的母亲，18.4%看护人是孩子的父亲，9.8%看护人是孩子的奶奶，2.5%看护人是孩子的爷爷，2.6%看护人是孩子的外婆，0.4%看护人是孩子的外公，2.2%看护人是孩子的其他人。父母作为看护人的占比是82.5%。详见表3－6与表3－7，看护家庭与被测评孩子的关系。

表3－6　　　　　　**看护人与孩子的血缘关系情况**

项目	频率（n）	百分比（%）	有效百分比（%）
亲生	1728	95.0	95.0
收养	14	0.8	0.8
继父母	12	0.7	0.7
其他	65	3.6	3.6
合计	1819	100.0	100.0

表3－7　　　　　　**看护人是孩子的什么人**

项目	频率（n）	百分比（%）	有效百分比（%）
母亲	1166	64.1	64.1
父亲	334	18.4	18.4
奶奶（祖母）	179	9.8	9.8
爷爷（祖父）	46	2.5	2.5
外婆（外祖母）	47	2.6	2.6
外公（外祖父）	7	0.4	0.4
其他	40	2.2	2.2
合计	1819	100.0	100.0

（5）照护孩子的时间与原因

从孩子出生时就对其进行看护的照护人占比为86.8%，3岁以内看护的为98.3%。当孩子看护人原因的前三项（响应百分比）分别是，其他占50.5%（"其他选项"属于父母自己带的情况占98.0%），父母长期外出工作的占37.2%，父母患有疾病或有残疾的占5.3%。详见表3-8和表3-9。

表3-8　　　　　　　　　　看护孩子的时间

项目	选项	频率（n）	百分比（%）	有效百分比（%）
照顾孩子的起始时间	出生起	1579	86.8	86.8
	0.5—1岁时	133	7.3	7.3
	1—2岁时	54	3.0	3.0
	2—3岁时	21	1.2	1.2
	3岁以后	12	0.7	0.7
	其他	20	1.1	1.1
	合计	1819	100.0	100.0

表3-9　　　　　　　　　　当孩子看护人的原因

项目	选项	频率（n）	百分比（%）	个案百分比（%）
当孩子看护人原因[a]	父母长期外出工作	731	37.2	49.3
	父母分居	67	3.4	4.5
	父母离异	32	1.6	2.2
	父母患有疾病或有残疾	105	5.3	7.1
	父母有亡故	38	1.9	2.6
	其他	992	50.5	66.9
	总计	1965	100.0	132.6

注：a. 值为1时制表的二分组。

从表 3-10 中可以看到奶奶当孩子看护人的原因主要是孩子父母长期外出工作，占比高达 88.8%，爷爷和外婆当孩子看护人的主要原因也是孩子父母长期外出工作，占比分别为 78.3% 和 74.5%。母亲和父亲当孩子看护人的原因主要是"其他"，前者占比 64.5%，后者占比 56.9%。除此以外，无论是家庭中的哪个角色，对其余选项的响应都不太高。

表 3-10　　　　不同家庭成员当孩子看护人的原因（n,%）

项目	父母长期外出工作	父母分居	父母离异	父母患病或有残疾	父母有亡故	其他
母亲	357（30.6）	67（5.7）	24（2.1）	27（2.3）	19（1.6）	752（64.5）
父亲	118（35.3）	25（7.5）	22（6.6）	5（1.5）	9（2.7）	190（56.9）
奶奶（祖母）	159（88.8）	3（1.7）	6（3.4）	0（0.0）	0（0.0）	20（11.2）
爷爷（祖父）	36（78.3）	4（8.7）	7（15.2）	4（8.7）	2（4.3）	3（6.5）
外婆（外祖母）	35（74.5）	3（6.4）	4（8.5）	2（4.3）	0（0.0）	9（14.9）
外公（外祖父）	5（71.4）	2（28.6）	2（28.6）	0（0.0）	1（14.3）	1（14.3）
其他	21（52.5）	2（5.0）	2（5.0）	0（0.0）	1（2.5）	19（47.5）

从表 3-11 中可以看到，不同职业的看护人当孩子看护人的原因都集中在"父母长期外出工作"和"其他"两项上。农民/渔民/猎人看护人有接近一半的响应是在父母长期外出工作上，占比为 49.6%；技术工人或熟练工人对父母长期外出工作的响应次数也较多，占比为 48.4%；六成的一般专业技术人员、超过六成的办公室一般人员对其他做出了响应，他们当孩子看护人的原因多为其他，占比分别为 61.6% 和 60.2%。

结果显示不同受教育程度的看护人均在"父母长期外出工作"和"其他"两项上的响应较多。文盲/半文盲的看护人有 76.3% 的人当孩子看护人的原因是父母长期外出工作，小学文化的有 56.0% 的人当孩子看护人的原因是父母长期外出工作，初中、高中等、大专、大学本科及以上的看护人当孩子看护人的原因是父母长期外出工作的占比在 30% 左右。初中、高中等、大专、大学本科及以上受教育程度的看护人认为当孩子看护人原因为其他的占比均在60%左右，占比依次为59.1%，61.5%，65.6%和63.2%。这提示受教育程度越低的家庭隔代留守的比率越高（见表3-12）。

表3-11　不同职业家庭成员当孩子看护人的原因（n,%）

项目	父母长期外出工作	父母分居	父母离异	父母有亡故	父母患病或有残疾	其他
农民/渔民/猎人	353（49.6）	46（6.5）	38（5.3）	21（3.0）	14（2.0）	312（43.9）
高级专业技术人员（医生、教授、律师、建筑师、工程师）	19（32.8）	6（10.3）	4（6.9）	0（0.0）	3（5.2）	34（58.6）
一般专业技术人员（助产士、护士、教师、编辑、摄影师等）	57（34.8）	8（4.9）	2（1.2）	3（1.8）	1（0.6）	101（61.6）
管理者/行政官员/经理（厂长、政府官员、处长、司局长、行政干部及村干部等）	15（39.5）	1（2.6）	0（0.0）	1（2.6）	1（2.6）	20（52.6）
办公室一般工作人员（秘书、办事员）	42（37.2）	4（3.5）	3（2.7）	0（0.0）	0（0.0）	68（60.2）
技术工人或熟练工人（工段长、班组长、工艺工人等）	30（48.4）	5（8.1）	5（8.1）	3（4.8）	3（4.8）	28（45.2）
技术工人或熟练工人（普通工人、伐木工等）	50（48.5）	8（7.8）	0（0.0）	2（1.9）	3（2.9）	44（42.7）
军官与警官	2（50.0）	1（25.0）	0（0.0）	0（0.0）	0（0.0）	2（50.0）
士兵与警察	1（16.7）	0（0.0）	0（0.0）	0（0.0）	0（0.0）	5（83.3）
司机	13（43.3）	4（13.3）	3（10.0）	1（3.3）	0（0.0）	14（46.7）

续表

项目	父母长期外出工作	父母分居	父母离异	父母有亡故	父母患病或有残疾	其他
服务行业人员（管家、厨师、服务员、看门人、理发员、售货员、洗衣工、保育员等）	80（33.6）	13（5.5）	9（3.8）	4（1.7）	3（1.3）	148（62.2）
运动员/演员/演奏员	1（100）	0（0.0）	0（0.0）	0（0.0）	0（0.0）	0（0.0）
其他	68（23.4）	10（3.4）	3（1.0）	3（1.0）	4（1.4）	216（74.2）

表3-12　不同受教育程度家庭成员当孩子看护人的原因（n,%）

项目	文盲/半文盲	小学	初中	高中/中专/技校	大专	大学本科及以上
父母长期外出工作	119（76.3）	135（56.0）	203（34.3）	148（35.4）	58（30.2）	68（30.9）
父母分居	12（7.7）	19（7.9）	34（5.7）	22（5.3）	10（5.2）	9（4.1）
父母离异	19（12.2）	12（2.0）	18（3.0）	9（2.2）	4（2.1）	5（2.3）
父母患病或有残疾	11（7.1）	2（0.8）	13（2.2）	7（1.7）	3（1.6）	2（0.9）
父母有亡故	4（2.6）	5（2.1）	8（1.4）	8（1.9）	3（1.6）	4（1.8）
其他	24（15.4）	96（39.8）	350（59.1）	257（61.5）	126（65.6）	139（63.2）

在当孩子看护人的原因上，男性和女性均对"父母长期外出工作"和"其他"两项有较多的响应。男性看护人在"父母长期外出工作"进行响应的占比为44.0%，在"其他"上的响应的占比为49.2%，女性看护人则为38.9%和56.3%。在西南乡村，祖辈照料的原因主要是父母外出打工（见表3-13）。

2.0—3岁儿童基本情况

（1）性别与年龄

在0—3岁受访谈家庭幼儿中，0—12个月的幼儿占比为25.01%，13—24个月的幼儿占比38.81%，25—36个月的幼儿占比36.18%，其中，男童占比51.21%，女童占比48.79%（见图3-1，3-2）。

表3-13　　　不同性别家庭成员当孩子看护人的原因（n,%）

项目	男性	女性
父母长期外出工作	196（44.0）	535（38.9）
父母分居	37（8.3）	69（5.0）
父母离异	31（7.0）	36（2.6）
父母有亡故	17（3.8）	15（1.1）
父母患病或有残疾	13（2.9）	25（1.8）
其他	219（49.2）	773（56.3）

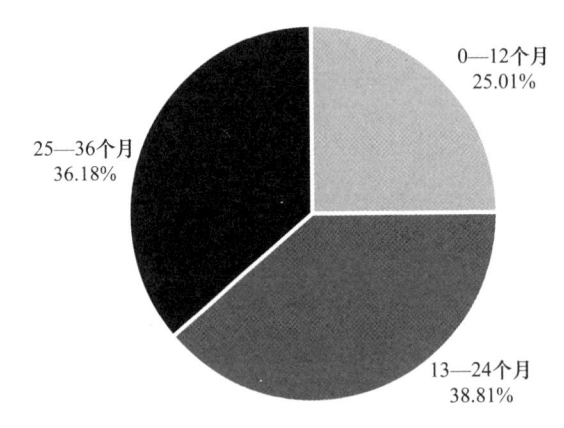

图3-1　幼儿年龄与性别

- 0—12个月 25.01%
- 13—24个月 38.81%
- 25—36个月 36.18%

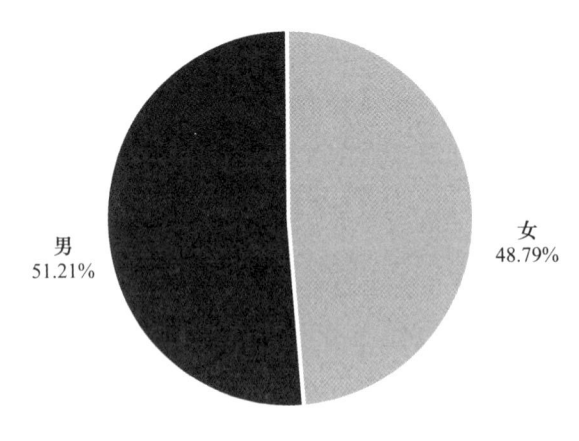

图3-2　幼儿性别比例

- 男 51.21%
- 女 48.79%

（2）基本情况

从表3-14中可以看到，孩子的出生地为医院/妇幼保健院/计生服务站的具有绝对优势，共1744人，占比为95.9%，住院分娩率达到《中国妇女发展纲要（2021—2030年）》提出的95%的要求；极少量的妇女在家庭或其他地方生产，占比分别为3.4%和0.8%。自然分娩的孩

表3-14　　　　　　被调研幼儿的基本情况（n,%）

项目	选项	频数（n）	有效百分比（%）
孩子在哪里出生	医院/妇幼保健院/计生服务站	1744	95.9
	家庭，具体谁接生：医生，产婆，家人	61	3.4
	其他	14	0.8
	合计	1819	100.0
家中3岁以下小孩数量	1个	1493	82.1
	2个	292	16.1
	3个	26	1.4
	4个以上	8	0.4
	合计	1819	100.0
被测评孩子在家里排行	老大	1110	61.0
	老二	571	31.4
	老三	81	4.5
	不答	57	3.1
	合计	1819	100.0
孩子民族	汉族	1428	78.5
	苗族	35	1.9
	回族	50	2.7
	彝族	179	9.8
	其他	127	7.0
	合计	1819	100.0
孩子出生采取何种生产方式	自然分娩	1278	70.3
	剖宫产	505	27.8
	不清楚	36	2.0
	合计	1819	100.0

续表

项目	选项	频数（n）	有效百分比（%）
孩子出生时是否足月	是	1609	88.5
	否	116	6.4
	不清楚	94	5.2
	合计	1819	100.0
孩子出生后是否纯母乳喂养	是	1296	71.2
	否	422	23.2
	不清楚（只吃母乳，连水也不喝叫纯母乳喂养）	101	5.6
	合计	1819	100.0
纯母乳喂养持续时间（天）	0	88	4.8
	0.5	2	0.1
	01	1	0.1
	06	2	0.1
	08	2	0.1
	09	3	0.2
	1	62	3.4
	1.5	1	0.1
	10	134	7.4
	11	80	4.4
	12	272	15.0
	13	59	3.2
	14	40	2.2
	15	38	2.1
	16	24	1.3
	17	5	0.3
	18	42	2.3
	19	2	0.1
	20	69	3.8
	21	1	0.3
	22	4	0.2
	23	1	0.1
	25	21	0.2
	26	2	0.1

续表

项目	选项	频数（n）	有效百分比（%）
喂养一个月	3	103	5.7
	3.5	1	0.1
	30	1	0.1
	4	67	3.7
	4.5	1	0.1
	5	104	5.7
	5.5	5	0.3
	5.8	1	0.1
	6	226	14.2
	6.5	2	0.1
	60	1	0.1
	7	66	3.6
	8	181	10.0
	9	99	5.4
	九	1	0.1
	合计	769	49.3
过去一年，孩子父母是否提供物质或金钱支持	是	1642	90.3
	否	177	9.7
	合计	1819	100.0
如果提供支持，提供哪种支持	-3	167	9.2
	物质：衣服、食物等	764	41.0
	金钱	127	7.0
	物质和金钱都给	698	38.4
	啥都不给	81	4.5
	合计	1837	100.0
孩子主要的沟通用语	普通话	329	18.1
	当地汉语方言	1336	73.4
	少数民族语言	154	8.5
	合计	1819	100.0

子占比为70.3%，剖宫产的为27.8%。调研发现，西南乡村剖宫产的比例低于《中国妇幼健康事业发展报告（2019年）》中公布的全国36.7%的比例。88.5%的孩子是足月生产，有6.4%的孩子为不足月生产，有5.2%的看护人不清楚孩子出生是否足月。

家中有1个3岁以下的孩子的占比最高，为82.1%，2个孩子的为16.1%，3个孩子的占比仅有1.4%。在被测评的3岁以下的孩子排行老大的有1110人，占比超过六成；排行老二的571人，占比31.4%；排行老三的只有81人，占比仅4.5%。

调查对象中，汉族孩子1428人，占比78.5%；少数民族占21.4%，较多的少数民族是彝族，共179人，占比9.8%。过去一年，绝大多数孩子父母是提供物质或者金钱支持的，占比达90.3%，仅有不到10.0%的父母不提供物质或者金钱支持。在提供的支持当中，最多的是物质，包括衣服、食物等，占41.0%，物质和金钱都提供的占38.4%；仅提供金钱的只占到7.0%；还有4.5%的人什么都不给。

调查对象中，1336人与孩子进行交流时使用的主要语言为当地汉族方言，占比为73.4%。其次是普通话，不到两成的看护人使用普通话与孩子进行交流，用少数民族语言进行交流的占8.5%。

有75.5%的女性看护人用当地汉族方言与孩子沟通，占比较高，这可能和取样中汉族占较大比例有关。男性中使用当地汉族方言的比例也较其他语言多，占67.2%，此外，有21.8%的男性看护人和16.9%的女性看护人对普通话进行了响应，这说明一定比例男性和女性看护人用普通话与孩子沟通，占比均比少数民族语言高。卡方检验得出，与孩子沟通使用的语言在男性和女性看护人中差异显著（$\chi^2 = 5.52$，$P < 0.05$）。女性更多地使用当地汉族方言与孩子进行沟通（见表3-15）。

表3-15　　　不同性别看护人与孩子的日常交流语言（n,%）

项目	男	女
普通话	97（21.8）	232（16.9）
当地汉族方言	299（67.2）	1037（75.5）

续表

项目	男	女
少数民族语言	49（11.0）	105（7.6）
合计	445（100.0）	1374（100.0）
卡方	5.52	
Sig.	0	

（3）身高体重及纯母乳喂养情况

被测评孩子出生时平均身长为 50.17±1.16 厘米，最短的 40.0 厘米，最长的 60.2 厘米。被测评孩子出生时平均体重为 6.79±0.57 斤，最轻的 5.0 斤，最重的 9.8 斤。被测评孩子出生后纯母乳喂养平均月份为 8.27±4.82 月。纯母乳喂养在 12 个月以内的占 86.5%，12 个月及以上的占 13.5%。详见表 3-16 至 3-19。

表 3-16　　　　　被调研孩子的身长情况（n,%）

项目			统计量	标准误
孩子出生时身长	均值		50.1742	0.02717
	均值的 95% 置信区间	下限	50.1209	
		上限	50.2275	
	5% 修正均值		50.2076	
	中值		50.0000	
	方差		1.343	
	标准差		1.15881	
	极小值		40.00	
	极大值		60.20	
	范围		20.20	
	四分位距		0.80	
	偏度		-0.813	0.057
	峰度		13.238	0.115

表3-16 被调研孩子的体重情况（n,%）

项目			统计量	标准误
孩子出生时体重	均值		6.7948	0.01334
	均值的95%置信区间	下限	6.7687	
		上限	6.8210	
	5%修正均值		6.7798	
	中值		6.7000	
	方差		0.324	
	标准差		0.56895	
	极小值		5.00	
	极大值		9.80	
	范围		4.80	
	四分位距		0.90	
	偏度		0.425	0.057
	峰度		-0.107	0.115

表3-18 被调研孩子的纯母乳喂养情况（n,%）

项目			统计量	标准误
孩子纯母乳喂养持续多长时间	均值		8.27	0.113
	均值的95%置信区间	下限	8.05	
		上限	8.49	
	5%修正均值		8.08	
	中值		8.00	
	方差		23.192	
	标准差		4.816	
	极小值		0	
	极大值		30	
	范围		30	
	四分位距		7	
	偏度		0.518	0.057
	峰度		0.658	0.115

表3-19　　　　　　　　　　母乳喂养时长情况

	项目	频率（n）	百分比（%）	有效百分比（%）
有效	母乳喂养12个月以内	1573	86.5	86.5
	母乳喂养12个月以上	245	13.5	13.5
	合计	1818	99.9	100.0
缺失	系统	1	0.1	
合计		1819	100.0	

从表3-20中可以看到，没有纯母乳喂养的在各类看护人中占比都比较高，在文盲/半文盲看护人中占64.1%，在小学文化程度的看护人中占66.8%，在初中文化程度的看护人中占72.6%，在受教育程度为高中等的看护人中占70.8%，大专文化程度的看护人中占76.6%，大学本科以上文化程度的人中占73.6%。孩子出生后是纯母乳喂养的在各类受教育程度的看护人中的占比相当，从文盲/半文盲到大学本科及以上受教育程度的占比依次为26.9%、23.0%、21.1%、26.1%、20.8%和22.7%。卡方检验结果显示是否纯母乳喂养在不同受教育程度的看护人中差异显著（χ^2 = 28.10，$P<0.05$），是否纯母乳喂养和看护人的受教育程度显著相关。

表3-20　　　不同受教育程度看护人纯母乳喂养情况（n,%）

项目	文盲/半文盲	小学	初中	高中等	大专	大学本科及以上
是	42（26.9）	56（23.0）	125（21.1）	109（26.1）	40（20.8）	50（22.7）
否	100（64.1）	161（66.8）	430（72.6）	296（70.8）	147（76.6）	162（73.6）
不清楚	14（9.0）	24（10.0）	37（6.6）	13（3.1）	5（2.6）	8（3.6）
合计	156（100.0）	241（100.0）	592（100.0）	418（100.0）	192（100.0）	220（100.0）
卡方	28.1					
Sig.	0					

（二）看护人养育认知行为现状

看护人包括父母、祖辈、亲属及为婴幼儿提供长期照护的其他人。

此部分看护人的养育观点与行为包括：抚养子女的性别观、角色担当观、早教观、生活习惯观、养育方式观、生育意愿观等，以及这些观念所表现出来的相应行为。此部分设置了57道选题，通过观念与行为调查，了解西南乡村婴幼儿科学养育的现状。

1. 养育观念

从表3-21中可以看到，61.6%的看护人不同意男孩比女孩好，认为无所谓的看护人为31.8%，仅有7.0%的看护人认为男孩比女孩好。可以看出，性别歧视在西南乡村得到了较大改善，93.4%的看护人持有性别平等的观念，但还有7.0%的人认为男孩比女孩好，宣传男女平等观念还需要加大力度。

表3-21　　　　　　　　　　看护人的观念情况

项目	选项	频数（n）	有效百分比（%）
男孩比女孩好	同意	128	7.0
	不同意	1112	61.6
	无所谓	579	31.8
	合计	1819	100.0
女孩子应该和男孩子享有同等的受教育机会	同意	1619	89.0
	不同意	119	6.5
	无所谓	81	4.5
	合计	1819	100.0
家里的重要事情应由男人做决定	同意	369	20.3
	不同意	1121	61.6
	无所谓	329	18.1
	合计	1819	100.0
看孩子、做家务主要是女性的事	同意	343	18.9
	不同意	1223	67.2
	无所谓	253	13.9
	合计	1819	100.0

续表

项目	选项	频数（n）	有效百分比（%）
应该在孩子较小时就告诉他们男孩和女孩的不同	同意	1338	73.6
	不同意	296	16.3
	无所谓	185	10.2
	合计	1819	100.0
应该采用不同的方式教育和养育男孩和女孩，比如引导男孩更刚强好动，女孩更文静听话	同意	1071	58.9
	不同意	506	27.8
	无所谓	242	13.3
	合计	1819	100.0
孩子的营养状况好坏与孩子早期全面发展非常相关	同意	1524	83.8
	不同意	152	8.4
	无所谓	143	7.9
	合计	1819	100.0
男孩子应该比女孩子需要更多的营养能量补充	同意	372	20.5
	不同意	1266	69.6
	无所谓	181	10.0
	合计	1819	100.0
0—3岁的孩子不需要上早教机构（学校）	同意	462	25.4
	不同意	900	49.5
	无所谓	457	25.1
	合计	1819	100.0
孩子学知识是幼儿园（学校）的事，家长不需要管	同意	147	8.1
	不同意	1561	85.8
	无所谓	111	6.1
	合计	1819	100.0
孩子多大开始看电视合适	无所谓	423	23.4
	1岁以内	108	6.0
	1—2岁	314	17.3
	2—3岁	296	16.4
	3岁以上	605	33.4
	其他	64	3.5
	合计	1810	100.0

续表

项目	选项	频数（n）	有效百分比（%）
孩子从多大开始看电视	1岁以内	357	19.6
	1—2岁之间	557	30.6
	2—3岁之间	309	17.0
	3岁以上	141	7.8
	不知道	174	9.6
	不看	281	15.4
	合计	1819	100.0
孩子每天看电视时长	1小时以内	1282	70.5
	1—2小时	383	21.1
	2小时以上	154	8.5
	合计	1819	100.0
孩子常看的电视节目	动画片	1468	80.7
	电视连续剧	27	1.5
	随大人一起看	191	10.5
	不清楚	133	7.3
	合计	1819	100.0
不看电视的原因	家里没有电视机	99	5.4
	不希望给孩子看	1349	74.2
	其他	371	20.4
	合计	1819	100.0
家里带孩子时间最多的人	妈妈	1187	65.3
	爸爸	75	4.1
	爷爷（外公）	68	3.7
	奶奶（外婆）	389	21.4
	自己去	71	3.9
	其他	29	1.6
	合计	1819	100.0

续表

项目	选项	频数（n）	有效百分比（%）
一般采取哪种交通方式带孩子出行	步行	752	41.3
	自行车	70	3.8
	公交	203	11.2
	私家车	690	37.9
	校车	9	0.5
	其他	95	5.2
	合计	1819	100.0
家里最常陪孩子读书、讲故事的人	孩子父母	1208	66.4
	看护人	323	17.8
	其他人	57	3.1
	没有人	231	12.7
	合计	1819	100.0
在最近的三个月中，每周陪孩子读书、讲故事次数	没有	714	39.3
	1—2 次	666	36.6
	2 次以上	439	24.1
	合计	1819	100.0
每次陪孩子读书、讲故事的时间	半小时以内	1262	69.4
	0.5—1 小时	406	22.3
	1—2 小时	99	5.4
	2 小时以上	52	2.9
	合计	1819	100.0
每天陪孩子做游戏时间	没有	563	30.1
	1 小时以内	787	43.3
	1—2 小时	260	14.3
	2 小时以上	209	11.5
	合计	1819	100.0
孩子在家是否喜欢自己画画	从不画	623	34.2
	偶尔画	968	53.2
	常常画	228	12.5
	合计	1819	100.0

认为女孩子应该和男孩子享有同等受教育机会的看护人接近九成，占比89.0%，有6.5%的不同意这个观点。教育的性别平等观念略低于生育的性别平等观念。

不同意家里的重要事情应由男人做决定的有1121人，占61.6%；同意该观点的人超过了两成；另有接近两成的人无所谓。调查对象中1223人不同意看孩子、做家务主要是女性的事情，占比为67.2%；同意该观点的占到接近两成的比例；还有13.9%的人认为无所谓。男女在家庭中的地位趋于平等，夫妻协商共同解决家庭事务是主流现象，但男主外、女主内，孩子养育主要由女性承担的观念占比不小。

在是否应该在小孩较小时就告诉他们男孩和女孩的不同上，1338人表示同意，占73.6%；不同意的有296人，占比16.3%；还有10.2%的人认为无所谓。认为应该对男孩、女孩采用不同的教养方式的看护人占多数，为58.9%；不同意的占27.8%；13.3%的人认为无所谓。养育孩子过程中的性别意识较高，但也存在不少无性别意识的现象。

83.8%的看护人同意孩子的营养对成长非常重要，仅有不到10%的看护人不同意这个观点。69.6%的看护人并不认为男孩应该比女孩需要更多的营养，超过二成的人同意这个观点，无所谓的看护人占了10.0%。

49.5%的看护人认为0—3岁的孩子需要上早教机构，25.4%的认为不需要上，无所谓的占25.1%。也就是说，西南乡村3岁以下儿童家庭有明确早教需求的超过50%，而课题组在同年对昆明市的调研发现，85%以上的看护人认为孩子需要上早教机构，同样是西南地区，城市与乡村的差距较为突出。

高达85.8%的看护人认为孩子学知识并非只是幼儿园的事情，家长也要管；同意家长不用管的只占8.1%；无所谓的人占6.1%。家园共育理念认知清晰。

看护人在孩子看电视上有两道问题，一道是您认为孩子多大看电视合适，其中23.4%的看护人认为无所谓，6%的认为1岁以内，17.3%的认为1—2岁，16.4%的认为2—3岁，33.4%的认为3岁以上；另一道是您家孩子从多大开始看电视，其中19.6%的看护人回答是1岁以

第三章　西南乡村 0—3 岁儿童成长环境及社区整合现状调查

内，30.6% 的在 1—2 岁，17.0% 的在 2—3 岁，7.8% 的在 3 岁以上，不看电视的占 15.4%，不知道从什么时候看的占 9.6%。

超六成的孩子主要是由妈妈带，21.4% 的孩子由奶奶（外婆）带的时间比较长，由爸爸或爷爷（外公）带的都不到 5%，看护孩子时间较长的是女性。41.3% 的家长步行带孩子出行，私家车的占了 37.9%。父亲照护孩子的角色严重缺失。

66.4% 的父母经常陪孩子看书，父母以外的看护人为 17.8%，12.7% 的孩子没有人陪他们读书。最近三个月中，39.3% 的看护人没有陪孩子读书、讲故事，36.6% 的看护人每周讲 1—2 次，只有不到三成的家长每周两次以上给孩子讲故事、陪孩子读书。接近七成的看护人给孩子每次讲故事的时间在半小时以内，时长不长；讲故事超过 1 小时的看护人占比均不到 6%；22.3% 的看护人每次讲故事的时间在 0.5—1 小时。43.3% 的看护人能够陪孩子做 1 小时以内的游戏；没有做游戏的占比也相对较高，达到 30.1%。孩子在家偶尔自己画画的占一半以上，占比为 53.2%；从不画画的占 34.2%；常常画画的不到两成，只占 12.5%。

（1）不同性别的视角分析

在养育观念上，不同意男孩比女孩好的男性和女性看护人占比都较高，分别为 55.7% 和 62.9%。31.8% 的女性看护人和 31.9% 的男性看护人认为无所谓，女性看护人中仅有 5.3% 的人认为男孩比女孩好。通过卡方检验可以看到，对"男孩比女孩好"的看法在男性看护人和女性看护人之间存在显著差异（$\chi^2 = 26.53$，$P<0.05$），且女性看护人在"不同意"这项上的调整后标化残差为 2.9，这说明，女性看护人更倾向于不同意"男孩比女孩好"（见表 3-22）。

从表 3-23 中可以看到，高达 90.0% 的女性看护人和 85.8% 的男性看护人都认为女孩应该和男孩享有同等的受教育机会。不同意的女性看护人仅占 6.0%，不同意的男性看护人占 8.1%。经过卡方检验可以看到，男性和女性看护人在女孩是否应该和男孩享有同等的受教育机会方面存在显著差异（$\chi^2 = 6.27$，$P<0.05$），女性看护人在"同意"一项上的调整后标化残差为 2.5，这说明女性看护人更倾向于同意男女都应该

享有同等的受教育机会。

表3-22　不同性别看护人对男孩和女孩的养育观念（n,%）

项目	男	女
同意	55（12.4）	73（5.3）
不同意	248（55.7）	864（62.9）
无所谓	142（31.9）	437（31.8）
合计	445（100.0）	1374（100.0）
卡方	26.53	
Sig.	0	

表3-23　不同性别看护人对女孩和男孩受教育机会的看法（n,%）

项目	男	女
同意	382（85.8）	1237（90.0）
不同意	36（8.1）	83（6.0）
无所谓	27（6.1）	54（3.9）
合计	445（100.0）	1374（100.0）
卡方	6.27	
Sig.	0.04	

从表3-24中可以看到，66.3%的女性看护人不同意家里的重要事情应由男人做决定，47.2%的男性不同意应由男人做决定。27.4%的男性看护人同意家里的重要事情由男人做决定，18.0%的女性认为应由男人做决定。通过卡方检验可以看到，家里的重要事情应由男人做决定在男性和女性看护人之间有显著差异（$\chi^2=52.07$，$P<0.05$）。男性在"同意"一项上的调整后标化残差为4.3，女性看护人在"不同意"一项上的调整后标化残差为7.2，这说明男性更倾向于同意家里的重要事情应由男人做决定，而女性更倾向于不同意家里的重要事情应该由男人做决定。

表 3-24　不同性别看护人对家里的重要事情应由男人做决定的看法（n,%）

项目	男	女
同意	122（27.4）	247（18.0）
不同意	210（47.2）	911（66.3）
无所谓	113（25.4）	216（15.7）
合计	445（100.0）	1374（100.0）
卡方	52.07	
Sig.	0	

从表 3-25 中可以看到，56.6%的男性看护人不同意看孩子、做家务主要是女性的事情，70.7%的女性不同意看孩子、做家务主要是女性的事情。男性看护人中，有22.7%的人认为看孩子、做家务主要是女性的事情。通过卡方检验发现，看孩子、做家务是否主要是女性的事情在男性看护人和女性看护人中差异显著（$\chi^2 = 33.85$，$P<0.05$）。男性在"同意"一项上的调整后标化残差为2.4，女性在"不同意"一项上的调整后标化残差为5.5，男性在"无所谓"一项上的调整后标化残差为4.7，这说明男性更倾向于同意和无所谓看孩子、做家务主要是女性的事情，而女性看护人更倾向于不同意看孩子、做家务主要是女性的事情。

表 3-25　不同性别看护人对看孩子、做家务主要是女性的事情的看法（n,%）

项目	男	女
同意	101（22.7）	242（17.6）
不同意	252（56.6）	971（70.7）
无所谓	92（20.7）	161（11.7）
合计	445（100.0）	1374（100.0）
卡方	33.85	
Sig.	0	

从 3-26 表中可以看到男性看护人中有69.4%的人认同应该在孩子较小时就告诉他们男女的不同，74.9%的女性看护人也同意这一看法，

仅有9.2%的女性看护人认为无所谓,而13.0%的男性看护人认为无所谓。卡方检验得到在是否应该在小孩较小的时候就告诉他们男女的不同在男性和女性中差异显著($\chi^2 = 6.68$,$P < 0.05$)。女性看护人在同意一项上的调整后标化残差为2.3,男性看护人在无所谓一项上的调整后标化残差为2.3,这说明女性看护人更倾向于同意要在较小时就告诉孩子男女不同,男性则更倾向于无所谓是否告诉孩子。

表3-26 不同性别看护人对孩子性别意识教育的看法(n,%)

项目	男	女
同意	309(69.4)	1029(74.9)
不同意	78(17.5)	218(15.9)
无所谓	58(13.0)	127(9.2)
合计	445(100.0)	1374(100.0)
卡方	6.68	
Sig.	0.03	

从表3-27中可以看到,61.8%的男性看护人和72.1%的女性看护人并不认为男孩应该比女孩需要更多的营养能量补充。只有25.8%和18.7%男性看护人和女性看护人认为男孩应该比女孩需要更多的能量补充。仅有9.2%的女性看护人认为无所谓。从卡方检验可以看到,男孩是否应该比女孩需要更多的营养能量补充在男性和女性中差异显著($\chi^2 = 16.96$,$P < 0.05$)。男性看护人在同意一项上的调整后标化残差为3.2,女性在不同意一项上的调整后标化残差为4.1,这说明男性更倾向于同意男孩比女孩需要更多的能量补充,女性看护人则更倾向于不同意男孩比女孩需要更多的能量补充。

从表3-28中可以看到,高达87.8%的女性看护人并不认为家长不需要管,79.8%的男性看护人不同意家长不需要管。仅有7.0%的女性看护人认为孩子学知识是幼儿园(学校)的事情,家长不需要管。卡方检验得出家长是否需要管在男性看护人和女性看护人中差异显著($\chi^2 = 17.70$,$P < 0.05$)。男性看护人认为不需要家长管的调整后标化残差为

3.0，女性看护人在不同意一项上的调整后标化残差为4.2，男性看护人在无所谓一项上的调整后标化残差为2.7。

表3-27　不同性别看护人对孩子性别营养供给的看法（n,%）

项目	男	女
同意	115（25.8）	257（18.7）
不同意	275（61.8）	991（72.1）
无所谓	55（12.4）	126（9.2）
合计	445（100.0）	1374（100.0）
卡方	16.96	
Sig.	0	

表3-28　不同性别看护人对孩子教育责任意识的看法（n,%）

项目	男	女
同意	51（11.5）	96（7.0）
不同意	355（79.8）	1206（87.8）
无所谓	39（8.8）	72（5.2）
合计	445（100.0）	1374（100.0）
卡方	17.7	
Sig.	0	

结果显示25.8%的男性看护人无所谓孩子多大开始看电视，女性则为23.1%；有35.7%的男性看护人认为应该在三岁以上，女性看护人则为32.5%；11.7%的男性看护人和17.8%的女性看护人认为应该在2—3岁以内开始看电视比较合适。从卡方检验可以看到，孩子多大开始看电视合适这个问题与看护人的性别是显著关联的，孩子多大开始看电视在男性和女性看护人中差异显著（$\chi^2=16.94$，$P<0.05$）。女性看护人在2—3岁以内这个选项上的调整后标化残差为3.0，这说明女性看护人更倾向于认为孩子在2—3岁时开始看电视比较合适（见表3-29）。

表3-29 不同性别看护人对孩子何时开始看电视比较合适的认知（n,%）

项目	男	女
无所谓	115（25.8）	317（23.1）
1岁以内	19（4.3）	89（6.5）
1-2岁以内	89（20.0）	225（16.2）
2-3岁以内	52（11.7）	244（17.8）
3岁以上	159（35.7）	446（32.5）
其他	11（2.5）	53（3.9）
合计	445（100.0）	1374（100.0）
卡方	16.94	
Sig.	0.01	

男性看护人中，62.2%的人每次陪孩子读书、讲故事的时间在半小时以内，极少有2小时以上的，占比为4.7%；女性看护人中71.7%的人陪孩子读书、讲故事的时间在半小时以内，仅有2.3%的女性看护人在2小时以上。卡方检验可以看到，每次陪孩子读书、讲故事的时间长短与性别显著关联，时间的长短在男性看护人和女性看护人中差异显著（$\chi^2=18.53$，$P<0.05$）。女性看护人在半小时以内选项上的调整后标化残差为3.8，男性看护人在1—2小时和2小时以上的调整后标化残差分别为2.1和2.7，这说明，在陪孩子读书、讲故事的时长上，女性看护人更倾向于在半小时以内，而男性看护人更倾向于1—2小时和2小时以上（见表3-30）。

表3-30 不同性别看护人每次陪孩子读书、讲故事的时间（n,%）

项目	男	女
半小时以内	277（62.2）	985（71.7）
0.5-1小时之内	114（25.6）	292（21.3）
1-2小时	33（7.4）	66（4.8）
2小时以上	21（4.7）	31（2.3）
合计	445（100.0）	1374（100.0）
卡方	18.53	
Sig.	0	

（2）不同受教育程度的视角分析

结果显示无论哪种受教育程度的看护人占比较多的均为不同意男孩比女孩好。受教育程度从文盲/半文盲到大学本科及以上的看护人在各自的类别中不同意男孩比女孩好的占比依次为62.8%，63.5%，60.1%，62.7%，58.3%和59.5%。每个受教育程度类别的看护人同意男孩比女孩好的占比都不高，只有文盲/半文盲的看护人同意的占比在该类别中占了14.7%，其余的在各自受教育程度类别中的占比都不超过一成。从卡方检验可以看到，男孩比女孩好的看法在不同受教育程度的看护人中差异显著（$\chi^2=24.56$，$P<0.05$），男孩比女孩好的观念与看护人的受教育程度显著关联（见表3-31）。

表3-31　不同受教育程度看护人对男、女孩的偏好（n,%）

项目	文盲/半文盲	小学	初中	高中等	大专	大学本科及以上
同意	98（14.7）	19（7.9）	38（6.4）	24（5.7）	9（4.7）	15（6.8）
不同意	98（62.8）	153（63.5）	356（60.1）	262（62.7）	112（58.3）	131（59.5）
无所谓	35（22.4）	69（28.6）	198（33.4）	132（31.6）	71（37.0）	74（33.6）
合计	156（100.0）	241（100.0）	592（100.0）	418（100.0）	192（100.0）	220（100.0）
卡方	24.56					
Sig.	0					

从表3-32中可以看到，在不同受教育程度的看护人中同意女孩应该和男孩享有同等的受教育机会的占比在各受教育程度类别中都比较高，从文盲/半文盲到大学本科及以上的占比依次为78.2%，88.8%，89.9%，88.0%，94.3%和91.8%。不同意的占比在各类别中均比较低，仅仅文盲/半文盲文化程度看护人不同意的有13.5%，其他的受教育程度类别中的看护人不同意的占比均低于10%。卡方检验结果显示女孩应该和男孩享有同等受教育机会的观念与看护人的受教育程度是显著关联的（$\chi^2=32.62$，$P<0.05$）。

表 3-32　不同受教育程度看护人对女孩和男孩受教育机会的看法（n,%）

项目	文盲/半文盲	小学	初中	高中等	大专	大学本科及以上
同意	122（78.2）	214（88.8）	532（89.9）	368（88.0）	181（94.3）	202（91.8）
不同意	21（13.5）	18（7.5）	31（5.2）	35（8.4）	6（3.1）	8（3.6）
无所谓	13（8.3）	9（3.7）	29（4.9）	15（3.6）	5（2.6）	10（4.5）
合计	156（100.0）	241（100.0）	592（100.0）	418（100.0）	192（100.0）	220（100.0）
卡方	32.62					
Sig.	0					

不同受教育程度类别的看护人在各自类别中，不同意家里的重要事情应该由男人做决定的占比从文盲/半文盲到大学本科及以上的占比依次为42.3%，52.3%，60.9%，67.0%，71.4%和69.5%。同意家里的重要事情应该由男人做决定的大学本科及以上文化程度的看护人仅占9.5%。从卡方检验可以看到，家里的重要事情应该由男人做决定的观念与看护人的受教育程度显著关联（$\chi^2=84.95$，$P<0.05$）（见表3-33）。

表 3-33　**不同受教育程度看护人对家里的重要事情应由男人做决定的看法（n,%）**

项目	文盲/半文盲	小学	初中	高中等	大专	大学本科及以上
同意	65（41.7）	65（27.0）	124（20.9）	65（15.6）	29（15.1）	21（9.5）
不同意	66（42.3）	126（52.3）	359（60.9）	280（67.0）	137（71.4）	153（69.5）
无所谓	25（16.0）	50（20.7）	109（18.4）	73（17.5）	26（13.5）	46（20.9）
合计	156（100.0）	241（100.0）	592（100.0）	418（100.0）	192（100.0）	220（100.0）
卡方	84.95					
Sig.	0					

结果显示文盲/半文盲到大学本科及以上的看护人不同意看孩子、做家务主要是女性的事情的占比依次为42.3%，52.7%，66.7%，76.1%，

76.0%和77.7%。文盲/半文盲的看护人同意看孩子、做家务主要是女性事情的占比接近五成,占比为44.2%,小学文化程度的看护人为27.8%,其余文化程度的看护人在各自类别中对该项的响应占比均不到20.0%。卡方检验结果显示,看孩子、做家务主要是女性的事情的看法与看护人的文化程度显著关联($\chi^2=126.87$,$P<0.05$)(见表3-34)。

表3-34　　不同受教育程度看护人对看孩子、做家务
　　　　　主要是女性的事情的看法(n,%)

项目	文盲/半文盲	小学	初中	高中等	大专	大学本科及以上
同意	69(44.2)	67(27.8)	107(18.1)	51(12.2)	25(13.0)	24(10.9)
不同意	66(42.3)	127(52.7)	395(66.7)	318(76.1)	146(76.0)	171(77.7)
无所谓	21(13.5)	47(19.5)	90(15.2)	49(11.7)	21(10.9)	25(11.4)
合计	156(100.0)	241(100.0)	592(100.0)	418(100.0)	192(100.0)	220(100.0)
卡方	126.87					
Sig.	0					

从表3-35中可以看到,从文盲/半文盲到大学本科及以上受教育程度的看护人同意应该在孩子较小的时候就告诉他们男女不同的占比依次为67.3%,66.8%,73.1%,76.1%,80.2%及75.9%。不同受教育程度的看护人中的大部分人都同意这一观点。卡方检验结果显示,是否应该在孩子较小的时候就告诉他们男女的不同与看护人的受教育程度显著关联($\chi^2=32.74$,$P<0.05$)。

表3-35　不同受教育程度看护人对孩子性别意识教育的看法(n,%)

项目	文盲/半文盲	小学	初中	高中等	大专	大学本科及以上
同意	105(67.3)	161(66.8)	433(73.1)	318(76.1)	154(80.2)	167(75.9)
不同意	23(14.7)	40(16.6)	103(17.4)	65(15.6)	26(13.5)	39(17.7)
无所谓	28(17.9)	40(16.6)	56(9.5)	35(8.4)	12(6.3)	14(6.4)

续表

项目	文盲/半文盲	小学	初中	高中等	大专	大学本科及以上
合计	156（100.0）	241（100.0）	592（100.0）	418（100.0）	192（100.0）	220（100.0）
卡方	32.74						
Sig.	0						

不同受教育程度的看护人在各自的类别中，同意应该采用不同方式教育和养育男孩和女孩的占比都超过一半。从文盲/半文盲到大学本科及以上的受教育程度看护人的占比依次为60.3%，57.3%，60.3%，59.6%，62.5%，51.4%。在高中受教育程度和大学本科及以上受教育程度的看护人中，均有三成以上的看护人不认为应该采用不同的方式教育和养育男孩和女孩，占比分别为30.4%和37.7%。卡方检验显示，是否应该采用不同的教育方式来养育男孩和女孩与看护人的受教育程度显著关联（$\chi^2=26.95$，$P<0.05$）（见表3-36）。

表3-36 不同受教育程度看护人在教育方式上的性别看法（n,%）

项目	文盲/半文盲	小学	初中	高中等	大专	大学本科及以上
同意	94（60.3）	138（57.3）	357（60.3）	249（59.6）	120（62.5）	113（51.4）
不同意	36（23.1）	64（26.6）	143（24.2）	127（30.4）	53（27.6）	83（37.7）
无所谓	26（16.7）	39（16.2）	92（15.5）	42（10.0）	19（9.9）	24（10.9）
合计	156（100.0）	241（100.0）	592（100.0）	418（100.0）	192（100.0）	220（100.0）
卡方	26.95						
Sig.	0						

从表3-37中可以看到，无论哪种受教育程度的看护人，在其各自的类别中，同意孩子的营养状况好坏与孩子早期全面发展非常相关的占比均超过七成。从文盲/半文盲到大学本科及以上的占比依次为71.2%，75.9%，83.4%，86.8%，91.7%和89.5%。在不同意这一项上，仅有

文盲/半文盲占比为 14.1%，其余的占比均不到 10%。通过卡方检验可以看到，孩子的营养状况好坏是否与孩子早期全面发展非常相关的观念与看护人的受教育程度显著关联（$\chi^2 = 54.01$，$P < 0.05$）。

表 3-37　不同受教育程度看护人对孩子营养与身心发展关系的看法（n,%）

项目	文盲/半文盲	小学	初中	高中等	大专	大学本科及以上
同意	111 (71.2)	183 (75.9)	494 (83.4)	363 (86.8)	176 (91.7)	197 (89.5)
不同意	22 (14.1)	23 (9.5)	54 (9.4)	34 (8.1)	7 (3.6)	12 (5.5)
无所谓	23 (14.7)	35 (14.5)	44 (7.4)	21 (5.0)	9 (4.7)	11 (5.0)
合计	156 (100.0)	241 (100.0)	592 (100.0)	418 (100.0)	192 (100.0)	220 (100.0)
卡方	54.01					
Sig.	0					

2. 养育行为

从表 3-38 中可以看到，经常当着孩子面争吵的父母不到一成，占比 8.2%，大部分父母从不或者仅仅是有时当着孩子的面争吵，不清楚的父母占 8.3%。42.5% 的看护人经常用鼓励的方式来教育孩子，39.7% 的看护人是多种方式并用。常用责备和惩罚方式的看护人占比均不高。看护人的行为上，经常抱孩子的看护人与孩子哭时为安慰孩子才这么做的看护人的占比均超过四成，前者占比 40.5%，后者占比 42.6%，不这么做的家长占 17.0%。

表 3-38　　　　　　　　看护人养育行为

项目	选项	频数（n）	有效百分比（%）
父母是否会当着孩子的面争吵	经常	149	8.2
	有时	863	47.4
	从不	656	36.1
	不清楚	151	8.3
	合计	1819	100.0

续表

项目	选项	频数（n）	有效百分比（%）
您最常用的教育孩子的方式	鼓励	773	42.5
	责备	83	4.6
	体罚	32	1.8
	罚做家务	123	6.8
	不确定，多种方式并用	722	39.7
	不答	70	3.8
	其他	16	0.9
	合计	1819	100.0
你经常抱孩子吗	不这么做，怕惯出孩子的坏毛病	309	17.0
	当孩子哭时，安慰孩子才这么做	774	42.6
	孩子不哭时也经常抱	736	40.5
	合计	1819	100.0
孩子会走路后，当孩子玩沙、玩水或玩土时，你会怎么做	不让孩子玩	704	38.7
	由着孩子玩	734	40.4
	鼓励孩子玩	381	20.9
	合计	1819	100.0
孩子吃饭经常是	孩子自己吃	1013	55.7
	看护人喂他	806	44.3
	合计	1819	100.0
孩子睡眠类型	孩子分床独睡	319	17.5
	孩子与看护人一起睡	1500	82.5
	合计	1819	100.0
孩子最近1个月以来的睡眠情况	按时入睡、醒了就起床，睡眠习惯很好	1295	71.2
	睡眠习惯不好，需要大人哄着睡，经常是抱着或者是背着睡，睡前会哭闹	524	28.8
	合计	1819	100.0

孩子会走路后,当孩子玩沙、土、水的时候,由着孩子玩的看护人占40.4%,有38.7%的看护人不让孩子玩,鼓励孩子玩的只有20.9%。在孩子吃饭上,孩子自己吃和看护人喂饭的比例相当,前者占55.7%,后者占44.3%,几乎各占一半。大多数的孩子和看护人睡在一起,比例达到82.5%;仅有17.5%的孩子分床独立睡眠;大部分孩子能按时入睡,占71.2%;28.8%的孩子睡眠习惯不好。

不同类型看护人使用惩罚的情况不同,选项1(不好好吃饭)是母亲、父亲和奶奶有较多响应的项目,占比分别为42.6%、42.8%和41.9%(见表3-39)。

表3-39　　　　不同类型看护人使用惩罚的情况(n,%)

项目	不好好吃饭	不好好学习	随便拿别人东西	调皮任性	其他
母亲	497 (42.6)	82 (7.0)	292 (25.0)	252 (21.6)	43 (3.7)
父亲	143 (42.8)	25 (7.5)	85 (25.4)	63 (18.9)	18 (5.4)
奶奶(祖母)	75 (41.9)	4 (2.2)	51 (28.5)	42 (23.5)	7 (3.9)
爷爷(祖父)	13 (28.3)	9 (19.6)	13 (28.3)	10 (21.7)	1 (2.2)
外婆(外祖母)	12 (25.2)	3 (6.4)	17 (36.2)	15 (31.9)	0 (0.0)
外公(外祖父)	3 (42.9)	2 (28.6)	2 (28.6)	0 (0.0)	0 (0.0)
其他	20 (50.0)	3 (7.5)	12 (30.0)	4 (10.0)	1 (2.5)

从表3-40中可以看到,不同职业看护人中农民/渔民/猎人使用惩罚的情况为选项1响应较多,占比43.3%,此外为选项3(随便拿别人东西),占比24.2%;高级专业技术人员在选项1和选项3上的响应较多,占比分别为34.5%和31.0%;一般专业技术人员在选项1上的占比为42.1%,管理者等则在选项3上占比接近四成,为39.5%;办公室的一般工作人员也对选项1和选项3响应较多,占比分别为42.5%和32.7%;技术工人或熟练工人则在选项1上响应较多,占比45.2%。

表3-40　　不同职业看护人使用惩罚的情况（n,%）

项目	不好好吃饭	不好好学习	随便拿别人东西	调皮任性	其他
农民/渔民/猎人	308（43.3）	55（7.7）	172（24.2）	152（21.4）	24（3.4）
高级专业技术人员（医生、教授、律师、建筑师、工程师）	20（34.5）	7（12.1）	18（31.0）	9（15.5）	4（6.9）
一般专业技术人员（助产士、护士、教师、编辑、摄影师等）	69（42.1）	7（4.3）	42（25.6）	38（23.2）	8（4.9）
管理者/行政官员/经理（厂长、政府官员、处长、司局长、行政干部及村干部等）	10（26.3）	4（10.5）	15（39.5）	8（21.1）	1（2.6）
办公室一般工作人员（秘书、办事员）	48（42.5）	10（8.8）	37（32.7）	16（14.2）	2（1.8）
技术工人或熟练工人（工段长、班组长、工艺工人等）	28（45.2）	2（3.2）	17（27.4）	13（21.0）	2（3.2）
技术工人或熟练工人（普通工人、伐木工等）	43（41.7）	9（8.7）	24（23.3）	18（17.5）	9（8.7）
军官与警官	1（25.0）	1（25.0）	1（25.0）	1（25.0）	0（0.0）
士兵与警察	4（66.7）	0（0.0）	2（33.3）	0（0.0）	0（0.0）
司机	14（46.7）	3（10.0）	6（20.0）	7（23.3）	0（0.0）
服务行业人员（管家、厨师、服务员、看门人、理发员、售货员、洗衣工、保育员等）	94（39.5）	11（4.6）	67（28.2）	59（24.8）	7（2.9）
运动员/演员/演奏员	1（100.0）	0（0.0）	0（0.0）	0（0.0）	0（0.0）
其他	123（42.3）	19（6.5）	71（24.4）	65（22.3）	13（4.5）

结果显示，不同受教育程度的看护人在使用惩罚的情况方面，较多对选项1做出了响应，其中，小学、初中和高中等受教育程度的看护人对选项1做出的响应较多，占比分别为40.2%，44.3%和45.0%。选项3也是各受教育程度看护人做出响应较多的项目，其中，文盲/半文盲、大专文化程度的占比接近三成，分别为28.8%和29.7%，大学本科及以上的看护人对选项3也做出较多响应，占比为31.8%（见表3-41）。

表3-41　　　不同受教育程度看护人使用惩罚的情况（n,%）

项目	文盲/半文盲	小学	初中	高中/中专/技校	大专	大学本科及以上
不好好吃饭	61（39.1）	97（40.2）	262（44.3）	188（45.0）	73（38.0）	82（37.3）
不好好学习	12（7.7）	18（7.5）	43（7.3）	34（8.1）	12（6.3）	9（4.1）
随便拿别人东西	45（28.8）	56（23.2）	135（22.8）	109（26.1）	57（29.7）	70（31.8）
调皮任性	34（21.8）	62（25.7）	128（21.6）	73（17.5）	39（20.3）	50（22.7）
其他	4（2.6）	8（3.3）	24（4.1）	14（3.3）	11（5.7）	9（4.1）

在使用惩罚的情况方面，43.8%的男性看护人对选项1进行了响应，25.4%的男性看护人对选项3进行了响应；女性看护人对选项1的响应较多，占比为41.3%，在选项3和选项4（调皮任性）上的占比分别为26.1%和22.4%（见表3-42）。

表3-42　　　不同性别看护人使用惩罚的情况（n,%）

项目	男	女
不好好吃饭	195（43.8）	568（41.3）
不好好学习	38（8.5）	90（6.6）
随便拿别人东西	113（25.4）	359（26.1）
调皮任性	78（17.5）	308（22.4）
其他	21（4.7）	49（3.6）

结果显示，不同职业的看护人对孩子能自己独立吃饭、喝水这一项

的响应次数都比较高,大部分占比均超过60%。64.1%的农民/渔民/猎人认为孩子的自理能力主要是能自己独立吃饭、喝水;高级专业技术人员、一般专业技术人员、管理者等、办公室一般工作人员及技术工人或熟练工人等也较多地认为自己的孩子是能够自己独立吃饭、喝水的,占比分别为62.1%,64.0%,68.4%,61.9%和66.1%。管理者等有五成的响应是能自己洗脸、刷牙和如厕,各职业的看护人认为自己的孩子能自己穿衣、脱鞋的占比在20%—30%(见表3-43)。

表3-43　　不同职业看护人孩子的自理能力(n,%)

项目	能自己独立吃饭、喝水	能自己洗脸、刷牙、如厕	能自己穿衣、脱鞋	孩子什么都不会,全都是家长帮孩子做
农民/渔民/猎人	456 (64.1)	220 (30.9)	217 (30.5)	229 (32.2)
高级专业技术人员(医生、教授、律师、建筑师、工程师)	36 (62.1)	26 (44.8)	20 (34.5)	14 (24.1)
一般专业技术人员(助产士、护士、教师、编辑、摄影师等)	105 (64.0)	51 (31.1)	52 (31.7)	52 (31.7)
管理者/行政官员/经理(厂长、政府官员、处长、司局长、行政干部及村干部等)	26 (68.4)	19 (50.0)	12 (31.6)	10 (26.3)
办公室一般工作人员(秘书、办事员)	70 (61.9)	38 (33.6)	36 (31.9)	40 (35.4)
技术工人或熟练工人(工段长、班组长、工艺工人等)	41 (66.1)	25 (40.3)	20 (32.3)	15 (24.2)
技术工人或熟练工人(普通工人、伐木工等)	65 (63.1)	31 (30.1)	32 (31.1)	33 (32.0)
军官与警官	1 (25.0)	1 (25.0)	1 (25.0)	3 (75.0)
士兵与警察	4 (66.7)	4 (66.7)	3 (50.0)	2 (33.3)
司机	23 (76.7)	7 (23.3)	6 (20.0)	8 (26.7)

续表

项目	能自己独立吃饭、喝水	能自己洗脸、刷牙、如厕	能自己穿衣、脱鞋	孩子什么都不会，全都是家长帮孩子做
服务行业人员（管家、厨师、服务员、看门人、理发员、售货员、洗衣工、保育员等）	160（67.2）	69（29.0）	58（24.4）	74（31.1）
运动员/演员/演奏员	1（100.0）	0（0.0）	0（0.0）	0（0.0）
其他	179（61.5）	71（24.4）	83（28.5）	102（35.1）

结果显示，不同受教育程度的看护人在孩子"能自己独立吃饭、喝水"一项上的响应较多，从文盲/半文盲到大学本科及以上的占比依次为：63.5%，70.3%，62.2%，61.2%，67.2%和65.9%。不同受教育程度看护人在其他项目上的响应相当，占比均在30.0%左右（见表3-44）。

表3-44　不同受教育程度看护人孩子的自理能力（n,%）

项目	文盲/半文盲	小学	初中	高中/中专/技校	大专	大学本科及以上
能自己独立吃饭、喝水	99（63.5）	170（70.3）	368（62.2）	256（61.2）	129（67.2）	145（65.9）
能自己洗脸、刷牙、如厕	57（36.5）	72（29.9）	152（25.7）	127（30.4）	67（34.9）	87（39.5）
能自己穿衣、脱鞋	57（36.5）	65（27.0）	165（27.2）	119（28.5）	54（28.1）	80（36.5）
孩子什么都不会，全都是家长帮孩子做	52（33.3）	71（29.5）	202（34.1）	142（34.0）	55（28.6）	60（27.3）

26.7%的男性看护人和33.7%的女性看护人对"孩子什么都不会，全都是家长帮孩子做"进行了响应。男性看护人和女性看护人都对"能自己独立吃饭、喝水"有较多响应，前者占比66.7%，后者占比

63.3%。男性和女性看护人对"能自己洗脸、刷牙、如厕"和"能自己穿衣、脱鞋"上的响应的占比都在30.0%左右（见表3－45）。

表3－45　　　　不同性别看护人孩子的自理能力（n,%）

项目	男	女
能自己独立吃饭、喝水	297（66.7）	870（63.3）
能自己洗脸、刷牙、如厕	172（38.7）	390（28.4）
能自己穿衣、脱鞋	151（33.9）	389（28.3）
孩子什么都不会，全都是家长帮孩子做	119（26.7）	463（33.7）

3. 生育意愿

从表3－46中可以看到，不论当前已经有几个孩子，不打算要孩子的占一半以上，占比为54.6%，打算再要一个孩子的占17.0%，说不定的有28.3%。

表3－46　　　　是否打算再要一个孩子（n,%）

项目	选项	频数（n）	有效百分比（%）
目前是否打算再要一个孩子（不论当前已经有几个孩子）	是	310	17.0
	否	994	54.6
	说不定	515	28.3
	合计	1819	100.0

从表3－47中可以看到，男性看护人不想再要一个孩子的原因响应较多的项目为"经济负担太重"，占比62.6%，"家里没人看孩子"，占比32.0%以及"养育孩子太费心"，占比30.6%；女性看护人不想再要一个孩子的原因也为"经济负担太重"，占比64.8%，"家里没人看孩子"，占比35.8%以及"养育孩子太费心"，占比24.8%。

表 3-47　不同性别看护人不想再要一个孩子的原因（n,%）

项目	男	女
经济负担太重	137（62.6）	518（64.8）
家里没人看孩子	70（32.0）	286（35.8）
缺少0—3岁托育服务机构	33（15.1）	80（10.0）
缺少早教机构	19（8.7）	67（8.4）
影响自己工作和事业发展	39（17.8）	131（16.4）
养育孩子太费心	67（30.6）	198（24.8）
身体不好	25（11.4）	65（8.1）
保证自己有足够的闲暇时间	17（7.8）	80（10.0）
年龄太大	31（14.2）	93（11.6）
其他	15（6.8）	77（9.6）

不同工作情况的看护人在不想再要一个孩子的原因上响应较多的是"经济负担太重"、"家里没人看孩子"和"养育孩子太费心"。纯粹务农、纯粹打工和务农及各类定期、不定期零工的看护人各有接近七成的占比认为不想再要一个孩子的原因是"经济负担太重"；务农及个体经营、纯粹个体经营、不干活及其他在"经济负担太重"一项上也进行了较多的响应，占比均在六成左右。各类工作情况的看护人（除务农及个体经营）各有三成以上的人认为"家里没人看孩子"是不想再要一个孩子的原因。此外，"养育孩子太费心"一项上，务农及各类定期、不定期零工的看护人占比为36.6%，其余各类看护人对该项响应的占比也在20.0%左右。

不同类型看护人不想再要一个孩子的原因主要有"经济负担太重"、"家里没人看孩子"和"养育孩子太费心"三项。母亲、父亲和奶奶在"经济负担太重"一项上的响应较多，占比分别为65.9%、63.1%和66.3%；有51.1的奶奶在"家里没人看孩子"一项上的响应较多，母亲在该项上的占比为32.8%，父亲则为31.9%，外婆为39.3%；30.3%的奶奶认为"养育孩子太费心"，母亲的为25.1%，父亲的为29.4%。不同类型看护人在其余项目上的响应都不多（见表3-49）。

表3-48　不同职业看护人不想再要一个孩子的原因（n,%）

项目	经济负担太重	家里没人看孩子	缺少0—3岁托育服务机构	缺少早教机构	影响自己工作和事业发展	养育孩子太费心	身体不好	保证自己有足够的闲暇时间	年龄太大	其他
纯粹务农	156（68.7）	83（36.6）	22（9.7）	19（8.4）	27（11.9）	55（24.2）	13（5.7）	27（11.9）	27（11.9）	20（8.8）
纯粹打工	149（68.3）	87（39.9）	31（14.2）	20（9.2）	34（15.6）	63（28.9）	19（8.7）	18（8.3）	18（8.3）	13（6.0）
务农及各类定期、不定期零工	90（68.7）	44（33.6）	19（14.5）	14（10.7）	23（17.6）	48（36.6）	14（10.7）	13（9.9）	16（12.2）	4（3.1）
务农及个体经营	59（57.3）	28（27.2）	9（8.7）	7（6.8）	18（17.5）	22（21.4）	13（12.6）	10（9.7）	16（15.5）	16（15.5）
纯粹个体经营	52（57.8）	28（31.1）	5（5.6）	3（3.3）	16（17.8）	24（26.7）	12（13.3）	5（5.6）	10（11.1）	7（7.8）
不干活	53（56.4）	33（35.1）	9（9.6）	6（6.4）	19（20.2）	16（17.0）	6（6.4）	9（9.6）	15（16.0）	12（12.8）
其他	96（61.9）	53（34.2）	18（11.6）	17（11.0）	33（21.3）	37（23.9）	13（8.4）	15（9.7）	22（14.2）	20（12.9）

第三章 西南乡村0—3岁儿童成长环境及社区整合现状调查

表3-49 不同类型看护人不想再要一个孩子的原因（n,%）

项目	经济负担太重	家里没有人看孩子	缺少0—3岁托育服务机构	缺少早教机构	影响自己工作和事业发展	养育孩子太费心	身体不好	保证自己有足够的闲暇时间	年龄太大	其他
母亲	457 (65.9)	227 (32.8)	67 (9.7)	58 (8.4)	116 (16.7)	174 (25.1)	55 (7.9)	68 (9.8)	79 (11.4)	67 (9.7)
父亲	101 (63.1)	51 (31.9)	26 (16.3)	14 (8.8)	29 (18.1)	47 (29.4)	21 (13.1)	13 (8.1)	25 (15.6)	11 (6.9)
奶奶（祖母）	59 (66.3)	45 (51.1)	9 (10.1)	6 (6.7)	13 (14.6)	27 (30.3)	8 (9.0)	9 (10.1)	11 (12.4)	6 (6.7)
爷爷（祖父）	13 (59.1)	8 (36.4)	4 (18.2)	3 (13.6)	2 (9.1)	5 (22.7)	1 (4.5)	1 (4.5)	2 (9.1)	2 (9.1)
外婆（外祖母）	10 (34.5)	11 (39.3)	2 (6.9)	2 (6.9)	4 (13.8)	7 (24.1)	2 (6.9)	4 (13.8)	4 (13.8)	5 (17.2)
外公（外祖父）	3 (75.0)	2 (50.0)	1 (25.0)	1 (25.0)	1 (25.0)	2 (50.0)	1 (25.0)	0 (0.0)	0 (0.0)	0 (0.0)
其他	12 (57.1)	11 (52.4)	4 (19.0)	2 (9.5)	5 (23.8)	3 (14.3)	2 (9.5)	2 (9.5)	3 (14.3)	1 (4.8)

表3-50 不同类型看护人还想再要一个孩子的原因（n,%）

项目	喜欢孩子	增加家庭劳动力	希望儿女双全	养老更有保障	给孩子找个伴	父母/公婆想要	丈夫想要	传宗接代	其他
母亲	104 (46.0)	31 (13.7)	105 (46.5)	24 (10.6)	109 (48.2)	33 (14.6)	19 (8.4)	21 (9.3)	7 (3.1)
父亲	50 (61.0)	19 (23.2)	36 (43.9)	15 (18.3)	37 (45.1)	11 (47.8)	7 (8.5)	6 (7.3)	3 (3.7)
奶奶（祖母）	9 (39.1)	1 (4.3)	11 (47.8)	2 (8.7)	11 (47.8)	4 (17.4)	0 (0.0)	2 (8.7)	2 (8.7)
爷爷（祖父）	5 (71.4)	3 (42.9)	3 (42.9)	1 (14.3)	1 (14.3)	1 (14.3)	1 (14.3)	1 (14.3)	0 (0.0)
外婆（外祖母）	4 (44.4)	4 (44.4)	8 (88.9)	3 (33.3)	8 (88.9)	2 (22.2)	2 (22.2)	3 (33.3)	0 (0.0)
外公（外祖父）	1 (50.0)	0 (0.0)	0 (0.0)	0 (0.0)	0 (0.0)	1 (50.0)	0 (0.0)	0 (0.0)	0 (0.0)
其他	9 (75.0)	2 (16.7)	5 (41.7)	1 (8.3)	6 (50.0)	1 (8.3)	0 (0.0)	1 (8.3)	0 (0.0)

表 3-50 显示，母亲还想要一个孩子的原因主要是"喜欢孩子"、"希望儿女双全"和"给孩子找个伴"，占比依次为 46.0%，46.5% 和 48.2%。父亲还想要一个孩子的原因主要有"喜欢孩子"，占比超过六成，为 61.0%，"希望儿女双全"，占比为 43.9% 以及"给孩子找个伴"，占比 45.1%。儿女双全、喜欢孩子是西南乡村生育意愿的主流思想，经济负担重、没人照看、养育孩子费心是不想生育的重要因素。

从表 3-51 中可以看到受教育程度为文盲/半文盲的看护人还想再要一个孩子的原因主要是"喜欢孩子"，占比为 58.6%，"希望儿女双全"，占比为 55.2%，"给孩子找个伴"，占比为 44.8%。小学文化程度的看护人还想要一个孩子的原因占比较高的是"喜欢孩子"，占 61.5%，"希望儿女双全"，占 59.0%；初中文化程度的看护人在"希望儿女双全"和"给孩子找个伴"，占比分别为 49.1% 和 54.4%；高中等文化程度的看护人也在"喜欢孩子"、"希望儿女双全"和"给孩子找个伴"上响应较多，占比分别为 47.2%，43.1% 和 43.1%；大专文化程度的看护人，有 65.9% 的人要"给孩子找个伴"，56.5% 的人主要原因是"喜欢孩子"，还有 50.0% 的人"希望儿女双全"；大学本科及以上的看护人，有 58.7% 的人对"喜欢孩子"进行响应，"给孩子找个伴"的占 41.3%。

表 3-51 不同受教育程度看护人还想再要一个孩子的原因 (n,%)

项目	文盲/半文盲	小学	初中	高中/中专/技校	大专	大学本科及以上
喜欢孩子	17 (58.6)	24 (61.5)	45 (39.5)	34 (47.2)	25 (56.5)	37 (58.7)
增加家庭劳动力	11 (37.9)	7 (17.9)	10 (8.8)	17 (23.6)	6 (13.6)	9 (14.3)
希望儿女双全	16 (55.2)	23 (59.0)	56 (49.1)	31 (43.1)	22 (50.0)	20 (31.7)
养老更有保障	9 (31.0)	5 (12.8)	12 (10.5)	11 (15.3)	7 (15.9)	2 (3.2)
给孩子找个伴	13 (44.8)	11 (28.2)	62 (54.4)	31 (43.1)	29 (65.9)	26 (41.3)
父母/公婆想要	9 (31.0)	5 (12.8)	18 (15.8)	10 (13.9)	8 (18.2)	3 (4.8)
丈夫想要	6 (20.7)	3 (7.7)	9 (7.9)	2 (2.8)	7 (15.9)	2 (3.2)
传宗接代	10 (34.5)	3 (7.7)	9 (7.9)	4 (5.6)	4 (9.1)	4 (6.3)
其他	1 (3.4)	1 (2.6)	4 (3.5)	1 (1.4)	1 (2.3)	4 (6.3)

男性看护人还想要一个孩子的原因响应较多的项目是"喜欢孩子",占比68.2%;"希望儿女双全"占比45.8%和"给孩子找个伴"占比45.8%。女性看护人还想要一个孩子的原因中,响应较多的项目是"喜欢孩子",占比42.9%;"希望儿女双全",占比46.9%;"给孩子找个伴",占比48.4%。对其余选项的响应相对较少(见表3-52)。

表3-52　　不同性别看护人还想要一个孩子的原因(n,%)

项目	男	女
喜欢孩子	73 (68.2)	109 (42.9)
增加家庭劳动力	29 (27.1)	31 (12.2)
希望儿女双全	49 (45.8)	119 (46.9)
养老更有保障	19 (17.8)	27 (10.6)
给孩子找个伴	49 (45.8)	123 (48.4)
父母公婆想要	15 (14.0)	38 (15.0)
丈夫想要	11 (10.3)	18 (7.1)
传宗接代	13 (12.1)	21 (8.3)
其他	2 (1.9)	10 (3.9)

4. 早教认知行为

0—3岁儿童早期教育是婴幼儿身心得到充分发展的重要途径,包括看护人对早教知识的认知、行为及获取途径,幼儿接受早教服务的资源与途径,当地幼儿园、早教机构、妇幼保健指导中心、社区卫生指导服务站等,多样化的早教服务内容与服务方式所提供的亲子课,全日制、半日制、计时制及临时托管的早教服务现状等。二孩政策实施以来,家庭对3岁以下婴幼儿照护服务需求旺盛,以照护服务为核心的3岁以下婴幼儿早期发展事业成为全社会高度关注的民生事项。

(1)亲子课情况

调查显示,有16.09%的家庭上过亲子课,83.91%的没有上过亲子课(见图3-3)。

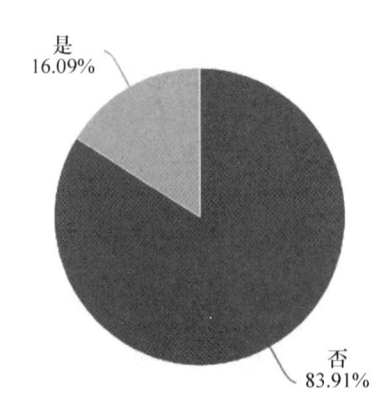

图 3-3 是否上过亲子课的比例

从图 3-4 可以得知，在调查样本中，孩子 6 个月—12 个月上亲子课的占 20.48%，1 岁—1 岁半的占 25.26%，1 岁半—2 岁的占 21.5%，2 岁—2 岁半的占 15.36%，2 岁半—3 岁的占 17.41%。

图 3-4 亲子课的年龄分布

由表 3-53 可以看出，未上过亲子课的孩子样本中男性看护人有 355 人，在男性看护人总样本中占比接近八成；未上过亲子课的孩子样本中女性看护人有 1171 人，占比 85.2%。卡方检验显示，孩子是否上亲子课在男性和女性看护人之间的差异显著（$\chi^2 = 7.39$，$P < 0.05$）；从标化残差表可以看到男性看护人更倾向于送孩子上亲子课。

表 3-53　不同性别看护人的孩子上亲子课情况（n,%）

项目	男	女
未上	355（79.8）	1171（85.2）
上过	90（20.2）	203（14.8）
合计	445（100.0）	1374（100.0）
卡方	7.39	
Sig.	0.007	

表 3-54　对表 3-53 调整后的标化残差（n）

性别	未上	上过
男	355（-2.7）	90（2.7）
女	1171（2.7）	203（-2.7）

表 3-55　不同性别看护人的孩子开始上亲子课（班）的时间（n,%）

项目	男	女
没上过	380（85.4）	1242（90.4）
6 个月—12 个月	16（3.6）	44（3.2）
1 岁—1 岁半	22（4.9）	52（3.8）
1 岁半—2 岁	27（6.1）	36（2.6）
合计	445（100.0）	1374（100.0）
卡方	13.74	
Sig.	0.003	

表 3-56　对表 3-55 调整后标化残差（n）

性别	没上过	6 个月—12 个月	1 岁—1 岁半	1 岁半—2 岁
男	380（-2.9）	16（0.4）	22（1.1）	27（3.5）
女	1242（2.9）	44（-0.4）	52（-1.1）	36（-3.5）

调查结果显示，有 85.4% 的男性看护人和 90.4% 的女性看护人没有

送孩子上过亲子课（班）。在全部被调查者中有4.9%的男性看护人和3.8%的女性看护人在孩子1岁—1岁半时送孩子上亲子课（班），3.6%的男性看护人和3.2%的女性看护人在孩子6个月—12个月时送孩子上亲子课（班），6.1%的男性看护人和2.6%的女性看护人在孩子1岁半—2岁时开始上亲子课（班）。由卡方检验结果可以看到，男性看护人和女性看护人在孩子上亲子课（班）的月龄上存在显著差异（χ^2 = 13.74，$P<0.05$）。标化残差表显示，女性看护人男性看护人都更倾向于在孩子1岁半—2岁时送孩子上亲子课（班）。

从表3-57中可以看出，在所有被调查者中，有3.4%送孩子上亲子班的男性看护人，每月平均花销为100元以内，女性看护人则有2.3%；费用在100—300元的男性看护人占7.0%，女性则占3.9%；费用在300—600元的男性看护人占5.8%，女性则占4.5%。卡方检验显示，每个月上亲子课（班）的费用，男性看护人和女性看护人之间差异显著（$\chi^2 = 10.39$，$P<0.05$）。从标化残差表可以看到，相较于女性，男性看护人更多地认为每个月的开销应在100—300元。

表3-57　　不同性别看护人孩子上亲子课的费用（n,%，每月）

费用	男	女
0	373（83.8）	1226（89.2）
100元以内	15（3.4）	32（2.3）
100—300元	31（7.0）	54（3.9）
300—600元	26（5.8）	62（4.5）
合计	445（100.0）	1374（100.0）
卡方	10.39	
Sig.	0.016	

表3-58　　　　　对表3-57调整后标化残差（n）

性别	没上亲子课（班）	100元以内	100—300元	300—600元
男	373（-3.0）	15（1.2）	31（2.6）	26（1.1）
女	1226（3.0）	32（-1.2）	54（-2.6）	62（-1.1）

第三章 西南乡村0—3岁儿童成长环境及社区整合现状调查

调查结果显示，受教育程度为文盲/半文盲的看护人中，送孩子上过亲子课（班）的仅占11.5%。小学文化的看护人中，上过的仅占7.9%。受教育程度为大学本科及以上的看护人的孩子，有36.4%上过亲子课（班）。从卡方检验可以看到，不同受教育程度的看护人的孩子是否上过亲子课（班）的差异显著（$\chi^2 = 93.80$，$P < 0.05$）。从标化残差（见表3-60）可以看出，相比较而言，小学和初中文化程度的家长的孩子较少上过亲子课（班），而大学本科及以上看护人的孩子更倾向于上亲子课（班）（见表3-59）。

表3-59　不同受教育程度看护人的孩子上过亲子课（班）情况（n,%）

项目	否	是
文盲/半文盲	138（88.5）	18（11.5）
小学	222（92.1）	19（7.9）
初中	524（88.5）	68（11.5）
高中/中专/技校	350（83.7）	68（16.3）
大专	152（79.2）	40（20.8）
大学本科及以上	140（9.2）	80（36.4）
合计	1526	293
卡方	93.8	
Sig.	0	

表3-60　对表3-59调整后标化残差（n）

项目	文盲/半文盲	小学	初中	高中/中专/技校	大专	大学本科及以上
否	138（1.6）	222（3.7）	524（3.7）	350（-0.1）	152（-1.9）	140（-8.7）
是	18（-1.6）	19（-3.7）	68（-3.7）	68（0.1）	40（1.9）	80（8.7）

表3-61　不同受教育程度看护人送孩子上亲子课（班）的年龄（n,%）

项目	没有上过亲子课（班）	6—12个月	1岁—1岁半	1岁半—2岁	合计	卡方	Sig
文盲/半文盲	144（92.3）	3（1.9）	2（1.3）	7（4.5）	156（100.0）	75.48	0
小学	226（93.8）	5（2.1）	4（1.7）	6（2.5）	241（100.0）		
初中	549（92.7）	14（2.4）	17（2.9）	12（2.0）	592（100.0）		
高中/中专/技校	377（90.2）	12（2.9）	18（4.3）	11（2.6）	418（100.0）		
大专	162（84.4）	7（3.6）	14（7.3）	9（4.7）	192（100.0）		
大学本科及以上	164（74.5）	9（8.6）	19（8.6）	18（8.2）	220（100.0）		

从表3-62中可以看出，文盲/半文盲看护人的孩子中有91.0%没有上过亲子课（班），且在上亲子班的孩子中，3.2%的文盲/半文盲看护人付费为100元以内，3.2%的付费在100—300元，300—600元的仅占2.6%。而大学本科及以上的看护人付费在100元以内的占比为4.5%，300—600元的占比12.3%。经卡方检验发现，上亲子课（班）每月平均费用在不同受教育程度看护人中间差异显著（$\chi^2=61.68$，$P<0.05$），受教育程度越高的看护人每个月越愿意付较高的费用。

表3-62　不同受教育程度看护人的孩子上亲子课（班）的费用（n,%，每月）

项目	没有上过亲子课（班）	100元以内	100—300元	300—600元	合计	卡方	Sig.
文盲/半文盲	142（91.0）	5（3.2）	5（3.2）	4（2.6）	156（100.0）	61.68	0
小学	225（93.4）	2（0.8）	7（2.9）	7（2.9）	241（100.0）		
高中/中专/技校	374（89.5）	9（2.2）	15（3.6）	20（4.8）	418（100.0）		
大专	163（84.9）	6（3.1）	12（6.3）	11（5.7）	192（100.0）		
大学本科及以上	162（73.6）	10（4.5）	21（9.5）	27（12.3）	220（100.0）		

第三章 西南乡村 0—3 岁儿童成长环境及社区整合现状调查

从表 3-63 中可以看到,从事第一产业的看护人中有 91.3% 的人没送孩子上过亲子课(班),仅有 8.7% 的看护人送孩子上亲子课(班)。一般专业技术人员中有 72.6% 的人没有送孩子上过亲子课(班)。办公室一般工作人员和技术工人和普通工人当中也有较多的人没有送孩子上过亲子课(班),占比分别为 71.7% 和 85.4%。此外,服务行业的从业人员也有接近九成的人没有送孩子上过亲子课(班)。而管理者/行政人员/经理和高级专业技术人员送孩子上过亲子课(班)的占比相对较高,分别占各自类别的 47.4% 和 36.2%。

表 3-63 不同职业看护人的孩子上过亲子课(班)的情况(n,%)

项目	否	是	总计	卡方	Sig.
农民/猎人/渔民	649(91.3)	62(8.7)	711(100.0)	110.48	0
高级专业技术人员	37(63.8)	21(36.2)	58(100.0)		
一般专业技术人员	119(72.6)	45(27.4)	164(100.0)		
管理者/行政人员/经理	20(52.6)	18(47.4)	38(100.0)		
办公室一般工作人员	81(71.7)	32(28.3)	113(100.0)		
工段长	50(80.6)	12(19.4)	62(100.0)		
技术工人/普通工人	88(85.4)	15(14.6)	103(100.0)		
军官与警官	2(50.0)	2(50.0)	4(100.0)		
士兵与警察	4(66.7)	2(33.3)	6(100.0)		
司机	23(76.7)	7(23.3)	30(100.0)		
服务行业人员	208(87.4)	30(12.6)	238(100.0)		
运动员	1(100.0)	0(0.0)	1(100.0)		
其他	244(83.8)	47(16.2)	291(100.0)		

经过卡方检验发现,是否送孩子去上亲子课(班)与看护人的职业之间存在显著关联,且不同职业的看护人在是否送孩子去过亲子课(班)上差异显著($\chi^2=110.48$,$P<0.05$)。具体来说,从事第一产业的看护人(标化残差绝对值为 6.9)和办公室一般工作人员(标化残差绝对值为 3.6)更倾向于不送孩子上亲子课(班),而从事高级专业技

术人员和管理者/行政官员/经理的看护人更倾向于送孩子去上亲子课（班）（标化残差的绝对值为5.3）。

结果显示，男性和女性看护人在选择上亲子班的考虑因素中影响较大的是选项1（不用花钱或花钱很少）和选项2（师资好），男性看护人选择上亲子班的考虑因素中选项2的占比为32.1%，女性看护人为32.4%；29.9%的男性看护人和26.6%的女性看护人选择上亲子班的考虑因素是花钱少。由此可见，既便宜又高质量，且离家近的早教机构是家长的首选（见表3-64）。

表3-64　不同性别看护人选择上亲子班的考虑因素（n,%）

项目	男	女
不用花钱或花钱很少	133（29.9）	366（26.6）
师资好	143（32.1）	445（32.4）
离家近	56（12.6）	166（12.1）
亲戚朋友邻居介绍	13（2.9）	50（3.6）
只有一家早教机构，别无选择	9（2.0）	36（2.6）
是否有相关执照，是否正规	34（76）	97（7.1）
硬件设施好，安全	22（4.9）	62（4.5）
课程好	11（2.5）	43（3.1）
其他	24（5.4）	109（7.9）

结果显示，从孩子出生起就选择上亲子班的看护人考虑的主要是选项2（师资好）和选项1（花钱少），前者占比为34.0%，后者占比为26.2%。在孩子半岁—1岁时选择上亲子班的看护人主要的考虑因素为选项1和选项2，前者占比达到41.1%，后者为21.1%；孩子1岁—2岁时上亲子班的看护人主要的考虑因素是选项1、2、3（离家近），占比分别为33.3%，24.1%和18.5%；孩子2岁—3岁时和3岁以后上亲子班的看护人的主要考虑因素也是选项1、2、3（见表3-65）。

从表3-66中看出，对选择上亲子班的考虑因素，从事各类职业的看护人对选项1（花钱少，也就是注重价格因素）和2（师资好）做出

第三章 西南乡村0—3岁儿童成长环境及社区整合现状调查

表3-65 影响不同月龄段孩子看护人选择上亲子课的因素 (n,%)

项目	花钱少	师资好	离家近	别人介绍	别无选择	是否正规	设施安全	课程好	其他
出生起	414 (26.2)	537 (34.0)	177 (11.2)	52 (3.3)	35 (2.2)	120 (7.6)	79 (5.0)	49 (3.1)	116 (7.3)
半岁—1岁时	55 (41.4)	28 (21.1)	23 (17.3)	6 (4.5)	4 (3.0)	4 (3.0)	1 (0.8)	4 (3.0)	8 (6.0)
1岁—2岁时	18 (33.3)	13 (24.1)	10 (18.5)	2 (3.7)	2 (3.7)	3 (5.6)	1 (1.9)	0 (0.0)	5 (9.3)
2岁—3岁时	5 (23.8)	4 (19.0)	5 (23.8)	2 (9.5)	1 (4.8)	0 (0.0)	1 (4.8)	1 (4.8)	2 (9.5)
3岁以后	3 (25.0)	2 (16.7)	3 (25.0)	0 (0.0)	1 (8.3)	2 (16.7)	1 (8.3)	0 (0.0)	0 (0.0)
其他	4 (20.0)	4 (20.0)	4 (20.0)	1 (5.0)	2 (10.0)	2 (10.0)	1 (5.0)	0 (0.0)	2 (10.0)

乡村育儿的社会化出路：以西南乡村0—3岁儿童为例

表3-66 影响不同职业看护人选择上亲子课的因素（n,%）

项目	花钱少	师资好	离家近	别人介绍	别无选择	是否正规	设施安全	课程好	其他
农民/渔民/猎人	269 (37.8)	187 (26.3)	89 (12.5)	30 (4.2)	26 (3.7)	28 (3.9)	22 (3.1)	13 (1.8)	47 (6.6)
高级专业技术工作者（医生、教授、律师、建筑师、工程师）	15 (25.9)	23 (39.7)	9 (15.5)	0 (0.0)	1 (1.7)	5 (8.6)	2 (3.4)	1 (1.7)	2 (3.4)
一般专业技术人员（助产士、护士、教师、编辑、摄影师等）	22 (13.4)	78 (47.6)	23 (14.0)	3 (1.8)	4 (2.4)	12 (7.3)	7 (4.3)	8 (4.9)	7 (4.3)
管理者/行政官员/经理（厂长、政府官员、处长、司局长、行政干部及村干部等）	1 (2.6)	16 (42.0)	5 (13.2)	1 (2.6)	1 (2.6)	6 (15.8)	4 (10.5)	1 (2.6)	3 (7.9)
办公室一般工作人员（秘书、办事员）	18 (15.9)	54 (47.8)	7 (6.2)	3 (2.7)	2 (1.8)	16 (14.2)	5 (4.4)	4 (3.5)	4 (3.5)
技术工人或熟练工人（工段长、班组长、工艺工人等）	14 (22.6)	28 (45.2)	4 (6.5)	2 (3.2)	2 (3.2)	4 (6.5)	4 (6.5)	1 (1.6)	3 (4.8)
技术工人或熟练工人（普通工人、伐木工等）	23 (22.3)	35 (34.0)	14 (13.6)	5 (4.9)	0 (0.0)	9 (8.7)	7 (6.8)	5 (4.9)	5 (4.9)
军官与警官	0 (0.0)	2 (50.0)	0 (0.0)	0 (0.0)	0 (0.0)	1 (25.0)	0 (0.0)	0 (0.0)	1 (25.0)
士兵与警察	1 (16.7)	5 (83.3)	0 (0.0)	0 (0.0)	0 (0.0)	0 (0.0)	0 (0.0)	0 (0.0)	0 (0.0)
司机	13 (43.3)	6 (20.0)	4 (13.3)	1 (3.3)	0 (0.0)	2 (6.7)	2 (6.7)	0 (0.0)	2 (6.7)
服务行业人员（管家、厨师、服务员、看门人、理发员、售货员、洗衣工、保育员等）	66 (27.7)	71 (29.8)	28 (11.8)	5 (2.1)	4 (1.7)	19 (8.0)	15 (6.3)	12 (5.0)	18 (7.6)
运动员、演员、演奏员	0 (0.0)	1 (100.0)	0 (0.0)	0 (0.0)	0 (0.0)	0 (0.0)	0 (0.0)	0 (0.0)	0 (0.0)
其他	57 (19.6)	82 (28.2)	39 (13.4)	13 (4.5)	5 (1.7)	29 (10.0)	16 (5.5)	9 (3.1)	41 (14.1)

了较多的响应。其中，从事第一产业的看护人在选项1上的响应次数是269，占比37.8%，在选项2上的响应次数为187，占比26.3%；高级专业职业技术工作者对这两项的占比分别为25.9%和39.7%；一般专业技术工作人员对选项2的响应次数为78次，占比接近五成，为47.6%；管理者等、办公室一般工作人员及技术工人或熟练工人对选项2的响应次数也较多，占比分别为42.0%、47.8%和45.2%。从中可以看出从事第一产业的人把价格放在第一位，而专业技术人员更看重师资。

从表3-67中可以看出，无论哪种受教育程度的看护人，在选择上亲子班的考虑因素方面，都集中对选项1和2做出了较多的响应。文盲/半文盲在选项1上的占比为48.1%，大学本科及以上的看护人对选项2做出了较多的响应，占比为47.7%。

表3-67　影响不同受教育程度看护人选择上亲子课的因素（n,%）

项目	文盲/半文盲	小学	初中	高中/中专/技校	大专	大学本科及以上
不用花钱或花钱很少	75（48.1）	97（40.2）	162（27.4）	92（22.0）	41（21.4）	32（14.5）
师资好	29（18.6）	58（24.1）	178（30.1）	148（35.4）	70（36.5）	105（47.7）
离家近	24（15.4）	32（13.3）	76（12.8）	50（12.0）	18（9.4）	25（10.0）
亲戚朋友邻居介绍	8（5.1）	5（2.1）	19（3.2）	19（4.5）	8（4.2）	4（1.8）
只有一家早教机构，别无选择	5（3.2）	10（4.1）	15（2.5）	7（1.7）	2（1.0）	6（2.7）
是否有相关执照，是否正规	5（3.2）	10（4.1）	39（6.6）	33（7.9）	17（8.9）	27（12.3）
硬件设施好，安全	2（1.3）	2（0.8）	35（5.9）	19（4.5）	14（7.3）	12（5.5）
课程好	1（0.6）	7（2.9）	17（2.9）	14（3.3）	9（4.7）	6（2.7）
其他	7（4.5）	20（8.3）	51（8.6）	36（8.6）	13（6.8）	6（2.7）

（2）对早教的看法

从表3-68中可以看到，看护人对早教的看法在"有非常大的作用"和"有点作用"方面上占比相差不大，前者占比44.4%，后者占比32.5%。仅有2.9%的看护人认为早教对婴幼儿一生的发展没有作用。就早教机构的性质来说，超过七成的看护人希望早教机构是公办的，数量很少的看护人希望早教机构是民办的，占比5.3%；对早教机构性质没有特别要求的看护人占21.8%。看护人希望孩子能上的早教机构主要有国际连锁加盟早教机构、本土早教机构和幼儿园托幼班，占比分别为19.8%、21.6%和26.0%，希望上妇幼保健院开设的早教中心的看护人只有一成多。幼儿园开设托幼班是众多家长的首选。希望早教中心为集体授课方式的看护人接近五成，占49.6%，小组辅导的接近三成，个别指导的不到两成。希望早教中心为全日制服务的看护人占了一半以上，占比51.6%，半日制的为31.3%，只有15.0%的看护人希望是计时制的。全日制和半日制需求最大。希望开设免费和适当付费的早教辅导中心的看护人的比例相当，分别占47.1%和52.9%。有关社区早教中心的收费期望，各有三成以上的看护人认为100元或者200元左右均可，300元的占22.9%，少数看护人认为可以在400元以上，占比为9.3%。

表3-68　　　　　　　　　看护人对早教的看法（n,%）

项目	选项	频数（n）	有效百分比（%）
您认为早教对婴幼儿一生的发展	有非常大的作用	808	44.4
	有点作用	592	32.5
	没有作用	53	2.9
	说不清楚	366	20.1
	合计	1819	100.0
您希望早教机构的性质	公办	1325	72.8
	民办	97	5.3
	无所谓	397	21.8
	合计	1819	100.0

第三章 西南乡村 0—3 岁儿童成长环境及社区整合现状调查

续表

项目	选项	频数（n）	有效百分比（%）
您希望上什么样的早教机构（班）	国际连锁加盟早教机构	361	19.8
	国内连锁加盟早教机构	201	11.1
	本土早教机构	393	21.6
	幼儿园托幼班	473	26.0
	妇幼保健院开设的早教中心	196	10.8
	社区早教指导中心	141	7.8
	其他	54	3.0
	合计	1819	100.0
您希望早教中心授课方式	集体授课	902	49.6
	小组辅导	544	29.9
	个别指导	319	17.5
	其他	54	3.0
	合计	1819	100.0
您希望早教中心的服务时间段	全日制	938	51.6
	半日制	569	31.3
	计时制	273	15.0
	其他	39	2.1
	合计	1819	100.0
如果你的社区开设早教辅导中心，是否会带孩子去参加	会	1623	89.2
	不会	196	10.8
	合计	1819	100.0
你希望开设的早教辅导中心	免费	857	47.1
	适当付费	926	52.9
	合计	1819	100.0
社区早教辅导中心，你觉得每月付多少费合适	100 元	657	36.1
	200 元	577	31.7
	300 元	416	22.9
	400 元以上	169	9.3
	合计	1819	100.0

续表

项目	选项	频数（n）	有效百分比（%）
您的孩子受过早教辅导吗？	是	384	21.1
	否	1435	78.9
	合计	1819	100.0

调查显示，41.4%的看护人认为0—3岁的孩子发展较快，方便的话可以送到专业培训机构，24.5%的看护人看重身体的养育，18.6%的看护人觉得自己在家可以胜任早教，只有12.1%的看护人认为一定要送到专业机构培训（见表3-69）。

表3-69　　　　　　　　看护人对早教的理解（n,%）

项目	选项	频数（n）	有效百分比（%）
对早教的理解	0—3岁的孩子还小，重点是身体要养好	446	24.5
	0—3岁的教育内容比较简单，在家自己带即可	338	18.6
	0—3岁的孩子发展较快，方便的话可送到专业机构培训	748	41.1
	0—3岁孩子发展非常迅速，一定要送到专业机构培训	220	12.1
	其他	67	3.7
	合计	1819	100.0

结果显示，接近六成的孩子没上早教的原因是附近没有正规早教服务，原因为费用太高、没有必要和其他的占比均不到二成。由此可见，离家近、幼儿园开办托幼班是家庭的理想需求（见表3-70）。

调查结果显示，男性看护人对了解早教知识的途径响应较多的项目是选项1（早教辅导中心），占比31.0%，选项2（县、乡、镇或村妇联举办的咨询活动或发放的宣传册），占比22.9%；女性看护人响应较多的也是选项1和2，占比分别为26.7%、18.0%；而对其他选项男女看护人的响应次数均不太高。由此可见，男性看护人和女性看护人大多是通过选项1和选项2来了解早教知识（见表3-72）。

表3-70　　　　　　　　孩子没上早教的原因（n,%）

项目	选项	频数（n）	有效百分比（%）
孩子没上早教辅导的原因	附近没有正规早教中心	1050	57.7
	费用太高	236	13.0
	没必要	313	17.2
	其他	220	12.1
	合计	1819	100.0

表3-71　　　　　　　社区照护服务模式需求状况（n,%）

项目	选项	频数（n）	有效百分比（%）
希望在社区开办的照护服务种类	专业人员"家访型"上门服务	207	11.4
	村委会负责在社区建一个早教指导中心	437	24.0
	幼儿园负责再开一个托幼班	343	18.9
	社区卫生服务中心负责开一家儿童早期发展服务中心	323	17.8
	政府负责建一家公办托幼园	509	28.0
	合计	1819	100.0

表3-72　　不同性别看护人了解早教知识的途径（n,%）

项目	男	女
早教辅导中心	138（31.0）	367（26.7）
县、乡、镇或村妇联举办的咨询活动或发放的宣传册	102（22.9）	247（18.0）
县、乡、镇卫生院/社区卫生服务中心举行的社区宣传活动	48（10.8）	135（9.8）
广播电视	52（11.7）	163（11.9）

续表

项目	男	女
报纸杂志	16（3.6）	37（2.7）
互联网	43（9.7）	183（13.3）
专业书籍	5（1.1）	36（2.6）
亲戚朋友处打听	10（2.2）	63（4.6）
不知道	21（4.7）	116（8.4）
其他	10（2.2）	27（2.0）

各受教育程度的看护人在了解早教知识的途径上，响应较多的项目是选项1和选项2，前者从文盲/半文盲到大学本科及以上的占比依次为21.8%、24.5%、23.6%、33.3%、30.9%和35.9%；后者从文盲/半文盲到大学本科以上的占比依次为16.7%、25.7%、21.3%、16.1%、19.6%和10.0%（见表3-73）。

表3-73　不同受教育程度看护人了解早教知识的途径（n,%）

项目	文盲/半文盲	小学	初中	高中/中专/技校	大专	大学本科及以上
早教辅导中心	34（21.8）	59（24.5）	140（23.6）	64（33.3）	129（30.9）	79（35.9）
县、乡、镇或村妇联举办的咨询活动或发放的宣传册	26（16.7）	62（25.7）	126（21.3）	31（16.1）	82（19.6）	22（10.0）
县、乡、镇卫生院/社区卫生服务中心举行的社区宣传活动	26（16.7）	25（10.4）	63（10.6）	16（8.3）	39（9.3）	14（6.4）
广播电视	8（11.5）	22（9.1）	65（11.0）	22（11.5）	59（14.1）	29（13.2）
报纸杂志	5（3.2）	7（2.9）	8（1.4）	8（4.2）	12（2.9）	13（5.9）
互联网	7（4.5）	13（5.4）	69（11.7）	35（18.2）	61（14.6）	41（18.6）
专业书籍	1（0.6）	3（1.2）	10（1.7）	7（3.6）	7（1.7）	13（5.9）
亲戚朋友处打听	10（6.4）	16（6.6）	23（3.9）	8（4.2）	9（2.2）	7（3.2）
不知道	25（16.0）	31（12.9）	66（11.1）	0（0.0）	14（3.3）	1（0.5）
其他	4（2.6）	3（1.2）	22（3.7）	1（0.5）	6（1.4）	1（0.5）

第三章 西南乡村0—3岁儿童成长环境及社区整合现状调查

从表3-74中可以看到，不同工作情况的看护人了解早教知识的途径主要是选项1（早教辅导中心）和选项2（县、乡镇或村妇联举办的咨询活动或发放的宣传资料）。在选项1上，纯粹务农的看护人占比为24.8%，纯粹打工的看护人占27.4%，务农及个体经营看护人的占比为30.0%，纯粹个体经营的看护人占比为31.8%；在选项2上，务农及各类定期、不定期零工的看护人占比为24.6%，纯粹务农的看护人的占比为22.0%。

从表3-74不同类型看护人了解早教的途径主要为选项1（早教辅导中心）和选项2（妇联举办的咨询活动或发放的宣传材料），但是各自占比都达不到五成。母亲通过选项1了解早教途径的占比仅有26.5%，父亲则为32.0%，祖母在该项上的占比为25.7%；母亲在选项2上的占比为18.2%，父亲为21.9%，18.4%的祖母对途径2进行了响应。各看护人对其余各个选项的响应都不高。

5. 多变量交叉分析早教认知行为

从表3-76中可以看到，大部分看护人认为，无论是哪个年龄的孩子，早教对孩子的语言发展、智力潜能开发、身体素质及品德行为习惯的作用比较大。认为语言发展作用较大的看护人的个案百分比在孩子不同的年龄段都超过了一半以上，认为智力潜能开发的作用比较大的不同年龄段孩子的看护人的个案百分比也均在60%以上。

从表3-77中可以看到，从事不同职业的大多数看护人都对语言发展、智力潜能开发、身体素质及品德行为做出较多的响应。从事第一产业的看护人认为早教对孩子的作用有语言发展，占比71.3%；智力潜能开发，占比69.2%；身体素质，占比为51.2%；品德行为习惯，占比51.2%。高级专业技术工作者对语言发展、智力潜能、身体素质和品德行为习惯的响应也较多，占比依次为70.7%，74.1%，53.4%和56.9%。一般专业技术人员、管理者/行政官员/经理、办公室一般工作人员等除了在以上这几项上的响应次数较多外，各自还有四成以上的看护人对心理健康做出了响应。

乡村育儿的社会化出路：以西南乡村0—3岁儿童为例

表3-74 不同工作情况看护人了解早教知识的途径（n,%）

项目	早教辅导中心	妇联举办的咨询活动或发放的宣传材料	社区卫生院举行的宣传活动	广播电视	报纸杂志	互联网	专业书籍	亲戚朋友	不知道	其他
纯粹务农	98 (24.8)	87 (22.0)	50 (12.7)	35 (8.9)	5 (1.3)	31 (7.8)	3 (0.8)	18 (4.6)	60 (15.2)	8 (2.0)
纯粹打工	114 (27.4)	84 (20.2)	41 (9.9)	52 (12.5)	11 (2.6)	52 (12.5)	12 (2.9)	15 (3.6)	27 (6.5)	8 (1.9)
务农及各类定期、不定期零工	68 (24.2)	69 (24.6)	34 (12.1)	38 (13.5)	12 (4.3)	24 (8.5)	4 (1.4)	8 (2.8)	21 (7.5)	3 (1.1)
务农及个体经营	48 (30.0)	33 (20.6)	16 (10.0)	14 (8.8)	8 (5.0)	20 (12.5)	3 (1.9)	7 (4.4)	10 (6.3)	1 (0.6)
纯粹个体经营	47 (31.8)	16 (10.8)	11 (7.4)	22 (14.9)	4 (2.7)	24 (16.2)	6 (4.1)	9 (6.1)	6 (4.1)	3 (2.0)
不干活	48 (31.2)	28 (18.2)	8 (5.2)	17 (11.0)	3 (1.9)	30 (19.5)	4 (2.6)	7 (4.5)	6 (3.9)	3 (1.9)
其他	82 (30.9)	32 (12.1)	23 (8.7)	37 (14.0)	10 (3.8)	45 (17.0)	9 (3.4)	9 (3.4)	7 (2.6)	11 (4.2)

表3-75 不同看护人了解早教知识的途径（n,%）

项目	早教辅导中心	妇联举办的咨询活动或发放的宣传材料	社区卫生院举行的宣传活动	广播电视	报纸杂志	互联网	专业书籍	亲戚朋友	不知道	其他
母亲	309 (26.5)	212 (18.2)	106 (9.1)	140 (12.0)	40 (3.4)	171 (14.7)	32 (2.7)	47 (4.0)	91 (7.8)	18 (1.5)
父亲	107 (32.0)	73 (21.9)	35 (10.5)	40 (12.0)	9 (2.7)	35 (10.5)	4 (1.2)	6 (1.8)	14 (4.2)	11 (3.3)
奶奶（祖母）	46 (25.7)	33 (18.4)	22 (12.3)	20 (11.2)	1 (0.6)	13 (7.3)	1 (0.6)	14 (7.8)	25 (4.2)	4 (2.2)
爷爷（祖父）	9 (19.6)	17 (37.0)	8 (17.4)	4 (8.7)	2 (4.3)	0 (0.0)	1 (2.2)	3 (6.5)	2 (4.3)	0 (0.0)
外婆（外祖母）	13 (27.7)	10 (21.3)	5 (10.6)	7 (14.9)	0 (0.0)	5 (10.6)	1 (2.1)	1 (2.1)	5 (10.6)	0 (0.0)
外公（外祖父）	3 (42.9)	0 (0.0)	2 (28.6)	1 (14.3)	0 (0.0)	0 (0.0)	0 (0.0)	0 (0.0)	0 (0.0)	1 (14.3)

第三章 西南乡村0—3岁儿童成长环境及社区整合现状调查

表3-76 不同年龄段孩子看护人对早教作用的认识（n,%）

项目	语言发展	智力潜能开发	身体素质	音乐美术	品德行为习惯	自我服务	社交交往	学习兴趣	个性	心理健康
出生起	1167（73.9）	1134（71.8）	802（50.8）	470（29.8）	855（54.1）	400（25.3）	635（40.2）	694（44.0）	442（28.0）	542（34.3）
半岁—1岁时	92（69.2）	89（66.9）	69（51.9）	34（25.6）	56（42.1）	32（24.1）	40（30.1）	44（33.1）	35（26.3）	38（28.6）
1岁—2岁时	37（68.5）	36（66.7）	36（66.7）	20（37.0）	26（48.1）	17（31.5）	21（38.9）	16（29.6）	15（27.8）	20（37.0）
2岁—3岁时	11（52.4）	16（76.2）	9（42.9）	6（28.6）	8（38.1）	4（19.0）	9（42.9）	8（38.1）	5（23.8）	5（23.8）
3岁以后	7（58.3）	8（66.7）	5（41.7）	5（41.7）	7（58.3）	4（33.3）	5（41.7）	5（41.7）	5（41.7）	6（50.0）
其他	14（70.0）	13（65.0）	13（65.0）	5（25.0）	12（60.0）	7（35.0）	9（45.0）	9（45.0）	5（25.0）	8（40.0）

表3-77 不同职业看护人对早教作用的认识（n,%）

项目	语言发展	智力潜能开发	身体素质	音乐美术	品德行为习惯	自我服务	社交交往	学习兴趣	个性	心理健康
农民渔民猎人	507（71.3）	492（69.2）	366（51.2）	185（26.0）	366（51.2）	161（22.6）	266（37.4）	275（38.7）	179（25.2）	210（29.5）
高级专业技术工作者（医生、教授、律师、建筑师、工程师）	41（70.7）	43（74.1）	31（53.4）	17（29.3）	33（56.9）	13（22.4）	27（46.6）	21（36.2）	14（24.1）	14（24.1）
一般专业技术人员（助产士、护士、教师等）	124（75.6）	125（76.2）	95（57.9）	56（34.1）	93（56.7）	51（31.1）	74（45.1）	70（42.7）	51（31.1）	67（40.9）

91

续表

项目	语言发展	智力潜能开发	身体素质	音乐美术	品德行为习惯	自我服务	社会交往	学习兴趣	个性	心理健康
管理者/行政官员/经理(厂长、处长、政府官员，司局长，行政干部及村干部等)	28 (73.7)	23 (60.5)	20 (52.6)	13 (34.2)	19 (50.0)	9 (23.7)	19 (50.0)	16 (42.1)	13 (34.2)	17 (44.7)
办公室一般工作人员(秘书、办事员)	85 (75.2)	88 (77.9)	64 (56.6)	42 (37.2)	80 (70.8)	38 (33.6)	46 (40.7)	54 (47.8)	43 (38.1)	47 (41.6)
技术工人或熟练工人(工段长、班组长、工艺工人等)	70 (68.0)	72 (69.9)	45 (43.7)	23 (22.3)	51 (49.5)	21 (20.4)	29 (28.2)	42 (40.9)	22 (21.4)	27 (26.2)
技术工人或熟练工人(普通工人、伐木工等)	3 (75.0)	4 (100.0)	1 (25.0)	1 (25.0)	2 (50.0)	1 (25.0)	2 (50.0)	3 (75.0)	1 (25.0)	3 (75.0)
军官与警官	3 (75.0)	4 (100.0)	1 (25.0)	1 (25.0)	2 (50.0)	1 (25.0)	2 (50.0)	3 (75.0)	1 (25.0)	3 (75.0)
士兵与警察	5 (83.3)	2 (33.3)	3 (50.0)	3 (50.0)	3 (50.0)	2 (33.3)	3 (50.0)	1 (16.7)	1 (16.7)	1 (16.7)
司机	21 (70.0)	19 (63.3)	18 (60.0)	12 (40.0)	12 (40.0)	11 (36.7)	11 (36.7)	10 (33.3)	5 (16.7)	10 (33.3)
服务行业人员(管家、厨师、服务员、看门员、理发员、售货员、洗衣工、保育员等)	166 (69.7)	175 (73.5)	111 (46.6)	64 (26.9)	109 (45.8)	55 (23.1)	93 (39.1)	110 (46.2)	70 (29.4)	94 (39.5)
运动员、演奏员	1 (100.0)	0 (0.0)	0 (0.0)	0 (0.0)	0 (0.0)	0 (0.0)	0 (0.0)	0 (0.0)	0 (0.0)	0 (0.0)
其他	230 (79.0)	206 (70.8)	151 (51.9)	105 (36.1)	163 (56.0)	85 (29.2)	124 (42.6)	141 (48.5)	90 (30.9)	106 (36.4)

由表3-78可见，不同受教育程度的看护人对早教对孩子的作用的响应主要集中在"语言发展"、"智力潜能开发"、"身体素质"和"品德行为习惯"这几个方面。对"语言发展"和"智力潜能"开发这两项的响应较多，不同受教育程度的看护人的占比大多在70%左右；各种受教育程度的看护人，他们对"身体素质"和"品德行为习惯"两项的响应也较多，占比均在50%左右。

表3-78　不同受教育程度看护人对早教作用的认识（n,%）

项目	文盲/半文盲	小学	初中	高中/中专/技校	大专	大学本科及以上
语言发展	133（72.4）	165（68.5）	415（70.1）	322（77.0）	147（76.6）	166（75.5）
智力潜能开发	107（68.6）	147（61.0）	432（73.0）	304（72.7）	143（74.5）	163（74.1）
身体素质	86（55.1）	121（50.2）	289（48.8）	208（49.8）	106（55.2）	124（56.4）
音乐美术	53（34.0）	54（22.4）	165（27.9）	120（28.7）	71（37.0）	77（35.0）
品德行为习惯	79（50.6）	108（44.8）	304（51.4）	240（57.4）	113（58.9）	120（54.5）
自我服务	45（28.8）	48（19.9）	133（22.5）	109（26.1）	64（33.3）	65（29.5）
社会交往	65（41.7）	77（32.0）	228（38.5）	1171（40.9）	83（43.2）	95（43.2）
学习兴趣	56（35.9）	98（40.7）	255（43.1）	181（43.3）	91（47.4）	95（43.2）
个性	48（30.8）	46（19.1）	155（26.2）	121（28.9）	64（33.3）	73（33.2）
心理健康	50（32.1）	61（25.3）	201（34.0）	141（33.7）	77（40.1）	89（40.5）

从表3-79中可以看到，无论是父母还是祖辈看护人，均认为早教主要对语言发展、智力潜能开发、身体素质、品德行为习惯有作用。在语言发展方面，母亲和外婆响应最多，前者占比74.3%，后者占比76.6%；在智力潜能开发方面，母亲、父亲、爷爷响应较多，占比分别为71.3%、70.9%和72.5%；在身体素质方面，母亲、父亲、奶奶和爷爷响应较多，占比均超五成；在品德行为习惯方面，母亲、父亲、爷爷和外婆的响应较多，占比也均超五成。

表 3-79　不同类型看护人对早教作用的认识（n,%）

项目	语言发展	智力潜能开发	身体素质	音乐美术	品德行为习惯	自我服务	社会交往	学习兴趣	个性	心理健康
母亲	866（74.3）	836（71.3）	592（50.8）	345（29.6）	632（54.2）	295（25.3）	469（40.2）	523（44.9）	323（27.7）	402（34.5）
父亲	125（69.8）	127（70.9）	100（55.9）	60（33.5）	92（51.4）	49（27.4）	73（40.8）	68（38.0）	54（30.2）	62（34.6）
奶奶（祖母）	29（63.0）	29（63.0）	23（50.0）	11（23.9）	19（41.3）	10（21.7）	9（19.6）	11（23.9）	9（19.6）	9（19.6）
爷爷（祖父）	237（71.0）	242（72.5）	170（50.9）	100（29.9）	171（51.2）	86（25.7）	119（35.6）	133（39.8）	95（28.4）	118（35.3）
外婆（外祖母）	36（76.6）	30（63.8）	20（42.6）	9（19.1）	25（53.2）	9（19.1）	24（51.1）	18（38.3）	9（19.1）	11（23.4）
外公（外祖父）	3（42.9）	5（71.4）	3（42.9）	1（14.3）	2（28.6）	1（14.3）	2（28.6）	2（28.6）	2（28.6）	1（14.3）
其他	32（80.0）	27（67.5）	26（65.0）	14（35.0）	23（57.5）	14（35.0）	23（57.5）	21（52.5）	15（37.5）	16（40.0）

第三章 西南乡村 0—3 岁儿童成长环境及社区整合现状调查

从表 3-80 中可以看到，无论是哪个年龄段的孩子，他们的看护人送其去早教机构的原因都集中在选项 1、2、3 三项上。在孩子出生起就送早教机构的原因中，选项 2（有利于孩子全面发展）的响应次数最多，占比接近一半，为 49.2%；在孩子半岁—1 岁时送早教机构的主要原因是选项 1（工作忙，没时间带孩子），占比 42.9%；孩子 1 岁—2 岁、2 岁—3 岁时送早教机构的原因较多的均是选项 2，分别占 46.3% 和 47.6%；3 岁以后送早教机构的原因多为选项 1，占比为 41.7%。

表 3-80　不同年龄段看护人送孩子去早教机构的原因（n,%）

项目	工作忙，没时间带孩子	有利于孩子全面发展	促进孩子间的交流	孩子在那儿快乐	收钱少，去上总没有坏处	其他
出生起	444（28.1）	777（49.2）	146（9.2）	71（4.5）	55（3.5）	86（5.4）
半岁—1 岁时	57（42.9）	38（28.6）	14（10.5）	6（4.5）	12（9.0）	6（4.5）
1 岁—2 岁时	21（38.9）	25（46.3）	2（3.7）	3（5.6）	0（0.0）	3（5.6）
2 岁—3 岁时	6（28.6）	10（47.6）	3（14.3）	1（4.8）	0（0.0）	1（4.8）
3 岁以后	5（41.7）	3（25.0）	2（16.7）	1（8.3）	1（8.3）	0（0.0）
其他	6（30.0）	6（30.0）	3（15.0）	1（5.0）	1（5.0）	3（15.0）

结果显示各类看护人送孩子去早教机构的主要原因是选项 1 和选项 2。奶奶和爷爷更多对选项 1 做出响应，占比分别为 38.5% 和 41.3%，母亲、父亲和外婆对选项 2 响应较多，占比分别为 48.9%、48.5% 和 48.9%（见表 3-81）。

表 3-81　不同类型看护人送孩子去早教机构的原因（n,%）

项目	工作忙，没时间带孩子	有利于孩子全面发展	促进孩子间的交流	孩子在那儿快乐	收钱少，去上总没有坏处	其他
母亲	319（27.4）	570（48.9）	108（9.3）	53（4.5）	48（4.1）	68（5.8）
父亲	106（31.7）	162（48.5）	30（9.0）	13（3.9）	6（1.8）	17（5.1）
奶奶（祖母）	69（38.5）	66（36.9）	16（8.9）	9（5.0）	9（5.0）	10（5.6）
爷爷（祖父）	19（41.3）	18（39.1）	1（2.2）	6（13.0）	1（2.2）	1（2.2）

续表

项目	工作忙，没时间带孩子	有利于孩子全面发展	促进孩子间的交流	孩子在那儿快乐	收钱少，去上总没有坏处	其他
外婆（外祖母）	13 (27.7)	23 (48.9)	6 (12.8)	2 (4.3)	3 (6.4)	0 (0.0)
外公（外祖父）	2 (28.6)	3 (42.9)	1 (14.3)	0 (0.0)	0 (0.0)	1 (14.3)
其他	11 (27.5)	17 (42.5)	8 (20.0)	0 (0.0)	2 (5.0)	2 (5.0)

表3-82中显示不同行业从业者送孩子去早教机构的原因主要集中在选项1和选项2上。其中，农民/渔民/猎人在选项1和选项2上的占比分别为40.6%和38.0%。高级专业技术工作者在选项2上的占比为48.3%，一般专业技术人员在选项2上的占比为60.4%，管理者等、办公室一般工作人员、技术工人或熟练工人均在选项2上做出了较多的响应，占比分别为52.6%、68.1%和53.2%。

表3-82 不同职业看护人送孩子去早教机构的原因（n,%）

项目	工作忙，没时间带孩子	有利于孩子全面发展	促进孩子间的交流	孩子在那儿快乐	收钱少，去上总没有坏处	其他
农民/渔民/猎人	289 (40.6)	270 (38.0)	58 (8.2)	28 (3.9)	30 (4.2)	36 (5.1)
高级专业技术工作者（医生、教授、律师、建筑师、工程师）	18 (31.0)	28 (48.3)	6 (10.3)	3 (5.2)	1 (1.7)	2 (3.4)
一般专业技术人员（助产士、护士、教师、编辑、摄影师等）	41 (25.0)	99 (60.4)	14 (8.5)	6 (3.7)	2 (1.2)	2 (1.2)
管理者/行政官员/经理（厂长、政府官员、处长、司局长、行政干部及村干部等）	7 (18.4)	20 (52.6)	3 (7.9)	4 (10.5)	0 (0.0)	4 (10.5)

续表

项目	工作忙，没时间带孩子	有利于孩子全面发展	促进孩子间的交流	孩子在那儿快乐	收钱少，去上总没有坏处	其他
办公室一般工作人员（秘书、办事员）	19（16.8）	77（68.1）	9（8.0）	5（4.4）	2（1.8）	1（0.9）
技术工人或熟练工人（工段长、班组长、工艺工人等）	15（24.2）	33（53.2）	7（11.3）	3（4.8）	2（3.2）	2（3.2）
技术工人或熟练工人（普通工人、伐木工等）	33（32.0）	49（47.6）	10（9.7）	4（3.9）	3（2.9）	4（3.9）
军官与警官	0（0.0）	3（75.0）	1（25.0）	0（0.0）	0（0.0）	0（0.0）
士兵与警察	3（50.0）	3（50.0）	0（0.0）	0（0.0）	0（0.0）	0（0.0）
司机	8（26.7）	15（50.0）	3（10.0）	2（6.7）	0（0.0）	2（6.7）
服务行业人员（管家、厨师、服务员、看门人、理发员、售货员、洗衣工、保育员等）	61（25.6）	117（49.2）	17（7.1）	15（6.3）	18（7.6）	10（4.2）
运动员/演员/演奏员	61（25.6）	117（49.2）	17（7.1）	15（6.3）	18（7.6）	10（4.2）
其他	45（15.5）	145（49.8）	41（14.1）	13（4.5）	11（3.8）	36（12.4）

由表3-83可见，不同受教育程度的看护人将孩子送到早教机构的原因主要为选项1（没有时间带，家长要工作）和选项2（早教可以让孩子全面发展，开发孩子的潜能），文盲/半文盲的看护人中接近五成对选项1进行了响应，占比为49.4%，高中等、大专、大学本科及以上的看护人对选项2做出了较多的响应，占比分别为54.8%，62.3%和62.3%。不同受教育程度的看护人对选项4、5、6做出的响应均不到10%。

表3-83 不同受教育程度看护人送孩子去早教机构的原因（n,%）

项目	文盲/半文盲	小学	初中	高中/中专/技校	大专	大学本科及以上
没有时间带，家长要工作	77（49.4）	89（36.9）	184（31.1）	94（22.5）	52（27.1）	43（19.5）
早教机构可以让孩子全面发展，开发孩子的潜能	46（29.5）	79（32.8）	262（44.3）	229（54.8）	106（62.3）	137（62.3）
孩子可以和同龄小朋友交流	8（5.1）	30（12.4）	52（8.8）	41（9.8）	14（7.3）	25（11.4）
早教机构有很多孩子，孩子在那儿会很快乐	11（7.1）	8（3.3）	24（4.1）	22（5.3）	10（5.2）	8（3.6）
反正收钱少或不收钱，去上总没坏处	9（5.8）	19（7.9）	29（4.9）	8（1.9）	3（1.6）	1（0.5）
其他	5（3.2）	16（6.6）	41（6.9）	24（5.7）	7（3.6）	6（2.7）

男性看护人送孩子去早教机构的原因主要是选项1（没有时间带，家长要工作）和选项2（早教机构可以让孩子全面发展，开发孩子的潜能），前者占比34.2%，后者占比46.3%。28.2%的女性看护人送孩子去早教机构的原因是选项1，47.5%女性看护人送孩子去早教机构的原因是选项2（见表3-84）。

表3-84 不同性别看护人送孩子去早教机构的原因（n,%）

项目	男	女
没有时间带，家长要工作	152（34.2）	387（28.2）
早教机构可以让孩子全面发展，开发孩子的潜能	206（46.3）	653（47.5）
孩子可以和同龄小朋友交流	35（7.9）	135（9.8）
早教机构有很多孩子，孩子在那儿会很快乐	23（5.2）	60（4.4）
反正收钱少或不收钱，去上总没坏处	7（1.6）	62（4.5）
其他	22（4.9）	77（5.6）

结果显示,无论是哪个年龄段的孩子,接受早教后发生变化最多的是选项1(懂得更多知识),其中出生起就接受早教的占比为50.1%,半岁—1岁时接受早教的占比占59.4%,1岁—2岁的占比则为52.4%。可见,儿童认知上的提高是早教中最容易见效的方面(见表3-85)。

表3-85 不同年龄段孩子接受早教后看护人反映的情况(n,%)

项目	懂得更多知识	性格变活泼了	动手能力强了	普通话标准了	养成良好的生活习惯	没啥变化	其他
出生起	187(50.1)	74(19.8)	35(9.4)	14(3.8)	42(11.3)	8(2.1)	13(3.5)
半岁—1岁时	19(59.4)	5(15.6)	3(9.4)	1(3.1)	2(6.3)	2(6.3)	0(0.0)
1岁—2岁时	11(52.4)	6(28.6)	0(0.0)	2(9.5)	0(0.0)	2(9.5)	0(0.0)
2岁—3岁时	1(25.0)	2(50.0)	0(0.0)	0(0.0)	1(25.0)	0(0.0)	0(0.0)
3岁以后	2(40.0)	1(20.0)	1(20.0)	0(0.0)	0(0.0)	1(20.0)	0(0.0)
其他	5(71.4)	1(14.3)	0(0.0)	0(0.0)	0(0.0)	0(0.0)	1(14.3)

不同的看护人认为孩子接受早教后发生的变化主要是选项1(懂得更多知识)和选项2(性格变活泼了)。母亲和父亲对选项1的响应次数较多,占比分别为49.8%和55.3%,奶奶在这项上的响应次数为12,占比为41.4%(见表3-86)。

表3-86 不同类型看护人对孩子接受早教后变化的看法(n,%)

项目	懂得更多知识	性格变活泼了	动手能力强了	普通话标准了	养成良好的生活习惯	没啥变化	其他
母亲	138(49.8)	53(19.1)	27(9.7)	10(3.6)	29(10.5)	8(2.9)	12(4.3)
父亲	52(55.3)	19(20.2)	6(6.4)	4(4.3)	8(8.5)	3(3.2)	2(2.1)
奶奶(祖母)	12(41.4)	7(24.1)	5(17.2)	1(3.4)	4(13.8)	0(0.0)	0(0.0)
爷爷(祖父)	7(46.7)	4(26.7)	0(0.0)	2(13.3)	1(6.7)	1(6.7)	0(0.0)
外婆(外祖母)	4(36.4)	3(27.3)	0(0.0)	0(0.0)	3(27.3)	1(9.1)	0(0.0)
外公(外祖父)	1(50.0)	1(50.0)	0(0.0)	0(0.0)	0(0.0)	0(0.0)	0(0.0)
其他	11(78.6)	2(14.3)	1(7.1)	0(0.0)	0(0.0)	0(0.0)	0(0.0)

乡村育儿的社会化出路：以西南乡村0—3岁儿童为例

从表3-87中可以看到，不同职业看护人对孩子接受早教后的变化响应较多的项目为选项1（懂得更多知识）和选项2（性格变活泼了）。农民/渔民/猎人对选项1的响应次数为63次，占比49.6%，高级专业技术工作者对选项1的响应也较多，占50.0%，一般专业技术人员、办公室一般工作人员均对选项1做出了较多的响应，占比分别为50.9%和52.3%。管理者等对选项2的响应占四成。

表3-87 不同职业看护人对孩子接受早教后变化的看法（n,%）

项目	懂得更多知识	性格变活泼了	动手能力强了	普通话标准了	养成良好的生活习惯	没啥变化	其他
农民/渔民/猎人	63 (49.6)	24 (18.9)	10 (7.9)	9 (7.1)	15 (11.8)	2 (1.6)	4 (3.1)
高级专业技术工作者（医生、教授、律师、建筑师、工程师）	14 (50.0)	10 (35.7)	1 (3.6)	0 (0.0)	2 (7.1)	1 (3.6)	0 (0.0)
一般专业技术人员（助产士、护士、教师、编辑、摄影师等）	27 (50.9)	8 (15.1)	7 (13.2)	2 (3.8)	5 (9.4)	3 (5.7)	1 (1.9)
管理者/行政官员/经理（厂长、政府官员、处长、司局长、行政干部及村干部等）	7 (35.0)	8 (40.0)	2 (10.0)	0 (0.0)	1 (5.0)	0 (0.0)	2 (10.0)
办公室一般工作人员（秘书、办事员）	23 (52.3)	8 (18.2)	4 (9.1)	1 (2.3)	5 (11.4)	0 (0.0)	3 (6.8)
技术工人或熟练工人（工段长、班组长、工艺工人等）	7 (58.3)	3 (25.0)	0 (0.0)	0 (0.0)	2 (16.7)	0 (0.0)	0 (0.0)

续表

项目	懂得更多知识	性格变活泼了	动手能力强了	普通话标准了	养成良好的生活习惯	没啥变化	其他
技术工人或熟练工人（普通工人、伐木工等）	11 (55.0)	3 (15.0)	3 (15.0)	0 (0.0)	2 (10.0)	1 (5.0)	0 (0.0)
军官与警官	1 (50.0)	1 (50.0)	0 (0.0)	0 (0.0)	0 (0.0)	0 (0.0)	0 (0.0)
士兵与警察	2 (66.7)	1 (33.3)	0 (0.0)	0 (0.0)	0 (0.0)	0 (0.0)	0 (0.0)
司机	5 (50.0)	1 (10.0)	0 (0.0)	2 (20.0)	0 (0.0)	1 (10.0)	1 (10.0)
服务行业人员（管家、厨师、服务员、看门人、理发员、售货员、洗衣工、保育员等）	30 (53.6)	7 (12.5)	6 (10.7)	1 (1.8)	8 (14.3)	4 (7.1)	0 (0.0)
运动员/演员/演奏员	1 (100)	0 (0.0)	0 (0.0)	0 (0.0)	0 (0.0)	0 (0.0)	0 (0.0)
其他	34 (51.5)	15 (22.7)	6 (9.1)	2 (3.0)	5 (7.6)	1 (1.5)	3 (4.5)

结果显示，53.7%的男性看护人和49.7%的女性看护人认为选项1（懂得更多知识）是孩子接受早教后最大的变化，19.9%的男性看护人，20.3%的女性看护人认为选项2（性格变活泼了）是孩子接受早教后的较大变化。男性看护人和女性看护人在其他选项上的响应较少（见表3-88）。

表3-88　不同性别看护人对孩子接受早教后变化的看法（n,%）

项目	男	女
懂得更多知识	73 (53.7)	152 (49.7)
性格变活泼了	27 (19.9)	62 (20.3)
动手能力强了	10 (7.4)	29 (9.5)
普通话标准了	6 (4.4)	11 (3.6)
养成良好的生活习惯	12 (8.8)	33 (10.8)
没啥变化	6 (4.4)	7 (2.3)
其他	2 (1.5)	12 (3.9)

从表3-89中可以看到，不同受教育程度的看护人在孩子接受早教后的变化方面集中响应的项目是选项1和选项2。60.0%的大专受教育程度的看护人认为孩子接受早教后的变化主要是选项1；有54.8%、54.5%和50.5%的文盲/半文盲、高中等和大学本科及以上的看护人认为，选项1是孩子接受早教后的主要变化。另有22.6%、34.2%和22.7%的文盲/半文盲、小学和大学本科及以上受教育程度的看护人认为，选项2是孩子接受早教后的主要变化。

表3-89 不同受教育程度看护人对孩子接受早教后变化的看法（n,%）

项目	文盲/半文盲	小学	初中	高中/中专/技校	大专	大学本科及以上
懂得更多知识	17 (54.8)	17 (44.7)	49 (43.8)	54 (54.5)	39 (60.0)	49 (50.5)
性格变活泼了	7 (22.6)	13 (34.2)	21 (18.8)	15 (15.2)	11 (16.9)	22 (22.7)
动手能力强了	1 (3.2)	3 (7.9)	13 (11.6)	9 (9.1)	2 (3.1)	11 (11.3)
普通话标准了	1 (3.2)	3 (7.9)	6 (5.4)	5 (5.1)	0 (0.0)	2 (2.1)
养成良好的生活习惯	3 (9.7)	2 (5.3)	14 (12.5)	14 (14.1)	4 (6.2)	8 (8.2)
没啥变化	2 (6.5)	0 (0.0)	1 (1.0)	1 (1.0)	7 (10.8)	2 (2.1)
其他	0 (0.0)	0 (0.0)	8 (7.1)	1 (1.0)	2 (3.1)	3 (3.1)

从表3-90中可以看到，男性看护人认为早教对语言发展、智力潜能开发、身体素质和品德行为习惯等方面有作用，占比分别为69.9%、71.0%、51.7%和51.9%。女性看护人也在这四项上响应较多，占比分别为74.0%、71.3%、51.2%和53.2%。同时，女性看护人对社会交往和学习兴趣也有较多的响应，占比分别为40.8%、43.7%。

表3-90 不同性别看护人对早教内容的看法（n,%）

项目	男	女
语言发展	311 (69.9)	1017 (74.0)
智力潜能开发	316 (71.0)	980 (71.3)
身体素质	230 (51.7)	704 (51.2)

续表

项目	男	女
音乐美术	135（30.3）	405（29.5）
品德行为习惯	231（51.9）	733（53.2）
自我服务	121（27.2）	343（25.0）
社会交往	159（35.7）	560（40.8）
学习兴趣	175（39.3）	601（43.7）
个性	130（29.2）	377（27.4）
心理健康	152（34.2）	467（34.0）

（三）0—3 岁儿童享有的身心健康保障状况

3 岁以下婴幼儿主要以身心健康发展为主，此部分调研主要包括营养、卫生、健康、预防免疫、安全、生活习惯，以及孩子在最近 2 周内的情绪和行为。

1. 健康管理

健康管理是 0—3 岁儿童生命安全的重要防线，此次调查主要集中于基本公共卫生服务领域，主要调查了疫苗注射、体检、补钙、生病、医疗保险等。与 0—3 岁儿童紧密相关的内容，了解国家基本公共卫生服务事业在基层的执行情况，深入探知儿童成长的社会保障环境。

（1）注射疫苗的情况

看护人对孩子的医疗照护方面，67.1% 的孩子注射过免费疫苗和收费疫苗，只注射过免费疫苗的占 26.3%，没注射过任何疫苗的极少，只占 0.5%（见表 3-91）。

从表 3-92 中可以看到，男性看护人和女性看护人在"只注射过免费疫苗"上的占比分别为 23.8% 和 27.1%；在"注射过免费疫苗和收费疫苗"上的占比分别为 65.2% 和 67.7%，对孩子注射的疫苗不清楚的男性占比为 4.3%，女性则只占 1.4%。卡方检验显示，儿童注射疫苗情况在男性看护人和女性看护人之间差异显著（$\chi^2 = 22.40$，$P < 0.05$）。从调整后的标化残差中可以看到，男性看护人更倾向于报告只注射过收

费疫苗，也更倾向于不清楚注射疫苗的情况，女性则更少倾向于不清楚儿童注射疫苗的情况。

表3-91　　　　　　　　　孩子注射疫苗情况

项目	频数（n）	有效百分比（%）
只注射过免费疫苗	478	26.3
只注射过收费疫苗	73	4.0
注射过免费疫苗和收费疫苗	1220	67.1
没注射过任何疫苗	10	0.5
不清楚	38	2.1
合计	1819	100.0

表3-92　　　不同性别看护人对孩子疫苗注射的认知（n,%）

项目	男	女
只注射过免费疫苗	106（23.8）	372（27.1）
只注射过收费疫苗	25（5.6）	48（3.5）
注射过免费疫苗和收费疫苗	290（65.2）	930（67.7）
没注射过任何疫苗	5（1.1）	5（0.4）
不清楚	19（4.3）	19（1.4）
合计	445（100.0）	1374（100.0）
卡方	22.4	
Sig.	0	

表3-93　　不同性别看护人对孩子疫苗注射的认知调整后标化残差表（n）

性别	只注射过免费疫苗	只注射过收费疫苗	注射过免费疫苗和收费疫苗	没注射过任何疫苗	不清楚
男	106（-1.4）	25（2.0）	290（-1.0）	5（1.9）	19（3.7）
女	372（1.4）	48（-2.0）	930（1.0）	5（-1.9）	19（-3.7）

第三章 西南乡村0—3岁儿童成长环境及社区整合现状调查

从表3-94中可以看到，41.7%的文盲/半文盲看护人的孩子只注射过免费疫苗，小学的为32.4%，初中为28.9%，高中等为19.9%，大专为23.4%，大学本科及以上的为16.4%。各受教育程度的看护人在只注射过收费疫苗的占比都不超过6.0%。在注射过免费疫苗和收费疫苗上的占比，从文盲/半文盲到大学本科及以上分别为48.1%、59.3%、65.2%、73.2%、73.4%和76.8%。卡方检验显示，注射疫苗的情况在不同受教育程度的看护人中差异显著（$\chi^2 = 77.14$，$P < 0.05$）。从调整后标化残差表可以看到，文盲/半文盲和小学文化的看护人的孩子更倾向于只注射免费疫苗，高中等和大学本科及以上看护人更少倾向于只注射免费疫苗。文盲/半文盲和小学看护人更少倾向于两种都注射，而高中及以上的看护人更倾向于两种疫苗都注射。文盲/半文盲和小学看护人更倾向于不清楚孩子注射的是什么疫苗。由此可见，看护人的受教育程度越低，对疫苗注射知识越需要加强学习。

表3-94 不同受教育程度看护人孩子疫苗注射情况（n,%）

项目	文盲/半文盲	小学	初中	高中/中专/技校	大专	大学本科及以上
只注射过免费疫苗	65（41.7）	78（32.4）	171（28.9）	83（19.9）	45（23.4）	36（16.4）
只注射过收费疫苗	9（5.8）	9（3.7）	20（3.4）	19（4.5）	5（2.6）	11（5.0）
注射过免费疫苗和收费疫苗	75（48.1）	143（59.3）	386（65.2）	306（73.2）	141（73.4）	169（76.8）
没有注射过任何疫苗	0（0.0）	0（0.0）	3（0.5）	4（1.0）	1（1.1）	2（0.9）
不清楚	7（4.5）	11（4.6）	12（2.0）	6（1.4）	0（0.0）	2（0.9）

续表

项目	文盲/半文盲	小学	初中	高中/中专/技校	大专	大学本科及以上
合计	156（100.0）	241（100.0）	592（100.0）	418（100.0）	192（100.0）	220（100.0）
卡方	77.14					
Sig.	0					

表3-95 不同受教育程度看护人孩子疫苗注射情况调整后标化残差表（n）

项目	只注射过免费疫苗	只注射过收费疫苗	注射过免费疫苗和收费疫苗	没有注射过任何疫苗	不清楚
文盲/半文盲	65（4.6）	9（1.2）	75（-5.3）	0（-1.0）	7（2.2）
小学	78（2.3）	9（-0.2）	143（-2.7）	0（-1.2）	11（2.9）
初中	171（1.8）	20（-1.0）	386（-1.2）	3（-0.2）	12（-0.1）
高中/中专/技校	83（-3.4）	19（0.6）	306（3.0）	4（1.3）	6（-1.1）
大专	45（-0.9）	5（-1.1）	141（2.0）	1（-0.1）	0（-2.1）
大学本科及以上	36（-3.6）	11（0.8）	169（3.3）	2（0.8）	2（-1.3）

从表3-96中可以看到，农民/渔民/猎人中有33.3%的看护人给孩子只注射过免费疫苗，高级专业技术工作者中有24.1%给孩子只注射过免费疫苗，一般专业技术人员中有20.1%，管理者等中有18.4%，办公室一般工作人员中有18.6%，技术工人或熟练工人（工段长等）为12.9%，技术工人或熟练工人（普通工人等）为25.2%。给孩子注射过免费和收费疫苗的农民等占比是59.8%，高级专业技术工作者为58.6%，一般专业技术人员的为72.6%，管理者等为76.3%，办公室一般工作人员为77.9%，两种技术工人或熟练工人分别为82.3%和72.8%。卡方检验显示不同职业的看护人给孩子注射疫苗的情况差异显著（$\chi^2=124.14$，$P<0.05$）。从调整后标化残差表中可以看到，农民/渔民/猎人的孩子更倾向于只注射过免费疫苗，更少倾向于注射过收费疫苗，更倾向于不清楚孩子注射何种疫苗。

第三章 西南乡村0—3岁儿童成长环境及社区整合现状调查

表3-96　不同职业看护人孩子疫苗注射情况（n,%）

项目	农民/渔民/猎人	高级专业技术工作者（医生、律师、建筑师、教授、教师、工程师）	一般专业技术人员（助产士、护士、教师、编辑、摄影师等）	管理者/行政官员/经理（厂长、经理、政府官员、处长、司局长、行政干部及村干部等）	办公室一般工作人员（秘书、办事员）	技术工人或熟练工人（工段长、班组长、工艺工人等）	技术工人或熟练工人（普通工人、伐木工等）
只注射过免费疫苗	23 (33.3)	14 (24.1)	33 (20.1)	7 (18.4)	21 (18.6)	8 (12.9)	26 (25.2)
只注射过收费疫苗	26 (3.7)	8 (13.8)	10 (6.1)	2 (5.3)	4 (3.5)	1 (1.6)	2 (1.9)
注射过免费疫苗和收费疫苗	42 (59.8)	34 (58.6)	119 (72.6)	29 (76.3)	88 (77.9)	51 (82.3)	75 (72.8)
没注射过任何疫苗	1 (0.1)	0 (0.0)	1 (0.6)	0 (0.0)	0 (0.0)	2 (3.2)	0 (0.0)
不清楚	22 (3.1)	2 (3.4)	1 (0.6)	0 (0.0)	0 (0.0)	0 (0.0)	0 (0.0)
合计	71 (100.0)	58 (100.0)	164 (100.0)	38 (100.0)	113 (100.0)	62 (100.0)	103 (100.0)
卡方	124.14						
Sig.	0						

续表

项目	军官与警官	士兵与警察	司机	服务行业人员（管家、厨师、看门人、理发员、服务员、售货员、洗衣工、保育员等）	运动员/演员/演奏员	其他
只注射过免费疫苗	1 (25)	2 (33.3)	5 (16.7)	54 (22.7)	0 (0)	70 (20.4)
只注射过收费疫苗	0 (0)	0 (0)	3 (10)	8 (3.4)	0 (0)	9 (3.1)
注射过免费疫苗和收费疫苗	3 (75)	3 (50)	19 (63.3)	169 (71)	1 (100)	204 (70.1)
没注射过任何疫苗	0 (0)	1 (16.7)	1 (3.3)	1 (0.4)	0 (0)	3 (1)
不清楚	0 (0)	0 (0)	2 (6.7)	6 (2.5)	0 (0)	5 (1.7)
合计	4 (100)	6 (100)	30 (100)	238 (100)	1 (100)	291 (100)
卡方	124.14					
Sig.	0					

表3-97 不同职业看护人孩子疫苗注射情况调整后标化残差表（n）

项目	只注射过免费疫苗	只注射过收费疫苗	注射过免费疫苗和收费疫苗	没注射过任何疫苗	不清楚
农民/渔民/猎人	237（5.5）	26（-0.6）	425（-5.3）	1（-1.9）	22（2.4）
高级专业技术工作者（医生、教授、律师、建筑师、工程师）	14（-0.4）	8（3.9）	34（-1.4）	0（-0.6）	2（0.7）
一般专业技术人员（助产士、护士、教师、编辑、摄影师等）	33（-1.9）	10（1.4）	119（1.6）	1（0.1）	1（-1.4）
管理者/行政官员/经理（厂长、政府官员、处长、司局长、行政干部和村干部等）	7（-1.1）	2（0.4）	29（1.2）	0（-0.5）	0（-0.9）
办公室一般工作人员（秘书、办事员）	21（-1.9）	4（-0.3）	88（2.5）	0（-0.8）	0（-1.6）
技术工人或熟练工人（工段长、班组长、工艺工人等）	8（-2.4）	1（2.5）	51（2.6）	2（2.9）	0（-1.2）
技术工人或熟练工人（普通工人、伐木工等）	26（-0.2）	2（-1.1）	75（1.3）	0（-0.8）	0（-1.5）
军官与警官	1（-0.1）	0（-0.4）	3（0.3）	0（-0.1）	0（-0.3）
士兵与警察	2（0.4）	0（-0.5）	3（-0.9）	1（5.3）	0（-0.4）
司机	5（-1.2）	3（1.7）	19（-0.4）	1（2.1）	2（1.8）
服务行业人员（管家、厨师、服务员、看门人、理发员、售货员、洗衣工、保育员等）	54（-1.3）	8（-0.5）	169（1.4）	1（-0.3）	6（0.5）
运动员/演员/演奏员	0（-0.6）	0（0.2）	1（0.7）	0（-0.1）	0（-0.1）
其他	70（-0.9）	9（-0.9）	204（1.2）	3（1.2）	5（-0.5）

（2）孩子每年进行体检的情况

从表3-98中可以看出，每年参加体检孩子的比例为56.5%，非每年体检的占35.5%，从没有参加过体检的比例为4.5%，不清楚的为3.6%。

表 3-98　　孩子每年进行体检的情况

项目	选项	频数（n）	有效百分比（%）
孩子每年是否进行体检	每年参加体检	1027	56.5
	有体检，但并非每年进行	645	35.5
	从来没有参加过体检	81	4.5
	不清楚	66	3.6
	合计	1819	100.0

由表 3-99 可见，文盲/半文盲看护人孩子每年参加体检的占比为 38.5%，小学看护人的占比为 48.1%，初中为 52.0%，高中等为 63.9%，大专为 65.6%，大学本科及以上的为 68.2%。文盲/半文盲的看护人在"有体检，但并非每年进行"一项上的占比为 42.3%，小学为 43.2%，初中为 39.9%，高中等为 31.6%，大专的为 27.15%，大学本科及以上的为 25.0%。文盲/半文盲的看护人从来没有带孩子参加过体检的占比为 10.3%。卡方检验结果显示，孩子体检的情况在不同受教育程度的看护人中差异显著（χ^2 = 79.92，$P < 0.05$）。从调整后标化残差表中可以看到文盲/半文盲、小学、初中的看护人更少倾向于每年带孩子参加体检，小学、初中文化的看护人更倾向于并非每年带孩子参加体检。文盲/半文盲的看护人对孩子体检情况，也更倾向于从来没有参加过体检和不清楚。高中等的看护人更少倾向于从来没有带孩子参加过体检。由此可见，受教育程度越高的看护人越能够带孩子定期体检，越能监控和保障孩子的身体发展情况。

表 3-99　　不同受教育程度看护人孩子每年进行体检情况（n,%）

项目	文盲/半文盲	小学	初中	高中/中专/技校	大专	大学本科及以上
每年参加体检	60（38.5）	116（48.1）	308（52.0）	267（63.9）	126（65.6）	150（68.2）
有体检，但并非每年进行	66（42.3）	104（43.2）	236（39.9）	132（31.6）	52（27.1）	55（25.0）

第三章　西南乡村0—3岁儿童成长环境及社区整合现状调查

续表

项目	文盲/半文盲	小学	初中	高中/中专/技校	大专	大学本科及以上
每年参加体检	60（38.5）	116（48.1）	308（52.0）	267（63.9）	126（65.6）	150（68.2）
从来没有参加过体检	16（10.3）	13（5.4）	26（4.4）	10（2.4）	7（3.6）	9（4.1）
不清楚	14（9.0）	8（3.3）	22（3.7）	9（2.2）	192（100.0）	6（2.7）
合计	156（100.0）	241（100.0）	592（100.0）	418（100.0）	192（100.0）	220（100.0）
卡方	79.92					
Sig.	0.00					

表3-100　不同受教育程度看护人孩子每年进行体检情况调整后标化残差表（n）

项目	每年参加体检	有体检，但并非每年进行	从来没有参加过体检	不清楚
文盲/半文盲	60（-4.7）	66（1.9）	16（3.7）	14（3.7）
小学	116（-2.8）	104（2.7）	13（0.8）	8（-0.3）
初中	308（-2.6）	236（2.7）	26（-0.1）	22（-0.1）
高中/中专/技校	267（3.5）	132（-1.9）	10（-2.3）	9（-1.8）
大专	126（2.7）	52（-2.6）	7（-0.6）	7（0）
大学本科及以上	150（3.7）	55（-3.5）	9（-0.3）	6（0.8）

（3）孩子补钙的情况

高达82.9%的看护人给孩子补钙，仅有不到两成的看护人不给孩子补钙。文化程度越高的看护人越能够给孩子补钙（见表3-101）。

表3-101　　　　　孩子补钙的情况

项目	选项	频数（n）	有效百分比（%）
是否给孩子补钙	是	1508	82.9
	否	311	17.1
	合计	1819	100.0

结果显示,在男性中,给孩子补钙的男性看护人占比为78.0%;在女性看护人中,给孩子补钙的占比为84.5%。卡方检验显示是否给孩子补钙男性看护人和女性看护人间差异显著($\chi^2 = 10.08$,$P < 0.05$)。从调整后标化残差表中可以看到男性看护人更少倾向于给孩子补钙,女性看护人更多倾向于给孩子补钙(见表3-102)。

表3-102　　不同性别看护人给孩子补钙的情况(n)

项目	男	女
是	347 (78.0)	1161 (84.5)
否	98 (22.0)	213 (15.5)
合计	445 (100.0)	1374 (100.0)
卡方	10.08	
Sig.	0	

结果显示,文盲/半文盲看护人给孩子补钙的占比为69.9%,小学的看护人占比为77.6%,初中的为79.9%,高中等的为88.8%,大专的占比为90.1%,大学本科及以上的为88.6%。从卡方检验结果可以看到,是否补钙在不同受教育程度的看护人中差异显著($\chi^2 = 49.48$,$P < 0.05$)。从调整后标化残差表中可以发现,文盲/半文盲、小学、初中的看护人更少倾向于给孩子补钙,更倾向于不给孩子补钙,高中等、大专、大学本科及以上的看护人更倾向于给孩子补钙,更少倾向于不给孩子补钙(见表3-103)。

表3-103　　不同受教育程度看护人给孩子补钙的情况(n,%)

项目	文盲/半文盲	小学	初中	高中/中专/技校	大专	大学本科及以上
是	109 (69.9)	187 (77.6)	473 (79.9)	371 (88.8)	173 (90.1)	195 (88.6)
否	47 (30.1)	54 (22.4)	119 (20.1)	47 (11.2)	19 (9.9)	25 (11.4)
合计	156 (100.0)	241 (100.0)	592 (100.0)	418 (100.0)	192 (100.0)	220 (100.0)
卡方	49.48					
Sig.	0					

第三章　西南乡村0—3岁儿童成长环境及社区整合现状调查

表3-104　　不同受教育程度看护人给孩子补钙情况调整后标化残差表（n）

项目	是	否
文盲/半文盲	109（-4.5）	47（4.5）
小学	187（-2.4）	54（2.4）
初中	473（-2.4）	119（2.4）
高中/中专/技校	371（3.6）	47（-3.6）
大专	173（2.8）	19（-2.8）
大学本科及以上	195（2.4）	25（-2.4）

（4）带孩子看病的情况

高达82.8%的看护人在过去一年里带孩子看过病，17.2%的家长没有带孩子去看过病。没有带孩子看病的原因见表3-107。

表3-105　　　　　带孩子看病的情况（n,%）

项目	选项	频数（n）	有效百分比（%）
在过去一年里，看护人是否带孩子去看过病	是	1506	82.8
	否	313	17.2
	合计	1819	100.0

表3-106　　　　　　未看病的情况

项目	个案					
	有效的		缺失		总计	
	N	百分比	N	百分比	N	百分比
未看病原因[a]	313	17.2%	1506	82.8%	1819	100.0%

说明：a. 值为1时制表的二分组。

由表3-107可以看出，在过去一年里，没有带孩子看过病的前三项（响应百分比）分别是"病得不重，没有必要看医生"16.4%，"离医院太远了"4.9%，"家里有'祖传秘方'"3.9%。

表 3-107　　　　　　　　未看病的原因情况（n,%）

项目	选项	频数	响应百分比	个案百分比
未看病的原因[a]	孩子没生病	264	64.5	84.3
	家里有"祖传秘方"	16	3.9	5.1
	看病太贵	15	3.7	4.8
	病得不重，没有必要看医生	67	16.4	21.4
	离医院太远了	20	4.9	6.4
	没有时间	11	2.7	3.5
	不信任地方上的医生	6	1.5	1.9
	其他	10	2.4	3.2
总计		409	100.0	130.7

说明：a. 值为1时制表的二分组。

没有带孩子去看病的原因，不同职业的看护人对"孩子没生病"响应很高，均在五成以上。一般专业技术人员中对该项响应的占比达到88.9%，农民/渔民/猎人的占比为85.9%；农民/渔民/猎人认为"病得不重，没有必要看医生"的占比为29.6%（见表3-108）。

不同工作情况的看护人在没有去看病的原因上，响应较多的项目是"孩子没生病"和"病得不重""没有必要看医生"。不干活的看护人在"孩子没有生病"这一项的占比上高达96.8%，这可能与不干活的看护人能够在看护孩子上付出较多的时间和精力有关（见表3-109）。

从表3-110中可以看到，"孩子没生病"和"病得不重，没有必要看医生"是各类看护人没有带孩子去看病的主要原因。母亲在"孩子没生病"一项上的占比接近九成，为89.3%，奶奶的为81.6%，父亲的则为73.0%；奶奶在"病得不重，没有必要看医生"一项上响应较高，占比为42.1%，妈妈和父亲在该项上的响应次数较少，分别为16.3%和22.2%，体现了养育孩子过程中的代际差异较为明显。

第三章　西南乡村0—3岁儿童成长环境及社区整合现状调查

表3-108　不同职业看护人没有带孩子去看病的原因（n,%）

项目	孩子没生病	家里有祖传秘方	看病太贵	病得不重、没有必要看医生	离医院太远了	没有时间	不信任地方上的医生	其他
农民/渔民/猎人	11 (85.9)	5 (3.7)	6 (4.4)	40 (29.6)	10 (7.4)	3 (2.2)	5 (3.7)	3 (2.2)
高级专业技术工作者（医生、教授、律师、建筑师、工程师）	9 (56.3)	2 (12.5)	3 (18.8)	3 (18.8)	2 (12.5)	2 (12.5)	1 (6.3)	0 (0.0)
一般专业技术人员（助产士、护士、教师、编辑、摄影师等）	24 (88.9)	1 (3.7)	2 (7.4)	4 (14.8)	2 (7.4)	1 (3.7)	0 (0.0)	1 (3.7)
管理者/行政官员/经理（厂长、政府官员、处长、司局长、行政干部及村干部等）	7 (70.0)	1 (10.0)	3 (30.0)	2 (20.0)	1 (10.0)	0 (0.0)	0 (0.0)	1 (10.0)
办公室一般工作人员（秘书、办事员）	16 (100.0)	0 (0.0)	0 (0.0)	3 (18.8)	0 (0.0)	1 (6.3)	0 (0.0)	0 (0.0)
技术工人或熟练工人（工段长、班组长、工艺人等）	5 (100.0)	0 (0.0)	0 (0.0)	2 (40.0)	0 (0.0)	1 (20.0)	0 (0.0)	1 (20.0)
技术工人或熟练工人（普通工人、伐木工等）	7 (58.3)	2 (16.7)	1 (8.3)	1 (8.3)	2 (16.7)	1 (8.3)	0 (0.0)	1 (8.3)
军官与警官	1 (100.0)	0 (0.0)	0 (0.0)	0 (0.0)	0 (0.0)	0 (0.0)	0 (0.0)	0 (0.0)

乡村育儿的社会化出路：以西南乡村 0—3 岁儿童为例

续表

项目	孩子没生病	家里有祖传秘方	看病太贵	病得不重，没有必要看医生	离医院太远了	没有时间	不信任地方上的医生	其他
士兵与警察	1 (50.0)	0 (0.0)	0 (0.0)	0 (0.0)	0 (0.0)	1 (50.0)	0 (0.0)	0 (0.0)
司机	2 (66.7)	0 (0.0)	0 (0.0)	2 (100.0)	0 (0.0)	0 (0.0)	0 (0.0)	1 (33.3)
服务行业人员（管家、看门人、服务员、厨师、理发员、售货员、洗衣工、保育员等）	27 (81.8)	4 (12.1)	0 (0.0)	8 (24.2)	3 (9.1)	1 (3.0)	0 (0.0)	1 (3.0)
其他	49 (92.5)	1 (1.9)	0 (0.0)	2 (3.8)	0 (0.0)	0 (0.0)	0 (0.0)	1 (1.9)

表 3-109　不同工作情况看护人没有带孩子去看病的原因（n，%）

项目	孩子没生病	家里有祖传秘方	看病太贵	病得不重，没有必要看医生	离医院太远了	没有时间	不信任地方上的医生	其他
纯粹务农	65 (85.5)	2 (2.6)	4 (5.3)	28 (36.8)	7 (9.2)	2 (2.6)	1 (1.3)	1 (1.3)
纯粹打工	58 (87.9)	3 (4.5)	3 (4.5)	13 (28.9)	5 (7.6)	3 (4.5)	2 (3.0)	2 (3.0)
务农及各类定期、不定期零工	34 (75.6)	1 (2.2)	4 (8.9)	13 (28.9)	3 (6.7)	1 (2.2)	1 (2.2)	4 (8.9)
务农及个体经营	22 (75.9)	4 (13.8)	2 (6.9)	4 (13.8)	2 (6.9)	2 (6.9)	1 (3.4)	1 (3.4)
纯粹个体经营	15 (83.3)	2 (11.1)	0 (0.0)	0 (0.0)	1 (3.2)	1 (5.6)	0 (0.0)	0 (0.0)
不干活	30 (96.8)	1 (3.2)	0 (0.0)	3 (9.7)	1 (3.2)	0 (0.0)	1 (3.2)	0 (0.0)
其他	40 (83.3)	3 (6.3)	2 (4.2)	6 (12.5)	2 (4.2)	2 (4.2)	0 (0.0)	2 (4.2)

第三章 西南乡村0—3岁儿童成长环境及社区整合现状调查

表3-110　　不同看护人没有带孩子去看病的原因（n,%）

项目	孩子没生病	家里有"祖传秘方"	看病太贵	病得不重，没有必要看医生	离医院太远了	没有时间	不信任地方上的医生	其他
母亲	159（89.3）	8（4.5）	4（2.2）	29（16.3）	6（3.4）	6（3.4）	2（1.1）	4（2.2）
父亲	46（73.0）	4（6.3）	5（7.9）	14（22.2）	7（11.1）	3（4.8）	2（3.2）	4（6.3）
奶奶（祖母）	31（81.6）	1（2.6）	2（5.3）	16（42.1）	3（7.9）	2（5.3）	1（2.6）	1（2.6）
爷爷（祖父）	10（83.3）	1（8.3）	2（16.7）	5（41.7）	3（25.0）	0（0.0）	1（8.3）	0（0.0）
外婆（外祖母）	9（100.0）	0（0.0）	0（0.0）	1（11.1）	0（0.0）	0（0.0）	0（0.0）	0（0.0）
外公（外祖父）	1（50.0）	0（0.0）	0（0.0）	1（50.0）	0（0.0）	0（0.0）	0（0.0）	0（0.0）
其他	8（72.7）	2（18.2）	2（18.2）	1（9.1）	1（9.1）	0（0.0）	0（0.0）	1（9.1）

（5）医疗保险情况

由表3-111可以看出，没有为孩子购买医疗保险的比例为17.3%，购买新农合的比例为67.2%，政府组织的医疗保险（不包括新农合）的比例为8.4%，商业保险占比2.3%，政府、商业性质保险都有的占4.0%，其他占0.8%。

表3-111　　孩子的医疗保险种类情况（n,%）

项目	频率	百分比	有效百分比
未购买	315	17.3	17.3
新农合	1223	67.2	67.2
政府组织的医疗保险（不包括新农合）	153	8.4	8.4
商业性质的医疗保险	41	2.3	2.3
政府、商业性质的医疗保险都有	72	4.0	4.0
其他	15	0.8	0.8
合计	1819	100.0	100.0

由表3-112可以看出,2017年看护人为孩子购买新农合或政府组织的医疗保险平均花费为317.77±1519.23元,中位值为200元。

表3-112 孩子的医疗保险交费情况

项目			统计量	标准误
2017年您为孩子购买新农合或政府组织的医疗保险的花费	均值		317.77	35.621
	均值的95%置信区间	下限	247.91	
		上限	387.63	
	5%修整均值		200.35	
	中值		200.00	
	方差		2308055.400	
	标准差		1519.229	
	极小值		0	
	极大值		60000	
	范围		60000	
	四分位距		80	
	偏度		33.900	0.057
	峰度		1313.725	0.115

表3-113 不同性别看护人给孩子买保险的种类(n,%)

项目	男	女
未购买	104(23.4)	211(15.4)
新农合	260(58.4)	963(70.1)
政府组织的医疗保险(不包括新农合)	51(11.5)	102(7.4)
商业性质的医疗保险	9(2.0)	32(2.3)
政府、商业性质的医疗保险都有	18(4.0)	54(3.9)
其他	3(0.7)	12(0.9)
合计	445(100.0)	1374(100.0)
卡方	26.1	
Sig.	0	

表 3-114　不同性别看护人给孩子买保险种类调整后标化残差表（n）

性别	未购买	新农合	政府组织的医疗保险（不包括新农合）	商业性质的医疗保险	政府、商业性质的医疗保险都有	其他
男	104（3.9）	260（-4.6）	51（2.7）	9（-0.4）	18（0.1）	3（-0.4）
女	211（-3.9）	963（4.6）	102（-2.7）	32（0.4）	54（-0.1）	12（0.4）

结果显示，在回答了该题的看护人中，给孩子买了新农合的男性占比为58.4%，女性为70.1%；男性看护人给孩子购买政府组织的医疗保险占比为11.5%，女性为7.4%。卡方检验显示，男性看护人和女性看护人在购买保险上的差异显著（$\chi^2 = 26.10$，$P < 0.05$）。从调整后标化残差表中可以看到，男性看护人更少倾向于新农合，女性看护人更多地倾向于购买新农合，男性看护人更倾向于购买政府组织的医疗保险，女性看护人则更少倾向于购买该保险。

由表3-115可见，回答了该题的男性看护人中，有19.1%的人给孩子买了意外伤害保险，女性看护人中有16.5%的人买了儿童意外伤害保险；给孩子买了住院医疗险的男性看护人占比为11.0%，女性看护人中有13.0%；两者都买了的男性看护人占比为30.3%，女性为31.6%；男性看护人买了其他的占比为16.2%，女性为23.5%。卡方检验可见，为孩子买商业医疗保险种类在男性和女性看护人中间差异显著（$\chi^2 = 23.34$，$P < 0.05$）。从调整后标化残差表可以看到，女性看护人更倾向于给孩子购买其他商业医疗保险。

表 3-115　不同性别看护人为孩子购买商业医疗保险种类情况（n,%）

项目	男	女
未购买	104（23.4）	211（15.4）
儿童意外伤害保险	85（19.1）	227（16.5）
住院医疗险	49（11.0）	179（13.0）
两者都有	135（30.3）	434（31.6）

续表

项目	男	女
其他	72（16.2）	323（23.5）
合计	445（100.0）	1374（100.0）
卡方	23.34	
Sig.	0	

表3-116　　**不同性别看护人为孩子购买商业医疗保险种类调整后标化残差表（n）**

性别	未选	儿童意外伤害保险	住院医疗险	两者都有	其他
男	104（3.9）	85（1.3）	49（-1.1）	135（-0.5）	72（-3.3）
女	211（-3.9）	227（-1.3）	179（1.1）	434（0.5）	323（3.3）

由表3-117可知，69.9%的文盲/半文盲看护人给孩子买的是新农合，小学的为69.3%，初中的为73.0%，高中的为69.9%，大专的为57.3%，大学本科及以上的看护人为51.4%。11.5%的大专受教育程度的看护人为孩子买了政府组织的医疗保险，大学本科及以上的看护人占18.6%。卡方检验显示，给孩子买的医疗保险在不同受教育程度的看护人中差异显著（$\chi^2=113.32$，$P<0.05$）。从调整后标化残差表中可以看到大专和大学本科及以上受教育程度的看护人更不倾向于购买新农合；初中文化的看护人更少倾向于购买政府组织的医疗保险，大学本科及以上文化的看护人更倾向于购买政府组织的医疗保险。小学、初中文化的看护人更不倾向于购买商业性质的医疗保险，大专、大学本科及以上的看护人更倾向于购买商业性质的医疗保险。小学、初中文化的看护人更不倾向于政府、商业性质的医疗保险都有，而大学本科及以上文化的看护人更倾向于政府、商业性质的医疗保险都有。

表3-117　不同受教育程度看护人给孩子买医疗保险的情况（n,%）

项目	文盲/半文盲	小学	初中	高中/中专/技校	大专	大学本科及以上
未购买	29（18.6）	52（21.6）	108（18.2）	59（14.1）	35（18.2）	32（14.5）
新农合	109（69.9）	167（69.3）	432（73.0）	292（69.9）	110（57.3）	113（51.4）
政府组织的医疗保险（不包括新农合）	13（8.3）	16（6.6）	34（5.7）	27（6.5）	22（11.5）	41（18.6）
商业性质的医疗保险	1（0.6）	1（0.4）	6（1.0）	11（2.6）	12（6.3）	10（4.5）
政府、商业性质的医疗保险都有	3（1.9）	2（0.8）	11（1.9）	22（5.3）	12（6.3）	22（10）
其他	1（0.6）	3（1.2）	1（0.2）	7（1.7）	1（0.5）	2（0.9）
合计	156（100.0）	241（100.0）	592（100.0）	418（100.0）	192（100.0）	220（100.0）
卡方	113.32					
Sig.	0					

表3-118　不同受教育程度看护人给孩子买医疗保险情况调整后标化残差表（n）

项目	未购买	新农合	政府组织的医疗保险（不包括新农合）	商业性质的医疗保险	政府、商业性质的医疗保险都有	其他
文盲/半文盲	29（0.4）	109（0.7）	13（0）	1（-1.4）	3（-1.4）	1（-0.3）
小学	52（1.9）	167（0.7）	16（-1.1）	1（-2.1）	2（-2.7）	3（0.8）
初中	108（0.7）	432（3.6）	34（-2.8）	6（-2.5）	11（-3.2）	1（-2.1）
高中/中专/技校	59（-2.0）	292（1.3）	27（-1.6）	11（0.6）	22（1.6）	7（2.2）
大专	35（0.4）	110（-3.1）	22（1.6）	12（3.9）	12（1.7）	1（-0.5）
大学本科及以上	32（-1.2）	113（-5.3）	41（5.8）	10（2.4）	22（4.9）	2（0.1）

从表3-119中可以看到，17.3%的文盲/半文盲看护人为孩子购买了儿童意外伤害保险，为孩子购买住院医疗险的有14.7%；小学文化的看护人为孩子购买前者的占比为19.1%，后者为10.0%；初中前者占比16.4%，后者占比15.4%；高中等受教育程度的看护人前者占比为

19.9%，购买后者的占比为11.2%；大专受教育程度的人前者占比13.5%，后者占12.0%；大学本科及以上的看护人前者占比为15.0%，后者为9.1%。此外，接近五成的大学本科及以上文化的看护人两者都有，占比为45.5%，大专的则为37.0%。卡方检验显示，为孩子购买的商业性质医疗保险种类在不同受教育程度看护人中差异显著（χ^2 = 49.82，$P<0.05$）。从调整后标化残差表可以看到，初中受教育程度的看护人更倾向于购买住院医疗险，更少倾向于两者都有；大学本科及以上的看护人则更倾向于两者都有。

表3-119 不同受教育程度看护人为孩子购买商业性质医疗保险情况（n,%）

项目	文盲/半文盲	小学	初中	高中/中专/技校	大专	大学本科及以上
未购买	29（18.6）	52（21.6）	108（18.2）	59（14.1）	35（18.2）	32（14.5）
儿童意外伤害保险	27（17.3）	46（19.1）	97（16.4）	83（19.9）	26（13.5）	33（15.0）
住院医疗险	23（14.7）	24（10.0）	91（15.4）	47（11.2）	23（12.0）	20（9.1）
两者都有	40（25.6）	63（26.1）	156（26.4）	139（33.3）	71（37.0）	100（45.5）
其他	37（23.7）	56（23.2）	140（23.6）	90（21.5）	37（19.3）	35（15.9）
合计	156（100.0）	241（100.0）	592（100.0）	418（100.0）	192（100.0）	220（100.0）
卡方	49.82					
Sig.	0					

表3-120 不同受教育程度看护人为孩子购买商业性质医疗保险情况调整后标化残差表（n）

项目	未选	儿童意外伤害保险	住院医疗险	两者都有	其他
文盲/半文盲	29（0.4）	27（0.1）	23（0.9）	40（-1.6）	37（0.6）
小学	52（1.9）	46（0.9）	24（-1.3）	63（-1.8）	56（0.6）
初中	108（0.7）	97（-0.6）	91（2.5）	156（-3.1）	140（1.4）
高中/中专/技校	59（-2.0）	83（1.7）	47（-0.9）	139（1.0）	90（-0.1）
大专	35（0.4）	26（-1.4）	23（-0.2）	71（1.8）	37（-0.9）
大学本科及以上	32（-1.2）	33（-0.9）	20（-1.6）	100（4.8）	35（-2.2）

2. 生活习惯

幼儿生活习惯的调查内容包含了饮食、睡眠、日常卫生等习惯。

在儿童的行为习惯方面，儿童偶尔刷牙和每天刷牙的占比相当，前者占31.0%，后者为32.0%；从来不刷牙的儿童占15.2%。接近五成的孩子有每天一次餐前便后有洗手的习惯，占比为47.9%；不稳定的孩子占23.2%，12.8%的孩子一天多次洗手。夏天大部分孩子可以每天洗一次澡或者几天洗一次澡。每天洗一次澡的孩子占39.5%，几天洗一次澡的孩子占23.0%，另有16.1%的孩子不定期洗澡。

孩子的饮食方面，接近一半的孩子每天喝一次牛奶，占比45.3%，很少喝的占14.5%，还有17.2%的孩子2—3天喝一次；每周喝一次的较少，仅占4.4%。在所喝的奶制品中，奶粉冲调的奶最多，接近四成，占比为37.8%；还有24.7%的孩子喝的是鲜奶；喝酸奶和含奶制品的较少，各占1成多。每天都喝包装饮料及每周喝一次的较少，分别占9.8%和4.9%；很少喝包装饮料的占42.8%，从来不喝的也占到了21.1%，2—3天喝一次的有11.7%。接近一半的孩子每天都吃一次鸡蛋或者肉，占比是46.9%；很少吃的较少，只占4.9%。超过六成的孩子每天都吃蔬菜，占66.4%，4.5%的孩子很少吃蔬菜。52.1%的孩子每天都吃水果，很少吃的仅占4.2%。西南乡村3岁以下孩子在行为习惯和饮食方面还有待加强（见表3-121）。

表3-121　　　　　　　孩子的行为习惯及饮食情况

项目	选项	频数（n）	有效百分比（%）
孩子有刷牙习惯吗？	从来不刷	278	15.2
	偶尔刷	564	31.0
	每天刷	582	32.0
	不答	395	21.8
	合计	1819	100.0

续表

项目	选项	频数（n）	有效百分比（%）
孩子有餐前便后洗手的习惯吗？	每天一次	872	47.9
	一天多次	233	12.8
	几天一次	81	4.5
	不稳定	422	23.2
	不答	211	11.6
	合计	1819	100.0
孩子夏天多长时间洗一次澡？	一天多次	212	11.7
	每天洗一次	718	39.5
	几天洗一次	418	23.0
	一周洗一次	64	3.5
	不定期	292	16.1
	不答	115	6.3
	合计	1819	100.0
最近一年，孩子一般多长时间喝一次牛（羊、马）奶？	每天喝	824	45.3
	2—3天喝一次	312	17.2
	每周喝一次	80	4.4
	很少喝	263	14.5
	从来不喝（跳至题417）	153	8.4
	不答	187	10.3
	合计	1819	100.0
孩子喝什么奶制品？	没有回答	153	8.4
	奶粉冲调	687	37.8
	鲜奶	449	24.7
	酸奶	195	10.7
	含奶饮料	199	10.9
	不清楚	136	7.5
	合计	1819	100.0

续表

项目	选项	频数（n）	有效百分比（%）
孩子喝包装饮料吗？	每天喝	179	9.8
	2—3天喝一次	213	11.7
	每周喝一次	90	4.9
	很少喝	778	42.8
	从来不喝	384	21.1
	不答	175	9.6
	合计	1819	100.0
孩子多长时间吃一次鸡蛋或肉？	每天吃	854	46.9
	2—3天吃一次	411	22.6
	偶尔吃	265	14.6
	很少吃	90	4.9
	不答	199	10.9
	合计	1819	100.0
孩子多长时间吃一次蔬菜？	每天吃	1207	66.4
	2—3天吃一次	203	11.2
	偶尔吃	134	7.4
	很少吃	81	4.5
	不答	194	10.7
	合计	1819	100.0
孩子多长时间吃一次水果？	每天吃	947	52.1
	2—3天吃一次	345	19.0
	偶尔吃	255	14.0
	很少吃	76	4.2
	不答	196	10.8
	合计	1819	100.0

3. 情绪与行为

幼儿情绪和行为包括亲子依恋、同伴关系、环境适应、需求满足等方面的情况。

46.9%的孩子在公共场合有陌生人靠近的时候,会依偎在家人身边,29.3%的孩子会保持冷静,会哭闹的仅占6.5%。当孩子遇到困难时,36.1%的孩子会急躁,32.9%的孩子会坚持,马上放弃的占了11.5%。当被禁止做某事的时候,孩子想要去触摸东西的占38.8%,25.3%的孩子拿其他的东西玩,独自打转的孩子占了21.1%。当孩子找不到可玩的东西时,六成左右的孩子会找替代品玩,占比为60.4%,有23.4%的孩子会哭喊,5.8%的孩子会呆坐着。当去拜访熟悉的家庭时,六成多的孩子会与该家庭熟悉的孩子玩耍,躲在家长身后和自己玩的孩子比例相当,前者是12.2%,后者是16.7%。当有其他孩子拿走玩具时,31.0%的孩子会生气,26.8%的孩子会去玩其他的玩具。当孩子被禁止做某事的时候,36.3%的孩子会哭闹不止,也有三成的孩子会纠缠大人准许,占比是32.7%,忽视警告和立即停止的孩子占比相当,前者为15.3%,后者为15.7%。37.0%的孩子在被要求需要等待后才可以拿东西时可以短暂地等待。不愿意等待的占25.5%,耐心等待的为27.3%,少部分孩子会急得跳脚,占比为10.2%。当孩子得到一个礼物时,超过六成的孩子会很高兴,占比为66.1%,没有反应和无所谓的较少,各占9.6%和7.8%(见表3-122)。

表3-122　　　　　　　日常场景下孩子的行为情况

项目	选项	频数(n)	有效百分比(%)
在公共场合(如在杂货店)有陌生人靠近时,您孩子会	保持冷静	533	29.3
	退缩避开	314	17.3
	依偎在家人身边	853	46.9
	哭闹	119	6.5
	合计	1819	100.0
当您孩子在做一件事(如搭积木、穿衣)遇到困难时往往会	急躁	656	36.1
	伤心	355	19.5
	马上放弃	210	11.5
	坚持	598	32.9
	合计	1819	100.0

第三章 西南乡村 0—3 岁儿童成长环境及社区整合现状调查

续表

项目	选项	频数（n）	有效百分比（%）
当被禁止去做某事的时候，您孩子会	独自打转	384	21.1
	马上服从	269	14.8
	拿某物玩	460	25.3
	想去触摸东西	706	38.8
	合计	1819	100.0
当您孩子不安的时候	过一会就好	1094	60.1
	获得安慰还哭	380	20.9
	持续很长时间	248	13.6
	出现过激行为	97	5.3
	合计	1819	100.0
当您孩子找不到什么可玩的东西或事情时	扔东西	191	10.5
	找替代品玩	1098	60.4
	哭喊	425	23.4
	呆坐着	105	5.8
	合计	1819	100.0
当您孩子去拜访一个有他/她熟悉同伴的家庭时会	躲在家长身后	222	12.2
	不玩	179	9.8
	自己玩	303	16.7
	和熟悉的孩子一起玩	1115	61.3
	合计	1819	100.0
当别的孩子拿走他/她的玩具时，您孩子的表现是	去玩别的玩具	488	26.8
	没有什么反应	248	13.6
	生气	564	31.0
	大哭，强烈反抗	519	28.5
	合计	1819	100.0
当孩子正热心地做某事，却被告知不准时，您孩子会	哭闹不止	661	36.3
	忽视警告	279	15.3
	立即停止	285	15.7
	纠缠大人请求准许	594	32.7
	合计	1819	100.0

续表

项目	选项	频数（n）	有效百分比（%）
当要求须等待后才可拿到想要的东西时，您孩子会	不愿意等待	464	25.5
	耐心等候	497	27.3
	会等很短时间	673	37.0
	急得跳脚	185	10.2
	合计	1819	100.0
当得到一个礼物时，您孩子会	无所谓	142	7.8
	没有反应	175	9.6
	很高兴	1203	66.1
	马上说谢谢	209	16.4
	合计	1819	100.0

（四）0—3岁儿童成长的家庭环境状况

家庭是孩子成长的第一场所，父母是第一任老师，原生家庭环境对个体身心成长有较大影响。本部分问卷共有72个问题，包括：孩子父母基本情况、外出务工陪伴孩子的情况、家庭主要收入来源、居住环境、能源使用、耐用消费品拥有情况、家庭日常开支等，涵盖了自然环境、经济环境和人文环境。

1. 父母基本情况

孩子父母不一定是孩子的看护人，西南乡村大量青壮劳动力外出务工，留下了大量的留守儿童，且隔代养育现象较为普遍。此部分内容主要是了解孩子原生家庭的基本情况及孩子成长的原生家庭现状，包括父母的受教育程度、民族、婚姻状况、职业、工作情况、外出务工情况及陪伴孩子的时间等。

从表3-123中可以看到，父母受教育程度为初中及以下和高中等的居多，占比分别为40.7%和24.7%，大专的仅占11.5%，大学本科及以上的占12.0%。大部分孩子父母为汉族，占比为77.0%；调查对象中少数民族占比较多的是彝族，占7.6%。初婚的父母占比90.4%；极少丧偶的，占0.4%。过去一年父母纯粹打工的较多，占36.1%；纯粹务农的很少,只占9.4%;另有17.7%和16.1%的看护人是务农和打零工、务农及个体经营。一半以上的父母打工的地方在本(区)县,占57.7%。有53.7%的父母不定期回家看望孩子;定期回家看望孩子的父母当中,有10.7%的父母是一年一次;6.5%的父母一年两次;极少数父母两年一次回家看望孩子。

表3-123　　　　　　　　孩子父母的基本情况

项目	选项	频数(n)	有效百分比(%)
孩子父/母的受教育程度	文盲/半文盲	69	3.8
	小学	127	7.0
	初中	543	29.9
	高中/中专/技校	450	24.7
	大专	210	11.5
	大学本科及以上	219	12.0
	其他	201	11.1
	合计	1819	100.0
孩子父/母的民族	汉族	1401	77.0
	苗族	24	1.3
	回族	49	2.7
	彝族	139	7.6
	其他	206	11.3
	合计	1819	100.0
孩子父/母的婚姻状况	初婚	1644	90.4
	再婚	72	4.0
	离异,目前单身	33	1.8
	丧偶,目前单身	8	0.4
	其他	62	3.4
	合计	1819	100.0

续表

项目	选项	频数（n）	有效百分比（%）
在过去一年，孩子父母的工作主要情况	纯粹打工	656	36.1
	纯粹务农	171	9.4
	务农及各类定期、不定期零工	322	17.7
	务农及个体经营	292	16.1
	不干活	36	2.0
	其他	342	18.8
	合计	1819	100.0
孩子父母打工地域	本区（县）	1049	57.7
	本省外区（县）	347	19.1
	外省	241	13.2
	其他	182	10.0
	合计	1819	100.0
孩子父/母回家间隔	一年一次	194	10.7
	一年两次	119	6.5
	两年一次	30	1.6
	不定期	977	53.7
	其他	499	27.4
	合计	1819	100.0

进一步分析发现，孩子父亲上一年总共在农村家中待的时间为 6.50 ± 4.79 个月，母亲在农村家中总共待的时间为 8.00 ± 4.84 个月。在"孩子多大时，母亲外出打工或离开孩子超过一周以上"的问题上，孩子父亲回答的平均月份为 5.18 ± 6.73 个月，母亲报告的平均月份为 5.54 ± 7.28 个月。西南乡村3岁以下儿童留守率较高，留守时间较长，留守年龄较小，双留守现象较为普遍。详见表3-124。

2. 家庭居住环境

（1）家庭人口数

从表3-125中可以看到，西南乡村3岁以下孩子的家里平均有 4.81 ± 1.38 个人住在一起。

表 3-124　　　　　　　　　　　孩子父母的陪伴时间

项目			统计量	标准误
孩子父/母上一年里总共在家（指农村的家）待的时长父亲___个月	均值		6.50	0.112
	均值的95%置信区间	下限	6.28	
		上限	6.73	
	5%修整均值		6.52	
	中值		6.00	
	方差		22.900	
	标准差		4.785	
	极小值		0	
	极大值		32	
	范围		32	
	四分位距		10	
	偏度		0.199	0.057
	峰度		-1.028	0.115
孩子父/母上一年里总共在家（指农村的家）待多长时间？母亲___个月	均值		8.00	0.114
	均值的95%置信区间	下限	7.78	
		上限	8.22	
	5%修整均值		8.14	
	中值		11.00	
	方差		23.444	
	标准差		4.842	
	极小值		0	
	极大值		36	
	范围		36	
	四分位距		9	
	偏度		-.268	0.057
	峰度		-.525	0.115

续表

项目		统计量	标准误
孩子多大时，母亲外出打工或离开孩子超过一周以上？母亲___个月	均值	5.18	0.158
	均值的95%置信区间 下限	4.87	
	均值的95%置信区间 上限	5.49	
	5%修整均值	4.28	
	中值	3.00	
	方差	45.222	
	标准差	6.725	
	极小值	0	
	极大值	55	
	范围	55	
	四分位距	8	
	偏度	2.214	0.057
	峰度	7.010	0.115
孩子多大时，父亲外出打工或离开孩子超过一周以上？父亲___个月	均值	5.54	0.171
	均值的95%置信区间 下限	5.20	
	均值的95%置信区间 上限	5.87	
	5%修整均值	4.63	
	中值	2.00	
	方差	52.964	
	标准差	7.278	
	极小值	0	
	极大值	48	
	范围	48	
	四分位距	10	
	偏度	1.900	0.057
	峰度	5.004	0.115

表3-125　　　　　　　　　孩子的家庭人口数

项目			统计量	标准误
现在家里有几口人一起住	均值		4.81	0.032
	均值的95%置信区间	下限	4.74	
		上限	4.87	
	5%修整均值		4.76	
	中值		5.00	
	方差		1.912	
	标准差		1.383	
	极小值		1	
	极大值		12	
	范围		11	
	四分位距		2	
	偏度		0.448	0.057
	峰度		1.011	0.115

（2）家庭居住条件

表3-126显示，有自己住房的家庭高达88.8%，只有一成多的家庭没有自己的住房，占11.2%。在没有住房的家庭中，7.5%的家庭是租住，3.7%的家庭为非租住。

表3-126　　　　　　　孩子家庭拥有房屋情况（n,%）

项目	选项	频数（n）	有效百分比（%）
是否有自家的房子	没有	204	11.2
	有	1615	88.8
	合计	1819	100.0
现在的住房是否为租赁房	未选	1615	88.8
	是	137	7.5
	否	67	3.7
	合计	1819	100.0

从表3-127中可知，租房的看护人每月租金平均为75.8±386.5元。调查对象平均有5.2±23.5间房子。看护人家里房屋建筑面积平均为719.5±402.5平方米。购房平均花费为57456.8±254282.3元。造房子平均花费为50917.3±539482.2元。现在造一所这样的房子平均需要86580.5±1886627.7元。

看护人平均拥有的耕地面积为4.52±2.75亩（见表3-128）。

接近七成的家庭使用经过集中处理的自来水，占67.2%；另有12.6%和12.0%的家庭使用未经过集中处理的自来水和井水；此外，仍有一定的家庭直接使用河水等和水窖水，占比均不高；57.5%的家庭离饮用水很近，比较远的占了18.1%，极少数离得非常远，占4.6%。

表3-127　　　　　　　　　孩子家庭居住情况

项目			统计量	标准误
您的住房每月租金	均值		75.77	9.074
	均值的95%置信区间	下限	57.97	
		上限	93.57	
	5%修整均值		7.73	
	中值		0.00	
	方差		149359.495	
	标准差		386.471	
	极小值		0	
	极大值		6000	
	范围		6000	
	四分位距		0	
	偏度		8.144	0.057
	峰度		84.797	0.115

续表

项目			统计量	标准误
家里房间数	均值		5.15	0.552
	均值的95%置信区间	下限	4.07	
		上限	6.23	
	5%修整均值		4.38	
	中值		4.00	
	方差		553.255	
	标准差		23.521	
	极小值		0	
	极大值		999	
	范围		999	
	四分位距		3	
	偏度		41.660	0.057
	峰度		1760.910	0.115
家里房屋建筑面积（农村地区不包括院子）	均值		719.52	9.451
	均值的95%置信区间	下限	700.99	
		上限	738.06	
	5%修整均值		740.04	
	中值		999.00	
	方差		162030.502	
	标准差		402.530	
	极小值		0	
	极大值		999	
	范围		999	
	四分位距		832	
	偏度		−0.773	0.057
	峰度		−1.360	0.115

续表

项目			统计量	标准误
购房总共花的资金	均值		57456.78	5970.318
	均值的95%置信区间	下限	45747.35	
		上限	69166.20	
	5%修整均值		11541.67	
	中值		999.00	
	方差		64659480103.899	
	标准差		254282.284	
	极小值		0	
	极大值		4000000	
	范围		4000000	
	四分位距		0	
	偏度		7.506	0.057
	峰度		76.226	0.115
造房子花的资金	均值		50917.29	12666.553
	均值的95%置信区间	下限	26074.72	
		上限	75759.87	
	5%修整均值		10552.99	
	中值		999.00	
	方差		291041007562.614	
	标准差		539482.166	
	极小值		0	
	极大值		20000000	
	范围		20000000	
	四分位距		0	
	偏度		30.319	0.057
	峰度		1061.197	0.115

续表

项目			统计量	标准误
现在造一所这样的房子（农村地区自家建房）需要的资金	均值		86580.52	44296.311
	均值的95%置信区间	下限	-296.65	
		上限	173457.69	
	5%修整均值		14947.20	
	中值		999.00	
	方差		35593639649020.233	
	标准差		1886627.670	
	极小值		0	
	极大值		80000000	
	范围		80000000	
	四分位距		0	
	偏度		41.977	0.057
	峰度		1778.473	0.115

表3-128　　　　　　　　孩子家庭的耕地情况

项目			统计量	标准误
家里的耕地面积	均值		4.52	0.065
	均值的95%置信区间	下限	4.39	
		上限	4.64	
	5%修整均值		4.45	
	中值		4.00	
	方差		7.572	
	标准差		2.752	
	极小值		0	
	极大值		30	
	范围		30	
	四分位距		5	
	偏度		0.773	0.057
	峰度		2.766	0.115

表3-129　　　　　　　　孩子家庭的饮水环境

项目	选项	频数（n）	有效百分比（%）
家中使用的最主要的饮用水	自来水（经过集中处理）	1223	67.2
	自来水（未经过集中处理）	229	12.6
	井水	218	12.0
	河水/湖水/泉水等地表水	47	2.6
	水窖水	22	1.2
	其他	80	4.4
	合计	1819	100.0
饮用水源离家距离	很近	1049	57.5
	比较远	330	18.1
	非常远	83	4.6
	不知道	357	19.6
	合计	1819	100.0

从表3-130中可以看到，39.6%的家庭使用换气扇/抽油烟机，31.0%的家庭使用烟囱，还有22.8%的家庭使用厨房窗户，无排烟设施的家庭较少，占6.0%。接近九成的家庭使用自家淋浴洗澡，使用公共浴室和盆浴的占比较少，分别是5.6%和7.6%。使用室内冲水厕所的家庭接近四成，占比为39.8%，另有三成多使用开放式坑，占31.6%，抽水马桶占23.6%，极少数使用便盆，占2.6%。仅5.4%的家庭没有电视机。63.9%的家庭有DVD机。仅4.3%的家庭没有电话或手机。家里有电脑和无电脑的几乎各占一半，前者占52.6%，后者占47.4%。有空调的家庭占到68.3%。76.5%的家庭有摩托车或电动自行车等。有小轿车和没有小轿车的家庭也几乎各占一半，前者为56.0%，后者为44.0%。

表 3-130　　孩子家庭的基本生活条件

项目	选项	频数（n）	有效百分比（%）
家里做饭的烟气排出方式	厨房窗户	415	22.8
	烟囱	564	31.0
	换气扇/抽油烟机	721	39.6
	无排烟设施	110	6.0
	其他	9	0.5
	合计	1819	100.0
主要的洗澡方式	公共浴室	102	5.6
	自家淋浴	1571	86.4
	盆浴	138	7.6
	其他	8	0.4
	合计	1819	100.0
使用哪种厕所/卫生间	室内冲水	724	39.8
	抽水马桶	429	23.6
	便盆/桶（需要倒）	47	2.6
	开放式坑	575	31.6
	其他	44	2.4
	合计	1819	100.0
家里是否有电视机	没有	98	5.4
	有	1721	94.6
	合计	1819	100.0
家里是否有VCD/DVD	没有	656	36.1
	有	1163	63.9
	合计	1819	100.0
家里是否有电话/手机	没有	78	4.3
	有	1741	95.7
	合计	1819	100.0

续表

项目	选项	频数（n）	有效百分比（%）
家里是否有电脑	没有	862	47.4
	有	957	52.6
	合计	1819	100.0
家里是否能够上互联网	不能	348	19.1
	能	1471	80.9
	合计	1819	100.0
家里是否有冰箱	没有	233	12.8
	有	1586	87.2
	合计	1819	100.0
家里是否有空调	没有	1242	68.3
	有	577	31.7
	合计	1819	100.0
家里是否有摩托车/电动自行车/电动三轮车	没有	427	23.5
	有	1392	76.5
	合计	1819	100.0
家里是否有小轿车/货车	没有	800	44.0
	有	1019	56.0
	合计	1819	100.0

3. 家庭经济环境

（1）家庭收入来源

由表3-131、3-132可以看出，家庭主要收入来源是在外打工，占44.0%，其次是家庭成员提供，占16.9%，其后依次是卖粮食农产品15.1%、政府补贴13.8%、其他6.4%、个体经营收入3.8%。上一年，全家全年收入1万元以下的占14.0%，2万—5万元占46.5%，5万—10万元占24.9%，10万元以上占11.2%，其他占3.4%。

第三章 西南乡村0—3岁儿童成长环境及社区整合现状调查

表3-131　　　　　　　　　家庭主要收入来源

项目	频率（n）	百分比（%）	有效百分比（%）
卖粮食农产品	274	15.1	15.1
在外打工	800	44.0	44.0
家庭成员提供	308	16.9	16.9
政府补贴，如低保等	251	13.8	13.8
个体经营收入	69	3.8	3.8
其他	117	6.4	6.4
合计	1819	100.0	100.0

表3-132　　　　　　　　　孩子家庭上一年收入情况

项目	频率（n）	百分比（%）	有效百分比（%）
1万元以下	254	14.0	14.0
2万—5万元	846	46.5	46.5
5万—10万元	453	24.9	24.9
10万元以上	204	11.2	11.2
其他	62	3.4	3.4
合计	1819	100.0	100.0

（2）家庭日常消费与支出状况

从表3-133中可以看到，调查对象每月全家食品支出平均为1919.8±1618.8元。每月全家的水费、电费的支出平均为198.9±158.7元。每月全家日用品消费支出平均为206.3±165.6元。每月液化气、天然气等的支出平均为122.8±144.2元。全年煤、木炭的支出为577.0±1134.6元。全家通信支出平均为277.8±157.8元。全家交通支出平均为830.1±1072.1元。全年全家教育和培训支出1983.6±1884.2元。全年全家医疗支出2141.2±1895.5元。全年全家衣着消费支出2341.1±1579.3元。全年全家文化娱乐支出627.5±839.3元。全年全家旅游支出1160.1±2036.8元。

表 3-133　　　　　　　　　　基本生活消费情况

项目			统计量	标准误
每月全家食品支出（包括外出就餐、香烟、酒水等）	均值		1919.80	38.133
	均值的95%置信区间	下限	1845.01	
		上限	1994.59	
	5%修整均值		1755.99	
	中值		1235.00	
	方差		2620371.806	
	标准差		1618.756	
	极小值		60	
	极大值		9845	
	范围		9785	
	四分位距		1603	
	偏度		1.617	0.058
	峰度		2.623	0.115
每月全家水费、电费支出	均值		198.94	3.738
	均值的95%置信区间	下限	191.61	
		上限	206.27	
	5%修整均值		183.41	
	中值		150.00	
	方差		25179.193	
	标准差		158.680	
	极小值		10	
	极大值		1315	
	范围		1305	
	四分位距		181	
	偏度		1.867	0.058
	峰度		4.842	0.115

第三章　西南乡村0—3岁儿童成长环境及社区整合现状调查

续表

项目			统计量	标准误
每月全家日用品消费支出（包括洗衣粉、肥皂、卫浴、个人卫生用品等）	均值		206.32	3.902
	均值的95%置信区间	下限	198.67	
		上限	213.97	
	5%修整均值		191.67	
	中值		150.00	
	方差		27431.047	
	标准差		165.623	
	极小值		20	
	极大值		1000	
	范围		980	
	四分位距		200	
	偏度		1.462	0.058
	峰度		1.921	0.115
每月液化气、天然气等燃料支出	均值		122.79	3.396
	均值的95%置信区间	下限	116.13	
		上限	129.45	
	5%修整均值		104.76	
	中值		100.00	
	方差		20783.325	
	标准差		144.164	
	极小值		0	
	极大值		2000	
	范围		2000	
	四分位距		200	
	偏度		2.940	0.058
	峰度		20.335	0.115

续表

项目			统计量	标准误
全年煤、木炭等燃料支出	均值		577.02	26.727
	均值的95%置信区间	下限	524.60	
		上限	629.44	
	5%修整均值		389.19	
	中值		100.00	
	方差		1287245.014	
	标准差		1134.568	
	极小值		0	
	极大值		12000	
	范围		12000	
	四分位距		800	
	偏度		4.047	0.058
	峰度		22.337	0.115
每月全家通信支出（包括电话、手机、上网等）	均值		277.76	3.718
	均值的95%置信区间	下限	270.47	
		上限	285.05	
	5%修整均值		268.00	
	中值		250.00	
	方差		24909.769	
	标准差		157.828	
	极小值		0	
	极大值		2000	
	范围		2000	
	四分位距		150	
	偏度		1.622	0.058
	峰度		8.775	0.115

续表

项目			统计量	标准误
每月全家交通支出（包括公共交通工具、私家车等）	均值		830.10	25.256
	均值的95%置信区间	下限	780.57	
		上限	879.64	
	5%修整均值		660.80	
	中值		500.00	
	方差		1149476.856	
	标准差		1072.137	
	极小值		0	
	极大值		8200	
	范围		8200	
	四分位距		800	
	偏度		3.058	0.058
	峰度		10.979	0.115
全年全家教育和培训支出（包括学杂费、培训辅导费等）	均值		1983.59	44.387
	均值的95%置信区间	下限	1896.54	
		上限	2070.65	
	5%修整均值		1797.44	
	中值		1000.00	
	方差		3550342.517	
	标准差		1884.235	
	极小值		1	
	极大值		9800	
	范围		9799	
	四分位距		2500	
	偏度		1.409	0.058
	峰度		1.627	0.115

续表

项目			统计量	标准误
全年全家医疗支出（包括门诊就医、住院等）	均值		2141.22	44.652
	均值的95%置信区间	下限	2053.65	
		上限	2228.80	
	5%修整均值		1958.14	
	中值		1500.00	
	方差		3592779.023	
	标准差		1895.463	
	极小值		0	
	极大值		17000	
	范围		17000	
	四分位距		2001	
	偏度		1.610	0.058
	峰度		3.611	0.115
全年全家衣着消费支出	均值		2341.13	37.205
	均值的95%置信区间	下限	2268.16	
		上限	2414.09	
	5%修整均值		2292.50	
	中值		2000.00	
	方差		2494303.625	
	标准差		1579.336	
	极小值		0	
	极大值		20000	
	范围		20000	
	四分位距		2000	
	偏度		1.295	0.058
	峰度		8.250	0.115

第三章 西南乡村0—3岁儿童成长环境及社区整合现状调查

续表

项目			统计量	标准误
全年全家文化娱乐支出（包括看电影、购买书报杂志、光碟等）	均值		627.47	19.771
	均值的95%置信区间	下限	588.69	
		上限	666.24	
	5%修整均值		521.89	
	中值		300.00	
	方差		704362.212	
	标准差		839.263	
	极小值		0	
	极大值		6900	
	范围		6900	
	四分位距		1000	
	偏度		2.098	0.058
	峰度		5.839	0.115
全年全家旅游支出	均值		1160.13	47.982
	均值的95%置信区间	下限	1066.02	
		上限	1254.23	
	5%修整均值		954.98	
	中值		565.50	
	方差		4148674.002	
	标准差		2036.829	
	极小值		0	
	极大值		60000	
	范围		60000	
	四分位距		2000	
	偏度		14.125	0.058
	峰度		387.491	0.115

(3) 收支平衡情况

从表3-134和3-135可以看到,收入勉强够支撑家庭一年各项开支的占53.0%,不够的占13.7%,大量欠债的占2.2%,其他占1.3%。全家上一年消费开支的前三项(响应百分比)分别是"食物和衣服"(30.8%)、"医疗保健"(21.5%)和"婚丧礼节、人情往来"(15.4%)。

表3-134　　　　　　　孩子家庭收支平衡情况

项目	频率（n）	百分比（%）	有效百分比（%）
足够	542	29.8	29.8
勉强够	964	53.0	53.0
不够	249	13.7	13.7
大量欠债	40	2.2	2.2
其他	24	1.3	1.3
合计	1819	100.0	100.0

表3-135　　　　　　　消费开支频率（n,%）

项目	选项	响应 N	响应 百分比	个案百分比
消费开支[a]	食物和衣服	1502	30.8	82.6
	医疗保健	1047	21.5	57.6
	婚丧礼节、人情往来	752	15.4	41.3
	本人（或其他家庭成员）教育培训	164	3.4	9.0
	旅游	122	2.5	6.7
	子女教育	610	12.5	33.5
	购耐用消费品（如自行车、冰箱、洗衣机、照相机等）	227	4.7	12.5
	购劳动资料（如农机设备、工具等）	141	2.9	7.8
	住房	275	5.6	15.1
	其他	33	0.7	1.8
	总计	4873	100.0	267.9

说明：a. 值为1时制表的二分组。

第三章 西南乡村0—3岁儿童成长环境及社区整合现状调查

不同职业的看护人上一年消费大多在食物和衣服、医疗保健和婚丧礼节、人情往来三个方面。上一年花费在食物和衣服上的技术工人或熟练工人（普通工人、伐木工等）占比高达88.3%，农民等的占比达83.5%，办公室一般工作人员的占比为82.3%，一般专业技术人员的占比为79.3%。上一年花费在医疗保健上的农民等占比62.4%，高级专业技术工作者则不到四成，占比36.2%，一般专业技术人员的为54.9%，技术工人或熟练工人（普通工人、伐木工等）的占比为66.0%；在婚丧礼节、人情往来方面，农民等的响应接近五成，占比为45.4%，技术工人或熟练工人（普通工人、伐木工等）的占比为45.6%（见表3-136）。

无论何种工作情况的看护人，上一年消费较多的项目都是食物和衣服、医疗保健和婚丧礼节、人情往来三项。务农及各类定期、不定期零工在食物和衣服一项上的响应较多，占比为85.1%；纯粹务农的看护人在该项上的响应也较多，占比为83.3%。不同工作情况的看护人在医疗保健上的响应稍少，但是各类工作情况的人在该项上的占比均在50.0%以上。在婚丧礼节、人情往来上，各工作情况的看护人的占比都在三成以上。此外，子女教育的支出也有一定的占比，不干活的看护人中有40.3%的人支出在子女教育上，37.8%的纯粹个体经营的看护人也在子女教育上有支出。各工作情况的看护人在其余项目上的响应都不高（见表3-137）。

结果显示，不同类型的看护人在去年消费情况上响应较多的项目是食物和衣服、医疗保健、婚丧礼节和人情往来，母亲在这三项上的占比分别为84.6%、58.5%和41.3%，父亲的占比分别为77.5%、52.4%和33.8%；奶奶在食物和衣服上的占比为83.2%，在医疗保健上的占比为63.1%，在人情往来上则为55.8%。不同的看护人均对教育培训上响应较少，母亲占9.0%，父亲为10.8%（见表3-138）。

（4）家庭债务情况

从表3-139中可以看到，看护人家中平均贷款为13701.4±23199.1元。向亲戚借的钱平均为6734.6±14885.2元。被别人借去的钱平均为4138.3±12188.7元。

表3-136 不同职业看护人上一年消费情况（n,%）

项目	食物和衣服	医疗保健	婚丧礼节、人情往来	本人（或其他家庭成员）教育培训	旅游	子女教育	购耐用消费品（如自行车、冰箱、洗衣机、照相机等）	购劳动资料（如农机设备、工具等）	住房	其他
农民/渔民/猎人	594 (83.5)	444 (62.4)	323 (45.4)	42 (5.9)	19 (2.7)	215 (30.2)	79 (11.1)	92 (12.9)	75 (10.5)	7 (1.0)
高级专业技术工作者（医生、教授、律师、建筑师、工程师）	44 (75.0)	21 (36.2)	13 (22.4)	9 (15.5)	8 (13.8)	27 (46.6)	10 (17.2)	1 (1.7)	13 (22.4)	3 (5.2)
一般专业技术人员（助产士、护士、编辑、摄影师、教师等）	130 (79.3)	90 (54.9)	47 (28.7)	28 (17.1)	20 (12.2)	70 (42.7)	15 (9.1)	7 (4.3)	30 (18.3)	5 (3.0)
管理者/行政官员/经理（厂长、处长、司局长、行政干部及村干部等）	28 (73.7)	15 (39.5)	10 (26.3)	4 (10.5)	12 (31.6)	13 (34.2)	8 (21.1)	2 (5.3)	9 (23.7)	0 (0.0)
办公室一般工作人员（秘书、办事员）	93 (82.3)	52 (46.0)	42 (37.2)	11 (9.7)	17 (15.0)	39 (34.5)	11 (9.7)	5 (4.4)	31 (27.4)	3 (2.7)

第三章　西南乡村0—3岁儿童成长环境及社区整合现状调查

续表

项目	食物和衣服	医疗保健	婚丧礼节、人情往来	本人（或其他家庭成员）教育培训	旅游	子女教育	购耐用消费品（如自行车、冰箱、洗衣机、照相机等）	购劳动资料（如农机设备、工具等）	住房	其他
技术工人或熟练工人（工段长、班组长、工艺工人等）	48 (77.4)	35 (56.5)	20 (32.3)	13 (21.0)	5 (8.1)	26 (41.9)	14 (22.6)	4 (6.5)	11 (17.7)	0 (0.0)
技术工人或熟练工人（普通工人、伐木工等）	91 (88.3)	68 (66.0)	47 (45.6)	6 (5.8)	1 (1.0)	32 (31.1)	17 (16.5)	1 (1.0)	11 (10.7)	1 (1.0)
军官与警官	4 (100.0)	1 (25.0)	1 (25.0)	2 (50.0)	1 (25.0)	1 (25.0)	1 (25.0)	0 (0.0)	1 (25.0)	0 (0.0)
士兵与警察	5 (83.3)	4 (66.7)	3 (50.0)	2 (33.3)	0 (0.0)	1 (16.7)	0 (0.0)	1 (16.7)	1 (16.7)	0 (0.0)
司机	19 (63.3)	15 (50.0)	12 (40.0)	3 (10.0)	3 (10.0)	8 (26.7)	1 (3.3)	7 (23.3)	7 (23.3)	2 (6.7)
服务行业人员（管家、厨师、服务员、看门人、理发员、售货员、洗衣工、保育员等）	199 (83.6)	144 (60.5)	116 (48.7)	26 (10.9)	11 (4.6)	72 (30.3)	29 (12.2)	8 (3.4)	33 (13.9)	6 (2.5)
运动员/演奏员	1 (100.0)	0 (0.0)	0 (0.0)	0 (0.0)	0 (0.0)	0 (0.0)	0 (0.0)	0 (0.0)	0 (0.0)	0 (0.0)
其他	246 (84.5)	158 (54.3)	118 (40.5)	18 (6.2)	25 (8.6)	106 (36.4)	42 (14.4)	13 (4.5)	53 (18.2)	6 (2.1)

表3-137 不同工作情况看护人上一年消费情况（n,%）

项目	食物和衣服	医疗保健	婚丧礼节、人情往来	本人（或其他家庭成员）教育培训	旅游	子女教育	购耐用消费品（如自行车、冰箱、洗衣机、照相机等）	购劳动资料（如农机设备、工具等）	住房	其他
纯粹务农	329（83.3）	232（58.7）	178（45.1）	22（5.6）	12（3.0）	108（27.3）	44（11.1）	59（14.9）	34（8.6）	3（0.8）
纯粹打工	342（82.2）	224（53.8）	185（44.5）	43（10.3）	26（6.3）	133（32.0）	55（13.2）	10（2.4）	79（19.0）	7（1.7）
务农及各类定期、不定期零工	239（85.1）	171（60.9）	120（42.7）	24（8.5）	7（2.5）	92（32.7）	32（11.4）	37（13.2）	32（11.4）	2（0.7）
务农及个体经营	133（83.1）	102（63.8）	66（41.3）	17（10.6）	13（8.1）	54（33.8）	20（12.5）	10（6.3）	9（11.9）	4（2.5）
纯粹个体经营	121（81.8）	82（55.4）	45（30.4）	14（9.5）	22（14.9）	56（37.8）	25（16.9）	7（4.7）	23（15.5）	7（4.7）
不干活	122（79.2）	88（57.1）	59（38.3）	13（8.4）	12（7.8）	62（40.3）	18（11.7）	9（5.8）	33（21.4）	1（0.6）
其他	216（81.5）	148（55.8）	99（37.4）	31（11.7）	30（11.3）	105（39.6）	33（12.5）	9（3.4）	55（20.8）	9（3.4）

第三章 西南乡村 0—3 岁儿童成长环境及社区整合现状调查

表 3-138　不同类型看护人上一年消费情况（n,%）

项目	食物和衣服	医疗保健	婚丧礼节、人情往来	本人（或其他家庭成员）教育培训	旅游	子女教育	购耐用消费品（如自行车、冰箱、洗衣机、照相机等）	购劳动资料（如衣机设备、工具等）	住房	其他
母亲	987（84.6）	682（58.5）	482（41.3）	105（9.0）	80（6.9）	389（33.4）	137（11.7）	79（6.8）	178（15.3）	22（1.9）
父亲	259（77.5）	175（52.4）	113（33.8）	36（10.8）	31（9.3）	120（35.9）	51（15.3）	33（9.9）	57（17.1）	7（2.1）
奶奶（祖母）	149（83.2）	113（63.1）	103（55.8）	9（5.0）	2（1.1）	50（27.9）	26（14.5）	16（8.9）	19（10.6）	1（0.6）
爷爷（祖父）	29（63.0）	30（65.2）	17（37.0）	2（4.3）	4（8.7）	14（30.4）	7（15.2）	7（15.2）	8（17.4）	0（0.0）
外婆（外祖母）	38（80.9）	27（57.4）	20（42.6）	6（12.8）	2（4.3）	18（38.3）	2（4.3）	3（6.4）	7（17.4）	1（2.1）
外公（外祖父）	5（71.4）	3（42.9）	3（42.9）	0（0.0）	0（0.0）	2（28.6）	1（14.3）	1（14.3）	0（0.0）	0（0.0）
其他	35（87.5）	17（42.5）	14（35.0）	6（15.0）	3（7.5）	17（42.5）	3（7.5）	2（5.0）	6（15.0）	2（5.0）

153

表 3-139　　　　　　　　　　家庭债务情况

项目			统计量	标准误
家里目前贷款数目（如从信用社、农业银行、其他银行或金融组织获得的贷款）	均值		13701.37	544.543
	均值的95%置信区间	下限	12633.38	
		上限	14769.37	
	5%修整均值		10726.20	
	中值		0.00	
	方差		538197360.605	
	标准差		23199.081	
	极小值		0	
	极大值		120000	
	范围		120000	
	四分位距		20000	
	偏度		1.716	0.057
	峰度		2.061	0.115
家里目前向亲戚或朋友借钱数目	均值		6734.62	349.394
	均值的95%置信区间	下限	6049.36	
		上限	7419.88	
	5%修整均值		4248.84	
	中值		0.00	
	方差		221568326.630	
	标准差		14885.171	
	极小值		0	
	极大值		100000	
	范围		100000	
	四分位距		5000	
	偏度		2.833	0.057
	峰度		8.516	0.115

续表

项目			统计量	标准误
现在别人向家里借钱数目	均值		4138.28	286.100
	均值的95%置信区间	下限	3577.16	
		上限	4699.40	
	5%修整均值		1920.49	
	中值		0.00	
	方差		148563767.582	
	标准差		12188.674	
	极小值		0	
	极大值		200000	
	范围		200000	
	四分位距		452	
	偏度		5.395	0.057
	峰度		48.923	0.115

4. 家庭人文环境

（1）家庭拥有图书的情况

从表3-140中可以看到，39.0%的家庭没有可供大人阅读的书籍，39.3%的家庭有1—10本供大人阅读的图书，12.8%的家庭有11—30本可供大人阅读的图书，8.9%的家庭有30本以上的图书。从表3-141中可以看到，上一年家里购买的供大人阅读的杂志平均为15.7±97.0本。每年图书的花费平均为251.0±943.2元。玩具的花费平均为649.7±2593.1元。衣物的花费平均为1608.1±12361.3元。食物的为2737.9±5341.1元。书桌为286.7±1707.2元。可见，家庭花费主要在物质消费上，精神相关消费还比较低。

表3-140　　　　　　　家庭拥有图书情况

项目	项目	频数（n）	有效百分比（%）
除课本和学习用书，现在家里供大人阅读的图书（不包含杂志）数量	没有	709	39.0
	1—10本	715	39.3
	11—30本	233	12.8
	30本以上	162	8.9
	合计	1819	100.0

表 3-141　　　　　　　家庭主要消费分布情况

项目			统计量	标准误
上一年，家里买供大人阅读的杂志（不包含图书）数量	均值		15.72	2.276
	均值的95%置信区间	下限	11.26	
		上限	20.19	
	5%修整均值		5.11	
	中值		3.00	
	方差		9415.900	
	标准差		97.036	
	极小值		0	
	极大值		2220	
	范围		2220	
	四分位距		10	
	偏度		13.119	0.057
	峰度		210.420	0.115
图书支出	均值		250.97	22.122
	均值的95%置信区间	下限	207.58	
		上限	294.35	
	5%修整均值		167.33	
	中值		100.00	
	方差		889686.554	
	标准差		943.232	
	极小值		0	
	极大值		35000	
	范围		35000	
	四分位距		200	
	偏度		28.415	0.057
	峰度		1019.167	0.115

续表

项目			统计量	标准误
玩具支出	均值		649.66	60.816
	均值的95%置信区间	下限	530.39	
		上限	768.94	
	5%修整均值		427.43	
	中值		300.00	
	方差		6724002.643	
	标准差		2593.068	
	极小值		0	
	极大值		84858	
	范围		84858	
	四分位距		500	
	偏度		25.698	0.057
	峰度		763.239	0.115
衣物支出	均值		1608.11	289.912
	均值的95%置信区间	下限	1039.51	
		上限	2176.70	
	5%修整均值		1020.32	
	中值		800.00	
	方差		152800632.302	
	标准差		12361.255	
	极小值		0	
	极大值		519868	
	范围		519868	
	四分位距		1200	
	偏度		40.651	0.057
	峰度		1703.298	0.115

续表

项目			统计量	标准误
食物支出	均值		2737.86	125.265
	均值的95%置信区间	下限	2492.18	
		上限	2983.54	
	5%修整均值		2069.22	
	中值		1000.00	
	方差		28527039.678	
	标准差		5341.071	
	极小值		0	
	极大值		100990	
	范围		100990	
	四分位距		2600	
	偏度		8.544	0.057
	峰度		118.422	0.115
书桌支出	均值		286.71	40.039
	均值的95%置信区间	下限	208.18	
		上限	365.23	
	5%修整均值		143.25	
	中值		0.00	
	方差		2914473.621	
	标准差		1707.183	
	极小值		0	
	极大值		58122	
	范围		58122	
	四分位距		200	
	偏度		25.548	0.057
	峰度		786.538	0.115

（2）家庭决策情况

从表3-142可以看出，在看护人的决定权方面，与孩子教育有关的事情七成以上是由父母共同确定，占比为77.2%，占比最少的是祖辈，仅占2.0%，单独由母亲或父亲决定的占比接近，前者为10.7%，后者为10.1%。家里添置新的耐用消费品父母共同决定占大多数，占比为72.5%，祖辈最少，仅占2.5%。家里的钱由父母共同管理的占63.3%，母亲管钱的占比为22.9%，同样，祖辈最少，仅占1.7%。在教育孩子上出现冲突，六成以上的父母共同做最后的决定；父亲或母亲做决定占比相当，前者是17.1%，后者为15.6%。

表3-142　　　　　　　　　　家庭决策情况

项目		频数（n）	有效百分比（%）
与孩子教育有关的事情做决定的看护人	父亲	184	10.1
	母亲	195	10.7
	父母共同	1404	77.2
	祖辈	36	2.0
	合计	1819	100.0
家里添置新的耐用消费品（如自行车、冰箱、洗衣机、照相机等）	父亲	257	14.1
	母亲	197	10.8
	父母共同	1319	72.5
	祖辈	46	2.5
	合计	1819	100.0
家里管钱的人	父亲	220	12.1
	母亲	416	22.9
	父母共同	1152	63.3
	祖辈	31	1.7
	合计	1819	100.0
在教育孩子方面出现意见冲突、矛盾时，由谁做最后决定	父亲	311	17.1
	母亲	284	15.6
	父母共同	1165	64.0
	祖辈	59	3.2
	合计	1819	100.0

(3) 家庭吸烟情况

关于看护人的吸烟行为,接近七成的家庭中有吸烟的人,占比为 68.0%;32%的家庭没有吸烟的人,家中有一个吸烟者的接近四成,占比 39.1%;24.4%的家庭有 2 个吸烟者。孩子父母吸烟和不吸烟的比例几乎各为一半,前者为 53.3%,后者为 43.2%。会当着或者不会当着孩子面吸烟的看护人几乎都接近五成,前者占 46.0%,后者占 48.8%(见表 3-143)。

表 3-143　　　　　　　　　　家庭吸烟情况

项目	选项	频数（n）	有效百分比（%）
家里（指居住在一起）是否有人吸烟	没有	582	32.0
	有	1237	68.0
	合计	1819	100.0
家里（指居住在一起）吸烟的人数	没有回答	582	32.0
	1 个	711	39.1
	2 个	443	24.4
	3 个	52	2.9
	3 个以上	31	1.7
	合计	1819	100.0
孩子的父母是否吸烟	不吸	786	43.2
	吸	969	53.3
	不清楚	64	3.5
	合计	1819	100.0
家人是否会当着孩子的面吸烟	不会	887	48.8
	会	837	46.0
	不清楚	95	5.2
	合计	1819	100.0

(五) 少数民族养育现状分析

西南地区少数民族分布广、数量多,据第七次全国人口普查数据显示:云南占总人口 33.12%、贵州 36.44%、四川 6.8%。本研究少数民族问卷 391 份,占样本总量 21.5%。本部分考察了看护人与孩子父母的

第三章 西南乡村 0—3 岁儿童成长环境及社区整合现状调查

受教育程度、养育观点，0—3 岁儿童基本健康状况、生活习惯、语言、家庭居住、经济、人文、日常生活等环境状况，并引入汉族情况进行卡方检验，对比西南乡村汉族与少数民族之间的差异性。

1. 看护人与孩子父母基本情况

看护人是 0—3 岁儿童最亲密的人，对其影响非常大。看护人不一定是孩子父母，隔代教养是中国传统养育的特色，0—3 岁儿童家庭看护人与父母经常出现分离状态，看护人是 0—3 岁儿童最微观的家庭环境，最能体现养育和照料质量。课题组把看护人和父母分开调研，此部分内容主要包含：看护人与父母的受教育程度，父母婚姻状况两部分。

调研发现，汉族看护人中有 8.1% 的为文盲/半文盲，少数民族则占 9.4%；12.0% 的汉族看护人为小学受教育程度，17.1% 的少数民族为小学受教育程度；初中受教育程度的汉族看护人占 31.6%，少数民族为 36.3%；受教育程度为高中/中专/技校的汉族为 24.8%，少数民族为 17.3%；受教育程度为大专的汉族看护人占 11.3%，少数民族为 8.2%；大学本科及以上的汉族看护人占 12.2%，少数民族为 11.8%。从卡方检验表中可得，汉族看护人和少数民族看护人的受教育程度差异具有统计学意义（$\chi^2 = 19.98$，$P < 0.01$）。具体来说，差异主要体现在小学（调整后标化残差为 2.7）、高中/中专/技校（调整后标化残差为 3.2）两个受教育程度上，即小学和高中/中专/技校受教育程度的汉族看护人比少数民族看护人多（见表 3-144）。

表 3-144　汉族和少数民族看护人的受教育程度情况（n,%）

项目		民族		合计
		汉族	少数民族	
文盲/半文盲	计数	113	39	152
	期望的计数	117.1	34.9	152.0
	看护人的受教育程度？中的百分比	74.3%	25.7%	100.0%
	父母民族中的百分比	8.1%	9.4%	8.4%
	总数的百分比	6.2%	2.2%	8.4%
	调整残差	-0.8	0.8	

续表

项目		民族		合计
		汉族	少数民族	
小学	计数	167	71	238
	期望的计数	183.4	54.6	238.0
	看护人的受教育程度？中的百分比	70.2%	29.8%	100.0%
	父母民族中的百分比	12.0%	17.1%	13.1%
	总数的百分比	9.2%	3.9%	13.1%
	调整残差	-2.7	2.7	
初中	计数	441	151	592
	期望的计数	456.1	135.9	592.0
	看护人的受教育程度中的百分比	74.5%	25.5%	100.0%
	父母民族中的百分比	31.6%	36.3%	32.7%
	总数的百分比	24.3%	8.3%	32.7%
	调整残差	-1.8	1.8	
高中/中专/技校	计数	346	72	418
	期望的计数	322.0	96.0	418.0
	看护人的受教育程度？中的百分比	82.8%	17.2%	100.0%
	父母民族中的百分比	24.8%	17.3%	23.1%
	总数的百分比	19.1%	4.0%	23.1%
	调整残差	3.2	-3.2	
大专	计数	158	34	192
	期望的计数	147.9	44.1	192.0
	看护人的受教育程度？中的百分比	82.3%	17.7%	100.0%
	父母民族中的百分比	11.3%	8.2%	10.6%
	总数的百分比	8.7%	1.9%	10.6%
	调整残差	1.8	-1.8	
大学本科及以上	计数	171	49	220
	期望的计数	169.5	50.5	220.0
	看护人的受教育程度？中的百分比	77.7%	22.3%	100.0%
	父母民族中的百分比	12.2%	11.8%	12.1%
	总数的百分比	9.4%	2.7%	12.1%
	调整残差	0.3	-0.3	

续表

项目		民族		合计
		汉族	少数民族	
合计	计数	1396	416	1812
	期望的计数	1396.0	416.0	1812.0
	看护人的文化程度？中的百分比	77.0%	23.0%	100.0%
	父母民族中的百分比	100.0%	100.0%	100.0%
	总数的百分比	77.0%	23.0%	100.0%

表3-145 汉族和少数民族看护人的文化程度的卡方检验

项目	值	df	渐进 Sig.（双侧）
Pearson 卡方	19.977[a]	5	0.001
似然比	20.239	5	0.001
线性和线性组合	8.544	1	0.003
有效案例中的 N	1812		

从表3-146可以看到，汉族父母为文盲/半文盲的占比为3.7%，少数民族为3.6%；汉族父母为小学受教育程度的占比为6.3%，少数民族为9.1%；初中受教育程度的父母占比为29.9%，少数民族父母为29.8%；高中/中专/技校的汉族父母为25.7%，少数民族父母为21.9%；大专的汉族父母为12.2%，少数民族为9.4%；大学本科及以上的汉族父母为12.8%，少数民族为9.6%。其他受教育程度的汉族父母为9.5%，少数民族为16.6%。从表3-147可以看到，汉族和少数民族父母在文化程度上的差异具有统计学意义（$\chi^2 = 25.10$，$P<0.001$）。具体为在小学（调整后标化残差为2.0）和其他（调整后标化残差为4.1）两个受教育程度上差异显著。

表 3-146　　　　　不同民族父母受教育程度情况（n,%）

项目		民族		合计
		汉族	少数民族	
文盲/半文盲	计数	52	15	67
	期望的计数	51.6	15.4	67.0
	孩子父/母的受教育程度是什么？中的百分比	77.6%	22.4%	100.0%
	父母民族中的百分比	3.7%	3.6%	3.7%
	总数的百分比	2.9%	0.8%	3.7%
	调整残差	0.1	-0.1	
小学	计数	88	38	126
	期望的计数	97.1	28.9	126.0
	孩子父/母的受教育程度是什么？中的百分比	69.8%	30.2%	100.0%
	父母民族中的百分比	6.3%	9.1%	7.0%
	总数的百分比	4.9%	2.1%	7.0%
	调整残差	-2.0	2.0	
初中	计数	417	124	541
	期望的计数	416.8	124.2	541.0
	孩子父/母的受教育程度是什么？中的百分比	77.1%	22.9%	100.0%
	父母民族中的百分比	29.9%	29.8%	29.9%
	总数的百分比	23.0%	6.8%	29.9%
	调整残差	0.0	0.0	
高中/中专/技校	计数	359	91	450
	期望的计数	346.7	103.3	450.0
	孩子父/母的受教育程度是什么？中的百分比	79.8%	20.2%	100.0%
	父母民族中的百分比	25.7%	21.9%	24.8%
	总数的百分比	19.8%	5.0%	24.8%
	调整残差	1.6	-1.6	

第三章　西南乡村0—3岁儿童成长环境及社区整合现状调查

续表

项目		民族		合计
		汉族	少数民族	
大专	计数	170	39	209
	期望的计数	161.0	48.0	209.0
	孩子父/母的受教育程度是什么？中的百分比	81.3%	18.7%	100.0%
	父母民族中的百分比	12.2%	9.4%	11.5%
	总数的百分比	9.4%	2.2%	11.5%
	调整残差	1.6	-1.6	
大学本科及以上	计数	178	40	218
	期望的计数	168.0	50.0	218.0
	孩子父/母的受教育程度是什么？中的百分比	81.7%	18.3%	100.0%
	父母民族中的百分比	12.8%	9.6%	12.0%
	总数的百分比	9.8%	2.2%	12.0%
	调整残差	1.7	-1.7	
其他	计数	132	69	201
	期望的计数	154.9	46.1	201.0
	孩子父/母的受教育程度是什么？中的百分比	65.7%	34.3%	100.0%
	父母民族中的百分比	9.5%	16.6%	11.1%
	总数的百分比	7.3%	3.8%	11.1%
	调整残差	-4.1	4.1	
合计	计数	1396	416	1812
	期望的计数	1396.0	416.0	1812.0
	孩子父/母的受教育程度是什么？中的百分比	77.0%	23.0%	100.0%
	父母民族中的百分比	100.0%	100.0%	100.0%
	总数的百分比	77.0%	23.0%	100.0%

表3-147　　　　　不同民族父母受教育程度卡方检验表

项目	值	df	渐进 Sig.（双侧）
Pearson 卡方	25.104ª	6	0.000
似然比	23.846	6	0.001
线性和线性组合	0.646	1	0.422
有效案例中的 N	1812		

从表3-148可见，在婚姻状况上，初婚的汉族父母占比为93.3%，少数民族为80.5%；再婚的汉族父母占比为4.4%，少数民族为2.6%；离异，目前单身的汉族父母占比为1.5%，少数民族为2.9%；丧偶，目前单身的汉族父母为0.4%，少数民族为0.5%；其他汉族为0.4%，少数民族为13.5%。汉族和少数民族的婚姻状况差异具有统计学意义（$\chi^2=170.77$，$P<0.001$）。具体为在初婚（调整后标化残差为7.8）、其他（调整后标化残差12.8）两项上差异显著，即汉族父母初婚高于少数民族；少数民族的其他婚姻状况高于汉族。

表3-148　　　　　　不同民族父母婚姻状况（n,%）

项目		民族		合计
		汉族	少数民族	
初婚	计数	1303	335	1638
	期望的计数	1261.9	376.1	1638.0
	孩子父/母的婚姻状况？中的百分比	79.5%	20.5%	100.0%
	父母民族中的百分比	93.3%	80.5%	90.4%
	总数的百分比	71.9%	18.5%	90.4%
	调整残差	7.8	-7.8	
再婚	计数	61	11	72
	期望的计数	55.5	16.5	72.0
	孩子父/母的婚姻状况？中的百分比	84.7%	15.3%	100.0%
	父母民族中的百分比	4.4%	2.6%	4.0%
	总数的百分比	3.4%	0.6%	4.0%
	调整残差	1.6	-1.6	

续表

项目		民族		合计
		汉族	少数民族	
离异，目前单身	计数	21	12	33
	期望的计数	25.4	7.6	33.0
	孩子父/母的婚姻状况？中的百分比	63.6%	36.4%	100.0%
	父母民族中的百分比	1.5%	2.9%	1.8%
	总数的百分比	1.2%	0.7%	1.8%
	调整残差	-1.8	1.8	
丧偶，目前单身	计数	5	2	7
	期望的计数	5.4	1.6	7.0
	孩子父/母的婚姻状况？中的百分比	71.4%	28.6%	100.0%
	父母民族中的百分比	0.4%	0.5%	0.4%
	总数的百分比	0.3%	0.1%	0.4%
	调整残差	-0.4	0.4	
其他	计数	6	56	62
	期望的计数	47.8	14.2	62.0
	孩子父/母的婚姻状况？中的百分比	9.7%	90.3%	100.0%
	父母民族中的百分比	0.4%	13.5%	3.4%
	总数的百分比	0.3%	3.1%	3.4%
	调整残差	-12.8	12.8	
合计	计数	1396	416	1812
	期望的计数	1396.0	416.0	1812.0
	孩子父/母的婚姻状况？中的百分比	77.0%	23.0%	100.0%
	父母民族中的百分比	100.0%	100.0%	100.0%
	总数的百分比	77.0%	23.0%	100.0%

表3-149 不同民族父母婚姻卡方检验表

项目	值	df	渐进 Sig.（双侧）
Pearson 卡方	170.767[a]	4	0.000
似然比	140.250	4	0.000
线性和线性组合	142.445	1	0.000
有效案例中的 N	1812		

2. 孩子出生基本情况

孩子出生基本情况是反映妇幼健康的一个重要指标,此部分选取了出生方式、孩子出生时基本健康指标(身高、体重、纯母乳喂养),比较少数民族与汉族生育状况,分析基本公共卫生服务在少数民族地区的执行情况,孩子出生基本情况差距。

从表3-150可以看到,采取自然分娩的汉族占70.2%,少数民族为70.4%;采用剖宫产的汉族占比为28.2%,少数民族为26.9%;不清楚生产方式的汉族占1.6%,少数民族为2.6%。从卡方检验表看到,汉族和少数民族孩子出生方式差异没有统计学意义($\chi^2 = 1.87$,$P > 0.05$)。

表3-150 不同民族孩子出生采取生产方式情况(n,%)

项目		民族 汉族	民族 少数民族	合计
自然分娩	计数	980	293	1273
	期望的计数	980.7	292.3	1273.0
	孩子出生采取何种生产方式?中的百分比	77.0%	23.0%	100.0%
	父母民族中的百分比	70.2%	70.4%	70.3%
	总数的百分比	54.1%	16.2%	70.3%
	调整残差	-0.1	0.1	
剖宫产	计数	393	112	505
	期望的计数	389.1	115.9	505.0
	孩子出生采取何种生产方式?中的百分比	77.8%	22.2%	100.0%
	父母民族中的百分比	28.2%	26.9%	27.9%
	总数的百分比	21.7%	6.2%	27.9%
	调整残差	0.5	-0.5	
不清楚	计数	23	11	34
	期望的计数	26.2	7.8	34.0
	孩子出生采取何种生产方式?中的百分比	67.6%	32.4%	100.0%
	父母民族中的百分比	1.6%	2.6%	1.9%
	总数的百分比	1.3%	0.6%	1.9%
	调整残差	-1.3	1.3	

续表

项目		民族		合计
		汉族	少数民族	
合计	计数	1396	416	1812
	期望的计数	1396.0	416.0	1812.0
	孩子出生采取何种生产方式？中的百分比	77.0%	23.0%	100.0%
	父母民族中的百分比	100.0%	100.0%	100.0%
	总数的百分比	77.0%	23.0%	100.0%

表3-151　　不同民族孩子出生方式卡方检验表

	值	df	渐进 Sig.（双侧）
Pearson 卡方	1.873[a]	2	0.392
似然比	1.742	2	0.418
线性和线性组合	0.074	1	0.786
有效案例中的 N	1812		

表3-152　　总样本孩子出生时体重、身高情况（M±SD）

项目	N	极小值	极大值	均值	标准差
孩子出生时的体重（斤）	1812	3	26	6.40	0.693
孩子出生时的身高（厘米）	1812	40	60	50.00	1.151
有效的 N（列表状态）	1812				

表3-153　　不同民族孩子出生时体重、身高情况（M±SD）

项目	父母民族	N	均值	标准差	均值的标准误
孩子出生时的体重（斤）	汉族	1396	6.39	0.734	0.020
	少数民族	416	6.41	0.534	0.026
孩子出生时的身高（厘米）	汉族	1396	50.00	1.165	0.031
	少数民族	416	50.00	1.106	0.054

表3-154　不同民族孩子出生时身高、体重独立样本检验

项目		孩子出生时的体重（斤）		孩子出生时的身高（厘米）	
		假设方差相等	假设方差不相等	假设方差相等	假设方差不相等
方差方程的Levene检验	F	0.010		0.012	
	Sig.	0.919		0.912	
均值方程的t检验	t	-0.298	-0.353	0.064	0.065
	df	1810	926.434	1810	711.386
	Sig.（双侧）	0.766	0.724	0.949	0.948
	均值差值	-0.012	-0.012	0.004	0.004
	标准误差值	0.039	0.033	0.064	0.063
	差分的95%置信区间 下限	-0.087	-0.076	-0.122	-0.119
	上限	0.064	0.053	0.130	0.127

调查显示，总样本中，孩子出生时的体重均值为6.40±0.693斤，身高均值为50.00±1.151厘米，均属于正常水平。汉族孩子出生时体重、身高均值分别为6.39±0.734斤，50.00±1.165厘米，少数民族分别为6.41±0.534斤，50.00±1.106厘米。汉族和少数民族孩子出生时的身高体重差异无统计学意义（t=-0.298，P>0.05）。两者无显著差异。

从表3-155可以看到，汉族父母非纯母乳喂养的占比为24.1%，少数民族为20.4%；纯母乳喂养的汉族占比为69.4%，少数民族为77.6%；不清楚的汉族占6.5%，少数民族占1.9%。从卡方检验表可知，不同民族是否纯母乳喂养差异具有统计学意义（χ^2=17.26，P<0.001）。具体为纯母乳喂养的调整后标化残差为3.3，不清楚是什么喂养的调整后标化残差为3.6，即汉族父母比少数民族父母更少进行纯母乳喂养；与少数民族相比，更多的汉族不清楚自己喂养孩子的方式是什么。

表 3-155　　孩子出生后是否纯母乳喂养情况（n,%）

项目		民族		合计
		汉族	少数民族	
否	计数	336	85	421
	期望的计数	324.3	96.7	421.0
	孩子出生后是否纯母乳喂养？中的百分比	79.8%	20.2%	100.0%
	父母民族中的百分比	24.1%	20.4%	23.2%
	总数的百分比	18.5%	4.7%	23.2%
	调整残差	1.5	-1.5	
是	计数	969	323	1292
	期望的计数	995.4	296.6	1292.0
	孩子出生后是否纯母乳喂养？中的百分比	75.0%	25.0%	100.0%
	父母民族中的百分比	69.4%	77.6%	71.3%
	总数的百分比	53.5%	17.8%	71.3%
	调整残差	-3.3	3.3	
不清楚（只吃母乳，连水也不喝叫纯母乳喂养）	计数	91	8	99
	期望的计数	76.3	22.7	99.0
	孩子出生后是否纯母乳喂养？中的百分比	91.9%	8.1%	100.0%
	父母民族中的百分比	6.5%	1.9%	5.5%
	总数的百分比	5.0%	0.4%	5.5%
	调整残差	3.6	-3.6	
合计	计数	1396	416	1812
	期望的计数	1396.0	416.0	1812.0
	孩子出生后是否纯母乳喂养？中的百分比	77.0%	23.0%	100.0%
	父母民族中的百分比	100.0%	100.0%	100.0%
	总数的百分比	77.0%	23.0%	100.0%

表3-156 不同民族母乳喂养情况卡方检验表

项目	值	df	渐进Sig.（双侧）
Pearson卡方	17.258[a]	2	0.000
似然比	20.291	2	0.000
线性和线性组合	0.115	1	0.734
有效案例中的N	1812		

3. 看护人观念

看护人观念直接影响养育和照料行为，此部分主要分析了看护人性别偏好、孩子电子屏使用态度、生育意愿三方面内容，并与汉族情况进行卡方检验，观察两个群体之间的差异。

从表3-157可见，在男孩比女孩好这一观念上，同意的汉族看护人占比为6.9%，少数民族为7.5%；不同意的汉族为60.5%，少数民族占63.2%；无所谓的汉族占比为32.6%，少数民族为29.3%。从卡方检验表可看出，汉族和少数民族在男孩比女孩好的观念上差异不具有统计学意义（$\chi^2=1.61$，$P>0.05$）。两者该观念无差异。

表3-157 男孩比女孩好观念情况（n,%）

项目		民族		合计
		汉族	少数民族	
同意	计数	96	31	127
	期望的计数	97.8	29.2	127.0
	男孩比女孩好中的百分比	75.6%	24.4%	100.0%
	父母民族中的百分比	6.9%	7.5%	7.0%
	总数的百分比	5.3%	1.7%	7.0%
	调整残差	-0.4	0.4	
不同意	计数	845	263	1108
	期望的计数	853.6	254.4	1108.0
	男孩比女孩好中的百分比	76.3%	23.7%	100.0%
	父母民族中的百分比	60.5%	63.2%	61.1%
	总数的百分比	46.6%	14.5%	61.1%
	调整残差	-1.0	1.0	

续表

项目		民族		合计
		汉族	少数民族	
无所谓	计数	455	122	577
	期望的计数	444.5	132.5	577.0
	男孩比女孩好中的百分比	78.9%	21.1%	100.0%
	父母民族中的百分比	32.6%	29.3%	31.8%
	总数的百分比	25.1%	6.7%	31.8%
	调整残差	1.3	-1.3	
合计	计数	1396	416	1812
	期望的计数	1396.0	416.0	1812.0
	201 男孩比女孩好中的百分比	77.0%	23.0%	100.0%
	父母民族中的百分比	100.0%	100.0%	100.0%
	总数的百分比	77.0%	23.0%	100.0%

表 3-158   不同民族家长观念卡方检验表

项目	值	df	渐进 Sig.（双侧）
Pearson 卡方	1.605[a]	2	0.448
似然比	1.620	2	0.445
线性和线性组合	1.446	1	0.229
有效案例中的 N	1812		

从表 3-159 可以看到，看护人认为孩子看电视的年龄在无所谓一项上，汉族占比 24.8%，少数民族为 20.2%；认为 1 岁以内的汉族占比为 5.8%，少数民族为 6.5%；认为 1—2 岁间的汉族占比 17.0%，少数民族 18.0%；2—3 岁之间的汉族占 15.6%，少数民族 18.8%；3 岁以上的汉族占 33.3%，少数民族为 32.7%；认为其他的汉族占 3.4%，少数民族 3.8%。汉族和少数民族在孩子多大看电视上差异无统计学意义（$\chi^2 = 5.40$，$P > 0.05$）。两者此观念是无显著差异的。

表3-159 孩子多大开始看电视合适情况（n,%）

项目		民族		合计
		汉族	少数民族	
无所谓	计数	346	84	430
	期望的计数	331.3	98.7	430.0
	您认为孩子多大开始看电视合适？中的百分比	80.5%	19.5%	100.0%
	父母民族中的百分比	24.8%	20.2%	23.7%
	总数的百分比	19.1%	4.6%	23.7%
	调整残差	1.9	-1.9	
1岁以内	计数	81	27	108
	期望的计数	83.2	24.8	108.0
	您认为孩子多大开始看电视合适？中的百分比	75.0%	25.0%	100.0%
	父母民族中的百分比	5.8%	6.5%	6.0%
	总数的百分比	4.5%	1.5%	6.0%
	调整残差	-0.5	0.5	
1—2岁之间	计数	238	75	313
	期望的计数	241.1	71.9	313.0
	您认为孩子多大开始看电视合适？中的百分比	76.0%	24.0%	100.0%
	父母民族中的百分比	17.0%	18.0%	17.3%
	总数的百分比	13.1%	4.1%	17.3%
	调整残差	-0.5	0.5	
2—3岁之间	计数	218	78	296
	期望的计数	228.0	68.0	296.0
	您认为孩子多大开始看电视合适？中的百分比	73.6%	26.4%	100.0%
	父母民族中的百分比	15.6%	18.8%	16.3%
	总数的百分比	12.0%	4.3%	16.3%
	调整残差	-1.5	1.5	
3岁以上	计数	465	136	601
	期望的计数	463.0	138.0	601.0
	您认为孩子多大开始看电视合适？中的百分比	77.4%	22.6%	100.0%
	父母民族中的百分比	33.3%	32.7%	33.2%
	总数的百分比	25.7%	7.5%	33.2%
	调整残差	0.2	-0.2	

续表

项目		民族		合计
		汉族	少数民族	
其他	计数	48	16	64
	期望的计数	49.3	14.7	64.0
	您认为孩子多大开始看电视合适？中的百分比	75.0%	25.0%	100.0%
	父母民族中的百分比	3.4%	3.8%	3.5%
	总数的百分比	2.6%	0.9%	3.5%
	调整残差	-0.4	0.4	
合计	计数	1396	416	1812
	期望的计数	1396.0	416.0	1812.0
	您认为孩子多大开始看电视合适？中的百分比	77.0%	23.0%	100.0%
	父母民族中的百分比	100.0%	100.0%	100.0%
	总数的百分比	77.0%	23.0%	100.0%

表3-160 不同民族家长认为孩子多大开始看电视合适卡方检验表

项目	值	df	渐进 Sig.（双侧）
Pearson 卡方	5.396[a]	5	0.369
似然比	5.434	5	0.365
线性和线性组合	1.627	1	0.202
有效案例中的 N	1812		

从表3-161可以看到，在再要一个孩子的意愿上，想再要一个的汉族占比为16.7%，少数民族为18.3%；不想要的汉族占比为55.5%，少数民族为52.2%；说不定的汉族为27.8%，少数民族为29.6%。汉族和少数民族想再要一个孩子的意愿差异不具有统计学意义（$\chi^2=1.48$，$P>0.05$），两者意愿无显著差异。

表3-161　　　不同民族家长再要一个孩子意愿情况（n,%）

项目		民族		合计
		汉族	少数民族	
是	计数	233	76	309
	期望的计数	238.1	70.9	309.0
	目前您是否打算再要一个孩子？（不论当前已经有几个孩子）中的百分比	75.4%	24.6%	100.0%
	父母民族中的百分比	16.7%	18.3%	17.1%
	总数的百分比	12.9%	4.2%	17.1%
	调整残差	-0.8	0.8	
否	计数	775	217	992
	期望的计数	764.3	227.7	992.0
	254 目前您是否打算再要一个孩子？（不论当前已经有几个孩子）中的百分比	78.1%	21.9%	100.0%
	父母民族中的百分比	55.5%	52.2%	54.7%
	总数的百分比	42.8%	12.0%	54.7%
	调整残差	1.2	-1.2	
说不定	计数	388	123	511
	期望的计数	393.7	117.3	511.0
	目前您是否打算再要一个孩子？（不论当前已经有几个孩子）中的百分比	75.9%	24.1%	100.0%
	父母民族中的百分比	27.8%	29.6%	28.2%
	总数的百分比	21.4%	6.8%	28.2%
	调整残差	-0.7	0.7	
合计	计数	1396	416	1812
	期望的计数	1396.0	416.0	1812.0
	目前您是否打算再要一个孩子？（不论当前已经有几个孩子）中的百分比	77.0%	23.0%	100.0%
	父母民族中的百分比	100.0%	100.0%	100.0%
	总数的百分比	77.0%	23.0%	100.0%

表 3-162　　　　不同民族家长再要一个孩子意愿卡方检验表

项目	值	df	渐进 Sig.（双侧）
Pearson 卡方	1.484ª	2	0.476
似然比	1.480	2	0.477
线性和线性组合	0.003	1	0.958
有效案例中的 N	1812		

4. 语言使用情况

语言使用是 0—3 岁儿童家庭成长环境中的一个重要指标，此部分通过问卷调查，了解少数民族家庭与汉族家庭语言使用情况的差异。

从表 3-163 可以看到，汉族父母平时用普通话与孩子交流的占比为 19.7%，少数民族为 12.7%；用当地汉语方言与孩子交流的汉族占比为 79.8%，少数民族为 52.2%；用少数民族语言与孩子交流的汉族父母占比为 0.5%，少数民族则为 35.1%。从卡方检验表可知，汉族和少数民族与孩子平时交流的主要语言的差异具有统计学意义（χ^2 = 496.16，P < 0.001）。具体来说，汉族和少数民族在三种语言使用上都具有显著差异，使用普通话的调整后标化残差为 3.2，当地汉语方言的调整后标化残差为 11.2，少数民族语言则为 22.3，即汉族比少数民族在平时更多地使用普通话与孩子交流，汉族也比少数民族更多地使用当地汉语方言与孩子交流，少数民族则更多地使用少数民族语言与孩子进行交流。

表 3-163　　　　　　与孩子沟通语言情况（n,%）

	项目	民族 汉族	民族 少数民族	合计
普通话	计数	275	53	328
	期望的计数	252.7	75.3	328.0
	平时您与孩子主要用什么语言沟通？中的百分比	83.8%	16.2%	100.0%
	父母民族中的百分比	19.7%	12.7%	18.1%
	总数的百分比	15.2%	2.9%	18.1%
	调整残差	3.2	-3.2	

续表

项目		民族		合计
		汉族	少数民族	
当地汉语方言	计数	1114	217	1331
	期望的计数	1025.4	305.6	1331.0
	平时您与孩子主要用什么语言沟通？中的百分比	83.7%	16.3%	100.0%
	父母民族中的百分比	79.8%	52.2%	73.5%
	总数的百分比	61.5%	12.0%	73.5%
	调整残差	11.2	-11.2	
少数民族语言	计数	7	146	153
	期望的计数	117.9	35.1	153.0
	平时您与孩子主要用什么语言沟通？中的百分比	4.6%	95.4%	100.0%
	父母民族中的百分比	0.5%	35.1%	8.4%
	总数的百分比	0.4%	8.1%	8.4%
	调整残差	-22.3	22.3	
合计	计数	1396	416	1812
	期望的计数	1396.0	416.0	1812.0
	平时您与孩子主要用什么语言沟通？中的百分比	77.0%	23.0%	100.0%
	父母民族中的百分比	100.0%	100.0%	100.0%
	总数的百分比	77.0%	23.0%	100.0%

表3-164 不同民族家长与孩子交流用语卡方检验表

项目	值	df	渐进 Sig.（双侧）
Pearson 卡方	496.160[a]	2	0.000
似然比	421.790	2	0.000
线性和线性组合	215.945	1	0.000
有效案例中的 N	1812		

5. 家庭基本环境

有质量的家庭环境是0—3岁儿童养育和照料的重要成长指标，此部

第三章 西南乡村0—3岁儿童成长环境及社区整合现状调查

分主要分析了少数民族家庭在人口数量、经济、人文、居住四部分的基本情况,并对比其与汉族家庭之间的区别。

从表3-165可见,汉族家庭中,共同居住人口平均为4.80±0.037人,少数民族家庭为4.83±0.068人。居住人口数量的差异无统计学意义（t=-0.418,P>0.05）。两者无显著差异。

表3-165　不同民族家庭家中居住人口数量情况（M±SD）

项目	民族	N	均值	标准差	均值的标准误
现在您家里有几口人一起住？	汉族	1396	4.80	1.382	0.037
	少数民族	416	4.83	1.389	0.068

表3-166　不同民族家庭家中居住人口数量独立样本检验

项目		现在您家里有几口人一起住？___人（填空1）	
		假设方差相等	假设方差不相等
方差方程的Levene检验	F	0.003	
	Sig.	0.956	
均值方程的t检验	t	-0.418	-0.417
	df	1810	678.502
	Sig.（双侧）	0.676	0.677
	均值差值	-0.032	-0.032
	标准误差值	0.077	0.077
差分的95%置信区间	下限	-0.184	-0.184
	上限	0.119	0.120

从表3-167可以看到,家庭主要收入来源是卖粮食农产品的汉族家庭为13.1%,少数民族为21.2%;在外打工,汉族占比为45.3%,少数民族为39.9%;家庭成员提供,汉族为17.8%,少数民族为14.2%;个体经营收入的汉族为14.0%,少数民族为13.5%;收入为政府补贴的汉族占比为3.8%,少数民族为3.6%;收入为其他的汉族占比为6.1%,少数民族为7.7%。汉族和少数民族在家庭收入差异上有统计学

意义（$\chi^2=19.76$，$P<0.01$）。具体为在卖粮食农产品一项上，两者差异显著（调整后标化残差为4.0），即少数民族比汉族更多地通过卖粮食农产品作为其主要的收入来源。

表3-167　　　　不同民族家庭主要收入来源情况（n,%）

项目		民族		合计
		汉族	少数民族	
卖粮食农产品	计数	183	88	271
	期望的计数	208.8	62.2	271.0
	家庭主要收入来源中的百分比	67.5%	32.5%	100.0%
	父母民族中的百分比	13.1%	21.2%	15.0%
	总数的百分比	10.1%	4.9%	15.0%
	调整残差	-4.0	4.0	
在外打工	计数	632	166	798
	期望的计数	614.8	183.2	798.0
	家庭主要收入来源中的百分比	79.2%	20.8%	100.0%
	父母民族中的百分比	45.3%	39.9%	44.0%
	总数的百分比	34.9%	9.2%	44.0%
	调整残差	1.9	-1.9	
家庭成员提供	计数	248	59	307
	期望的计数	236.5	70.5	307.0
	家庭主要收入来源中的百分比	80.8%	19.2%	100.0%
	父母民族中的百分比	17.8%	14.2%	16.9%
	总数的百分比	13.7%	3.3%	16.9%
	调整残差	1.7	-1.7	
个体经营收入	计数	195	56	251
	期望的计数	193.4	57.6	251.0
	家庭主要收入来源中的百分比	77.7%	22.3%	100.0%
	父母民族中的百分比	14.0%	13.5%	13.9%
	总数的百分比	10.8%	3.1%	13.9%
	调整残差	0.3	-0.3	

续表

项目		民族		合计
		汉族	少数民族	
政府补贴（如低保等）	计数	53	15	68
	期望的计数	52.4	15.6	68.0
	家庭主要收入来源中的百分比	77.9%	22.1%	100.0%
	父母民族中的百分比	3.8%	3.6%	3.8%
	总数的百分比	2.9%	0.8%	3.8%
	调整残差	0.2	-0.2	
其他	计数	85	32	117
	期望的计数	90.1	26.9	117.0
	家庭主要收入来源中的百分比	72.6%	27.4%	100.0%
	父母民族中的百分比	6.1%	7.7%	6.5%
	总数的百分比	4.7%	1.8%	6.5%
	调整残差	-1.2	1.2	
合计	计数	1396	416	1812
	期望的计数	1396.0	416.0	1812.0
	家庭主要收入来源中的百分比	77.0%	23.0%	100.0%
	父母民族中的百分比	100.0%	100.0%	100.0%
	总数的百分比	77.0%	23.0%	100.0%

表3-168　　不同民族家庭主要收入来源卡方检验表

项目	值	df	渐进 Sig.（双侧）
Pearson 卡方	19.761[a]	5	0.001
似然比	18.771	5	0.002
线性和线性组合	0.824	1	0.364
有效案例中的 N	1812		

从表3-169可以看出，调研上一年全家年收入情况，汉族估计上一年收入为1万元以下的占比为12.8%，少数民族为17.5%；2万—5万元的

汉族占比45.6%，少数民族为49.8%；5万—10万元的汉族为26.1%，少数民族为21.2%；10万元以上的汉族为12.2%，少数民族为7.5%；其他的汉族为3.2%，少数民族为4.1%。汉族和少数民族上一年全家年收入差异具有统计学意义（$\chi^2 = 17.01$，$P < 0.01$）。具体为两者在年收入1万元以下（调整后标化残差为2.5）、5万—10万元（调整后标化残差2.1）以及10万元以上（调整后标化残差2.7）三项上差异显著。即年收入1万元以下的少数民族比汉族多，年收入在2万—5万元的少数民族多于汉族，而年收入在10万元以上的汉族家庭多于少数民族家庭。

表3-169　　不同民族家庭上一年全家年收入情况（n,%）

项目		民族		合计
		汉族	少数民族	
1万元以下	计数	178	73	251
	期望的计数	193.4	57.6	251.0
	上一年您全家全年收入估计有多少元？中的百分比	70.9%	29.1%	100.0%
	父母民族中的百分比	12.8%	17.5%	13.9%
	总数的百分比	9.8%	4.0%	13.9%
	调整残差	-2.5	2.5	
2万—5万元	计数	637	207	844
	期望的计数	650.2	193.8	844.0
	上一年您全家全年收入估计有多少元？中的百分比	75.5%	24.5%	100.0%
	父母民族中的百分比	45.6%	49.8%	46.6%
	总数的百分比	35.2%	11.4%	46.6%
	调整残差	-1.5	1.5	
5万—10万元	计数	365	88	453
	期望的计数	349.0	104.0	453.0
	上一年您全家全年收入估计有多少元？中的百分比	80.6%	19.4%	100.0%
	父母民族中的百分比	26.1%	21.2%	25.0%
	总数的百分比	20.1%	4.9%	25.0%
	调整残差	2.1	-2.1	

续表

项目		民族		合计
		汉族	少数民族	
10万元以上	计数	171	31	202
	期望的计数	155.6	46.4	202.0
	上一年您全家全年收入估计有多少元？中的百分比	84.7%	15.3%	100.0%
	父母民族中的百分比	12.2%	7.5%	11.1%
	总数的百分比	9.4%	1.7%	11.1%
	调整残差	2.7	-2.7	
其他	计数	45	17	62
	期望的计数	47.8	14.2	62.0
	上一年您全家全年收入估计有多少元？中的百分比	72.6%	27.4%	100.0%
	父母民族中的百分比	3.2%	4.1%	3.4%
	总数的百分比	2.5%	0.9%	3.4%
	调整残差	-0.8	0.8	
合计	计数	1396	416	1812
	期望的计数	1396.0	416.0	1812.0
	上一年您全家全年收入估计有多少元？中的百分比	77.0%	23.0%	100.0%
	父母民族中的百分比	100.0%	100.0%	100.0%
	总数的百分比	77.0%	23.0%	100.0%

表3-170 **不同民族家庭去年全年收入卡方检验表**

项目	值	df	渐进 Sig.（双侧）
Pearson 卡方	17.007[a]	4	0.002
似然比	17.431	4	0.002
线性和线性组合	9.498	1	0.002
有效案例中的 N	1812		

从表3-171可以看到，在家庭中除了课本和学习用书，供大人阅读的图书数量上，没有的汉族家庭占比为38.0%，少数民族为42.3%；

1—10本的汉族家庭为39.6%，少数民族为38.2%；11—30本的汉族家庭为13.0%，少数民族家庭为12.3%；30本以上的汉族家庭为9.3%，少数民族为7.2%。从卡方检验表可以看到，汉族和少数民族家庭家中图书数量差异无统计学意义（$\chi^2=3.41$，$P>0.05$）。两者无显著差异。

表3－171　　　　不同民族家庭图书数量的情况（n,%）

项目		民族		合计
		汉族	少数民族	
没有	计数	531	176	707
	期望的计数	544.7	162.3	707.0
	除课本和学习用书，现在您家里总共有多少本供大人阅读的图书（不包含杂志）？中的百分比	75.1%	24.9%	100.0%
	父母民族中的百分比	38.0%	42.3%	39.0%
	总数的百分比	29.3%	9.7%	39.0%
	调整残差	-1.6	1.6	
1—10本	计数	553	159	712
	期望的计数	548.5	163.5	712.0
	除课本和学习用书，现在您家里总共有多少本供大人阅读的图书（不包含杂志）？中的百分比	77.7%	22.3%	100.0%
	父母民族中的百分比	39.6%	38.2%	39.3%
	总数的百分比	30.5%	8.8%	39.3%
	调整残差	0.5	-0.5	
11—30本	计数	182	51	233
	期望的计数	179.5	53.5	233.0
	除课本和学习用书，现在您家里总共有多少本供大人阅读的图书（不包含杂志）？中的百分比	78.1%	21.9%	100.0%
	父母民族中的百分比	13.0%	12.3%	12.9%
	总数的百分比	10.0%	2.8%	12.9%
	调整残差	0.4	-0.4	

第三章 西南乡村0—3岁儿童成长环境及社区整合现状调查

续表

项目		民族		合计
		汉族	少数民族	
30本以上	计数	130	30	160
	期望的计数	123.3	36.7	160.0
	除课本和学习用书，现在您家里总共有多少本供大人阅读的图书（不包含杂志）？中的百分比	81.2%	18.8%	100.0%
	父母民族中的百分比	9.3%	7.2%	8.8%
	总数的百分比	7.2%	1.7%	8.8%
	调整残差	1.3	-1.3	
合计	计数	1396	416	1812
	期望的计数	1396.0	416.0	1812.0
	除课本和学习用书，现在您家里总共有多少本供大人阅读的图书（不包含杂志）？中的百分比	77.0%	23.0%	100.0%
	父母民族中的百分比	100.0%	100.0%	100.0%
	总数的百分比	77.0%	23.0%	100.0%

表3-172　　**不同民族家庭图书数量卡方检验表**

项目	值	df	渐进 Sig.（双侧）
Pearson 卡方	3.409[a]	3	0.333
似然比	3.460	3	0.326
线性和线性组合	3.169	1	0.075
有效案例中的 N	1812		

6. 生活习惯

生活习惯是反映看护人对0—3岁儿童养育和照料的日常行为，也体现孩子成长的环境质量。此部分主要关注0—3岁儿童刷牙、餐前后洗手、夏天洗澡三方面内容。

从表3-173可以看到，在孩子有无刷牙习惯上，从来不刷的汉族家庭为15.1%，少数民族为15.4%；偶尔刷的汉族孩子为28.5%，少数民族为39.4%；每天都刷的汉族孩子为33.7%，少数民族为26.2%。

汉族和少数民族家庭孩子刷牙习惯的差异具有统计学意义（$\chi^2 = 19.96$，$P < 0.001$）。具体为两者在偶尔刷（调整后标化残差为4.2）和每天刷（调整后标化残差为2.9）两项上差异显著。少数民族孩子比汉族更多的是偶尔刷，更多的汉族孩子则比少数民族孩子倾向于每天刷。

表3-173　　　　　不同民族家庭孩子刷牙习惯情况（n,%）

项目		民族		合计
		汉族	少数民族	
从来不刷	计数	211	64	275
	期望的计数	211.9	63.1	275.0
	您孩子有刷牙习惯吗？中的百分比	76.7%	23.3%	100.0%
	父母民族中的百分比	15.1%	15.4%	15.2%
	总数的百分比	11.6%	3.5%	15.2%
	调整残差	-0.1	0.1	
偶尔刷	计数	398	164	562
	期望的计数	433.0	129.0	562.0
	您孩子有刷牙习惯吗？中的百分比	70.8%	29.2%	100.0%
	父母民族中的百分比	28.5%	39.4%	31.0%
	总数的百分比	22.0%	9.1%	31.0%
	调整残差	-4.2	4.2	
每天刷	计数	471	109	580
	期望的计数	446.8	133.2	580.0
	您孩子有刷牙习惯吗？中的百分比	81.2%	18.8%	100.0%
	父母民族中的百分比	33.7%	26.2%	32.0%
	总数的百分比	26.0%	6.0%	32.0%
	调整残差	2.9	-2.9	
不答	计数	316	79	395
	期望的计数	304.3	90.7	395.0
	您孩子有刷牙习惯吗？中的百分比	80.0%	20.0%	100.0%
	父母民族中的百分比	22.6%	19.0%	21.8%
	总数的百分比	17.4%	4.4%	21.8%
	调整残差	1.6	-1.6	

续表

项目		民族		合计
		汉族	少数民族	
合计	计数	1396	416	1812
	期望的计数	1396.0	416.0	1812.0
	您孩子有刷牙习惯吗？中的百分比	77.0%	23.0%	100.0%
	父母民族中的百分比	100.0%	100.0%	100.0%
	总数的百分比	77.0%	23.0%	100.0%

表3-174 不同民族家庭孩子刷牙习惯卡方检验

项目	值	df	渐进 Sig.（双侧）
Pearson 卡方	19.964[a]	3	0.000
似然比	19.620	3	0.000
线性和线性组合	7.462	1	0.006
有效案例中的 N	1812		

从表3-175可以看到，在孩子餐前便后洗手习惯上，汉族家长回答没有这个习惯的占比为12.7%，少数民族为11.3%；偶尔洗的汉族孩子为35.9%，少数民族为43.0%；每次都可以做到的汉族孩子为33.1%，少数民族为32.0%，不答的汉族为18.3%，少数民族为13.7%。从表3-176可以看到，汉族和少数民族孩子在餐前便后洗手习惯上的差异具有统计学意义（$\chi^2=8.96$，$P<0.05$）。具体为在偶尔洗（调整后标化残差为2.6）和不答（调整后标化残差2.2）两项上差异显著，即少数民族家长回答偶尔洗的占比高于汉族家长，少数民族家长更少不回答该问题。

表3-175 不同民族家庭孩子餐前便后洗手的习惯情况（n,%）

项目		民族 汉族	民族 少数民族	合计
没有	计数	177	47	224
	期望的计数	172.6	51.4	224.0
	您孩子有餐前便后洗手的习惯吗？中的百分比	79.0%	21.0%	100.0%
	父母民族中的百分比	12.7%	11.3%	12.4%
	总数的百分比	9.8%	2.6%	12.4%
	调整残差	0.8	-0.8	
偶尔洗	计数	501	179	680
	期望的计数	523.9	156.1	680.0
	您孩子有餐前便后洗手的习惯吗？中的百分比	73.7%	26.3%	100.0%
	父母民族中的百分比	35.9%	43.0%	37.5%
	总数的百分比	27.6%	9.9%	37.5%
	调整残差	-2.6	2.6	
每次都可以做到	计数	462	133	595
	期望的计数	458.4	136.6	595.0
	您孩子有餐前便后洗手的习惯吗？中的百分比	77.6%	22.4%	100.0%
	父母民族中的百分比	33.1%	32.0%	32.8%
	总数的百分比	25.5%	7.3%	32.8%
	调整残差	0.4	-0.4	
不答	计数	256	57	313
	期望的计数	241.1	71.9	313.0
	您孩子有餐前便后洗手的习惯吗？中的百分比	81.8%	18.2%	100.0%
	父母民族中的百分比	18.3%	13.7%	17.3%
	总数的百分比	14.1%	3.1%	17.3%
	调整残差	2.2	-2.2	
合计	计数	1396	416	1812
	期望的计数	1396.0	416.0	1812.0
	您孩子有餐前便后洗手的习惯吗？中的百分比	77.0%	23.0%	100.0%
	父母民族中的百分比	100.0%	100.0%	100.0%
	总数的百分比	77.0%	23.0%	100.0%

第三章 西南乡村0—3岁儿童成长环境及社区整合现状调查

表3-176　不同民族家庭孩子餐前便后洗手的习惯卡方检验表

项目	值	df	渐进 Sig.（双侧）
Pearson 卡方	8.960ª	3	0.030
似然比	9.052	3	0.029
线性和线性组合	3.098	1	0.078
有效案例中的 N	1812		

表3-177　不同民族家庭孩子夏天洗澡时间情况（n,%）

项目		民族 汉族	民族 少数民族	合计
一天多次	计数	180	30	210
	期望的计数	161.8	48.2	210.0
	您孩子夏天多长时间洗一次澡？中的百分比	85.7%	14.3%	100.0%
	父母民族中的百分比	12.9%	7.2%	11.6%
	总数的百分比	9.9%	1.7%	11.6%
	调整残差	3.2	-3.2	
每天洗一次	计数	546	172	718
	期望的计数	553.2	164.8	718.0
	您孩子夏天多长时间洗一次澡？中的百分比	76.0%	24.0%	100.0%
	父母民族中的百分比	39.1%	41.3%	39.6%
	总数的百分比	30.1%	9.5%	39.6%
	调整残差	-0.8	0.8	
几天洗一次	计数	313	102	415
	期望的计数	319.7	95.3	415.0
	您孩子夏天多长时间洗一次澡？中的百分比	75.4%	24.6%	100.0%
	父母民族中的百分比	22.4%	24.5%	22.9%
	总数的百分比	17.3%	5.6%	22.9%
	调整残差	-0.9	0.9	

续表

项目		民族		合计
		汉族	少数民族	
一周洗一次	计数	46	17	63
	期望的计数	48.5	14.5	63.0
	您孩子夏天多长时间洗一次澡？中的百分比	73.0%	27.0%	100.0%
	父母民族中的百分比	3.3%	4.1%	3.5%
	总数的百分比	2.5%	0.9%	3.5%
	调整残差	-0.8	0.8	
不定期	计数	221	70	291
	期望的计数	224.2	66.8	291.0
	您孩子夏天多长时间洗一次澡？中的百分比	75.9%	24.1%	100.0%
	父母民族中的百分比	15.8%	16.8%	16.1%
	总数的百分比	12.2%	3.9%	16.1%
	调整残差	-0.5	0.5	
不答	计数	90	25	115
	期望的计数	88.6	26.4	115.0
	您孩子夏天多长时间洗一次澡？中的百分比	78.3%	21.7%	100.0%
	父母民族中的百分比	6.4%	6.0%	6.3%
	总数的百分比	5.0%	1.4%	6.3%
	调整残差	0.3	-0.3	
合计	计数	1396	416	1812
	期望的计数	1396.0	416.0	1812.0
	您孩子夏天多长时间洗一次澡？中的百分比	77.0%	23.0%	100.0%
	父母民族中的百分比	100.0%	100.0%	100.0%
	总数的百分比	77.0%	23.0%	100.0%

调查显示，在孩子夏天多长时间洗一次澡上，汉族一天多次占比为12.9%，少数民族7.2%；每天洗一次汉族为39.1%，少数民族为41.3%；几天洗一次，汉族为22.4%，少数民族为24.5%；一周洗一次汉族为3.3%，少数民族为4.1%；不定期，汉族为15.8%，少数民族

为16.8%。从表3-178可见，汉族和少数民族孩子洗澡频率差异无统计学意义（$\chi^2 = 10.82$，$P > 0.05$），两者无显著差异。

表3-178　不同民族家庭孩子夏天洗澡时间卡方检验表

项目	值	df	渐进Sig.（双侧）
Pearson卡方	10.821[a]	5	0.055
似然比	11.792	5	0.038
线性和线性组合	1.713	1	0.191
有效案例中的N	1812		

综合以上分析，少数民族在看护人和父母受教育程度、父母婚姻状况，语言使用情况、家庭经济、人文环境，日常生活习惯方面特色明显。少数民族看护人及父母受教育程度在同区域低于汉族水平，民族间有一定差异，小学文凭高汉族5个百分点，初中差距不大[①]，高中/中专/技校低汉族7个百分点，大专也相差近7个百分点，本科差距缩小[②]。课题组实地考察、座谈会、访谈时也发现，少数民族控辍保学难度很大[③]。

少数民族婚姻关系相对汉族来说情况有些复杂，初婚比率比汉族低13个百分点，再婚低近2个百分点，离异和单身高1个百分点，其他一项高13个百分点。课题组通过访谈、座谈会、实地考察发现，少数民族在早婚早育方面问题突出，课题组对西南一个原国家级贫困县医院、妇幼保健院孕产妇检查档案发现，年龄最小的是13岁，18岁以下怀孕妇女46人。这部分人群是不可能在学校里接受教育，也不可能获得合法婚姻证明的。另外，在偏远少数民族乡村，出现不少这样的情况：夫妻争吵或者因家庭关系不和，母亲外出、多年不归，父亲一人带孩子在家，

---

① 初中差距不大只代表大家都取得了初中毕业证。实地调研也常听到这样的信息：从初一到初三班级会有很多人失学，但学校保留学籍，毕业时要求回来参加考试，在这个过程中少数民族比汉族更倾向失学。

② 课题组认为，本科差距缩小在一定层面上反映了西南乡村学生接受高等教育水平整体滞后，区域整体性大于民族差异性。

③ 2017年云南怒江州兰坪白族普米族自治县发生了全国首例因义务教育辍学引发的"官告民案"，将5名学生家长告上法庭，从中可知少数民族教育管理的难度。

又与别人组成临时家庭；也有父亲外出，母亲一人带孩子在家，又与别人组成临时家庭的情况，连当事人也不知道这种婚姻归属哪个类别。当地经常用一句话形容这样的家庭"母亲跟别人跑了"。关注西南乡村少数民族婚姻家庭关系，是优化儿童成长环境的重要因素。

父母在家里对孩子讲汉语的比例为12%，比汉族低7个百分点，说明西南乡村汉语使用率不高，少数民族更低。课题组对托育机构教师座谈时设置过一个问题："你觉得少数民族与汉族孩子在学校里最大的差异有哪些"，反馈最多的就是语言沟通方面，少数民族孩子上幼儿园以前基本说本民族语言，上幼儿园后很难与老师沟通，家长与老师之间语言沟通也不顺畅，在很大程度上影响孩子学习。这也从另外一个层面反映少数民族地区民汉双语教师缺乏。

少数民族家庭经济收入与汉族相比较为显著，收入最低的群体比汉族少5个百分点，收入最高的群体比汉族低5个百分点，中间群体也比汉族低3—5个百分点。从中可反映出，西南乡村是中国最欠发达地区，少数民族则是该地区发展最滞后的群体，政府除了关注区域发展还要考虑民族间的关照。

0—3岁儿童家庭日常生活习惯与汉族之间呈现出明显差异，少数民族每天刷牙的习惯比汉族低7个百分点，餐前洗手、夏天洗澡等方面也比汉族少。此问题也是课题组访谈、座谈、实地考察时反馈较多的信息。除此之外，不注重孩子的穿衣，经常能看见打着光脚丫、光着小屁屁满村跑的孩子，集市上也能见到光屁屁的孩子被父母高高扛在肩头。不注重给孩子洗脸、梳头、换衣物，不少乡村幼儿园老师反映，每天早上第一件事情就是给女生们排着队梳头，排着队教孩子们刷牙。西南乡村少数民族呈现大杂居、小聚居特点，多民族社区相互影响，情况要比单一民族社区好一些。但民族之间也存在差异，如西双版纳傣族在卫生方面甚至比当地汉族好得多。

少数民族在传统养育习俗方面也呈现出丰富多彩的育儿方式与育儿文化，构成家庭传统养育的重要组成部分，在现代社会中发挥着重要作用。如：家庭分工、家族互助养育方式，在乡村少数民族家庭养育功能衰微，社会化养育尚未建立的情况下承担了重要功能。也有一些不适合孩子身心发育健康习俗的行为，成为现代社会家庭科学育儿工作努力攻克的方向。

基本公共卫生领域干预的项目，少数民族与汉族之间没有显著性差异，表明妇幼健康在民族之间差异较小，实现了广覆盖、保基本的全民保障。

二 西南乡村 0—3 岁儿童享有的社区资源整合现状分析

问卷调查呈现了孩子成长的看护人、家庭环境、社会保障及儿童自身综合发展现状及问题。在对孩子成长的微观系统（看护人、家庭环境）、宏观系统（儿童享有的社会保障制度）及两大系统对孩子成长的影响效果三个层面分析的基础上，清晰透射出社区现有资源服务家庭的现状及主要问题。

（一）社区基本公共卫生服务资源享有现状

0—3 岁儿童养育和照料服务主要涉及孕前、孕期、产后、养育四个阶段，包含生育、养育、教育三大内容，涉及喂养、健康、疾病预防控制、安全、早期回应性照护等内容。从问卷调查可知，西南乡村家庭享有的支持项目主要集中在基本公共卫生服务方面，主要由社区卫生服务站/点提供，乡村实现了全覆盖。社区卫生服务站资源来源于国家免费提供，2021 年，中国基本公共卫生服务经费人均补助标准为 79 元。基本公共卫生服务属于财政全额补助，西南乡村地区全部属于国家第一档标准，中央投入占比 80%，地方投入占比 20%，确保了公共卫生服务均等化发展的政府兜底保障功能。

乡村社区现有资源供给主要是基本公共卫生服务项目，卫健部门把业务资源下沉到社区卫生服务站，社区层面按照上传下达的行政指令做好辖区家庭的宣传、动员、组织等工作，社区执行常规业务之功能，此项目有固定的场地、相对稳定与专业化的工作人员及常态化的服务机制。目前，就全国来讲，0—3 岁儿童养育和照料的社会供给主要在妇幼保健领域，且存在广覆盖、低保障的特点；农村欠发达地区早期发展项目覆盖面不广、依从性低，社会组织参与的部分存在项目周期到期以后很难走向可持续性发展的困境。

表 3-179　　　　　　　0—3 岁基本公共卫生服务一览

项目名称	服务内容
孕产妇基本公共卫生服务项目	为孕前夫妇提供 19 项免费优生健康检查与指导 孕期 5 次检查 产后 1 周与 42 天检查 地中海贫血防控（2019 年新加） 增补叶酸（2019 年新加） 避孕药具和健康素养促进
0—3 岁儿童基本公共卫生服务项目	0—3 岁儿童重点人群健康档案 新生儿家庭访视：了解新生儿预防接种、居家环境、体格发育监测、喂养指导、建立《母子健康手册》 新生儿满月健康管理：包括对新生儿的睡眠、大小便、黄疸、体重、身长、头围及体格发育的监测与检查，对家长进行喂养、发育、防病的指导 0—3 岁婴幼儿健康管理：8 次随访服务，3 次血常规检查，4 次听力筛查 中医健康管理：对 0—3 岁儿童 6 个月龄段期间，分别提供中医药健康指导 国家计划内 0—3 岁儿童 11 种接种疫苗 贫困地区 6—24 月龄儿童营养改善项目 新生儿疾病筛查（甲减及苯丙酮尿症为免费项目）

来源：课题组依据国家卫健委公布《国家基本公共卫生服务项目一览表》(2017 年)，结合 2018—2021 年新增加内容整理而得。

（二）社区公共服务体系享有现状

社区公共服务体系包括政策支持体系、儿童优先理念、社区公共服务设施等有利于 0—3 岁儿童成长的社区服务体系。调查研究发现，西南乡村 0—3 岁儿童养育和照料社区公共服务理念非常淡薄，认为养育孩子是家庭的私事，儿童优先、科学育儿、儿童友好社区建设等服务理念没有深入乡村社区。国家虽然出台支持 3 岁以下婴幼儿养育照护系列法规政策，但政策知晓率低、执行力弱。

二孩政策实施以来，国家陆续出台《关于加快推进母婴设施建设的指导意见》(国卫指导发〔2016〕63 号)《关于推进儿童友好城市建设

第三章　西南乡村0—3岁儿童成长环境及社区整合现状调查

的指导意见》（发改社会〔2021〕1380号），提出加快推进母婴设施建设，儿童友好社区建设。指导意见还明确提出了"建设社区儿童之家等公共空间，为儿童提供文体活动和阅读娱乐场所。增加社区儿童'微空间'，鼓励社区打造儿童'游戏角落'，提供适龄儿童步行路径和探索空间，合理增设室内外安全游戏活动设施"。但是，在西南乡村，以上公共服务设施非常缺乏，专门提供给0—3岁儿童使用的基本是一片空白。

西南乡村的普惠性、公办性、公益性服务机构很少，市场吸引力不强，基本处于一片空白；重点区域的母婴设施主要分布在机场、车站等交通枢纽地区，4A级以上旅游景点以及机关企事业单位，受惠人群有限，服务内容限于哺乳方便、短暂休息、绿色通行；而覆盖城乡的社区公共服务活动设施，存在城乡发展不平衡的问题，城市社区覆盖面广，但全民性特色浓，没有专门的0—3岁儿童专属区，欠发达地区公共服务活动设施缺乏，就更谈不上专属0—3岁儿童的专区。总体来讲，0—3岁婴幼儿养育与照料的社区服务设施供给基本一片空白。

支持家庭养育的社区层面存在资源匮乏、政策支持体系缺失、社区服务家庭育儿能力不足的突出问题。在社区建立服务家庭最后一公里半径圈是社区功能的重要理念，所以建立健全以社区为依托覆盖家庭的资源整合系统，扩大家庭服务供给，提升乡村家庭"生"的意愿、"育"的质量、"教"的能力是解决问题的关键环节。

三　西南乡村0—3岁儿童养育和照料社区整合要素不足及影响

问卷调查反映了西南乡村0—3岁儿童养育和照料看护人基本情况、看护人观念与行为、儿童发展现状、家庭养育环境、社会供给现状、制度保障环境等重要信息。0—3岁儿童养育和照料存在多元性、交叉性、立体性的发展困境。有养育行为主体层面的发展困境，主要体现在：家庭养育人对儿童早期发展意识淡薄、育儿知识不充分、育儿行为不科学等方面，还停留在养育行为的无意识状态，养育方法基本遵循祖辈传承的模式。有儿童早期发展环境条件的困境，主要体现在：家庭经济困难、隔代养育现象突出、留守问题严重、社区资源缺乏、公共服务供给不足等方面。也有制度层面的发展困境，主要体现在：管理主体权责模糊、部门联动体制机制不健全、行业管理规范体系缺失、师资力量缺乏、财政投入不足、社会保障体系不健全等方面。从调研结果分析发现，以下三方面较为突出。

（一）成长环境要素受限

儿童早期发展环境受限主要表现在，家庭环境、社区环境和制度环境三方面。

第一，家庭环境受限。费孝通先生早在《乡土中国》一书中就提出"家庭是最基本的抚育社群"（费孝通，2006）。家庭是孩子成长的第一环境，为孩子提供养育、照料、营养、健康、教育、安全保护和情感关怀的第一场所，父母是第一责任人。良好家庭环境应该满足儿童早期成长所需的经济、情感、教育、社会化等方面的支持（钱德勒·巴伯等，2013）。但因西南乡村家长受教育程度普遍偏低、经济条件差、父母长期外出打工、隔代教育现象非常普遍、养育环境差、家长对儿童早期发展意识淡薄，缺乏科学育儿的能力。

调查显示，53%的看护人是初中及以下文凭，37%的孩子处于父母长期外出打工、父母分居、离异、亡故的家庭环境中，32%的父母常年（1年以上）在外打工，由祖辈照料孩子，87%的孩子能从父母那里得到物质方面的供养，家庭收入能够支撑一家人生活的占85%，衣服、食物占家庭消费的90%，医疗、人情往来、教育次之，可以看出，恩格尔系数在乡村地区非常高，也反映了乡村生活刚走出温饱型，抵御风险能力较弱；70%的家长吸烟，仅有28%的孩子每天有刷牙的习惯，仅有34%的孩子有餐前洗手的习惯，44%的孩子每天有洗澡的习惯；35%的孩子是剖宫产，70%的孩子是纯母乳喂养，34%的孩子睡眠习惯不好，50%的孩子每天喝奶制品，且大部分是奶粉冲调，喝鲜奶的占26%，48%的孩子每天能吃到鸡蛋或肉类；85%的孩子有新农合医疗保险，有62%的孩子每年参加1次体检；30%的家庭认为男孩应该比女孩需要更好的营养；3岁以下儿童，有83%的看电视，且每天看2小时的占90%（不主张 2 岁以下儿童看电视，更不主张每天看电子屏幕的时间超过 2 小时），80% 的孩子看动画片；40% 以上的家庭没有陪孩子阅读或讲故事的习惯，85% 的孩子没有上过任何亲子课程，50% 以上的家长认为 3 岁以下的孩子没有必要接受早期教育，80% 的家庭没有一本书，58% 的家长以惩罚为主的方式教育孩子。这种养育方式为儿童早期发展滞后带来了较高的风险隐患。国内外研究也显示，贫血是 3 岁以下儿童发展的风险因素，中国西部农村贫困地区，3 岁以下儿童贫血现象较为严重，主要是照护人不科学的养育行为造成的（Luo R，Jia F，Yue A，Zhang L，Lyu Q，Shi Y & Rozelle S，2017a）。尽管实施了贫困地区儿童早期干预"营养包"项目，但营养包只在短期对改善贫血率有些帮助，长期效果并不理想[①]。最关键的因素还是要改善儿童的家庭养育行为，如，采用科学健康的饮食习惯，帮孩子形成良好的日常行为习惯。

总体上来讲，西南乡村 0—3 儿童养育与照料的家庭经济环境基本能提供孩子的生存需求。而孩子成长的情感支持有些滞后，特别是处于父母长期外出打工、分居、单亲家庭和隔代、离异家庭中的孩子，其情感支持严重滞后。家庭教育功能因家庭看护人的科学育儿观念与专业育儿行为能力不足，幼儿成长的科学文化氛围严重缺失，仍处于世代养育的传统轮回中。

国际研究揭示，孩子出生后 1000 天是大脑发展速度最快，是身体、语言、认知、动作、视觉、听觉等多种能力发展最关键的时期（Grantham-McGregor, S. Cheung, Y. B. Cueto, S. Glewwe, P. Richter, L. Strupp, B. & International Child Development Steering Group, 2007）。丰富的营养，高质量的陪伴，适宜的刺激，良好的家庭成长环境决定着个体潜能充分发展水平，及孩子成长的质量（Black R. E., Victora C. G., Walker, S. P., Bhutta, Z. A., Christian, P., De Onis, M., & Uauy, R., 2013）。若在此期间孩子缺乏必要的营养、早期教育刺激、及时有效的回应性照护、良好的亲子依恋关系与家庭成长环境，对孩子健全的人格发展会带来无可逆

[①] 史耀疆等：《教育精准扶贫中随机干预实验的中国实践与经验》，《华东师范大学学报》（教育科学版）2020 年第 8 期。

转的损失。对孩子未来的学业表现、职业选择、成年后的收入水平将有较大的负面影响（Currie J, & Almond D, 2011）。所以，政府要为改善西南乡村0—3儿童养育与照料的家庭环境提供系统性支持。

第二，社区环境受限。依据费孝通先生提出的，中国乡土社区的单位是村落，是一个熟人社会，就村和村之间来说，人与人在空间上是孤立与隔膜的，也就是有你们村与我们村的区分，每个村的发展与条件是不相同的，但基本公共设施却有着国家发展的共性。所以，这里所指的社区环境就是乡民居住的村落环境，辐射半径主要是村落和乡镇。社区是孩子成长的熟人空间，包括社区的自然环境、公共空间与人文环境。社区资源是社区环境的重要元素，包括社区自然资源、交通设施、娱乐场所、图书馆、早教机构、医疗卫生站、社会交际网络等。西南乡村社区环境受限主要反映在儿童早期发展的社区资源匮乏，交通闭塞、出行不便，县城基本没有早教中心，下沉的乡镇和村级更是一片空白，没有专门为3岁以下儿童设置的公共服务场所和设施。为3岁以下儿童提供服务的设施主要是卫生服务站，但缺乏专业的儿保人员，文化水平和专业技术能力较低，设施简陋、技术落后，儿童早期发展服务意识淡薄，服务内容仅停留在国家基本公共卫生领域方面，难以满足儿童早期发展所需的软硬件需求。此外，乡村地区的生态文明严重失衡，传统家庭育儿文化遭到严重破坏（以家庭为主体的养育环境），现代化育儿环境尚未建立起来（以幼儿早期发展指导中心为代表的社会化服务环境），能提供给幼儿活动的社区图书馆、活动室、娱乐场所等公共空间缺失，儿童早期发展的社区生活土壤显得较为贫瘠。此外，西南乡村大量劳动力外流，留守、空巢现象突出，孩子成长的人文生态环境失衡，以打麻将、打扑克为主的赌博现象侵蚀着儿童的生活空间。

第三，制度环境受限。这里的制度环境主要指政府为0—3岁儿童养育和照料提供的各种社会保障和社会政策支持系统，是孩子成长的宏观环境。制度环境受限主要体现在专门为0—3岁儿童发展制定的政策法规少，且执行力弱。0—3岁儿童早期养育与照料就全国来讲都还没有形成体系化、制度化、专业化的保障体系与政策供给，西南乡村在这方面显得更为滞后，基本公共服务供给不足、社会福利保障水平低、儿童早期养育的支持政策乏力。目前，体现3岁以下儿童保障制度的主要是基本公共卫生服务领域，并且分散在各个部门，各自为政，缺乏资源整合的有效手段。家庭养育支持政策和早期教育方面的公共服务内容急需但又相当缺乏。3岁以下儿童早期发展事业规划，在全国来讲都属于民生短板，省市两级出台相关政策的地区并不多见，顶层设计缺失，基层没有落实的依据，发展就成为一片空白。西南乡村基本没有公办早教指导中心，目前，有部分社会力量以项目示范的方式介入。如，中国发展研究基金会实施的，以提升贫困地区儿童早期发展干预的"慧育中国"项目；浙江省HPD公益基金会在农村地区开展0—3岁婴幼儿早期发展的"养育未来"试点项目；中国妇女发展基金会实施的"爱育未来公益项目"；西南地区妇联在"儿童之家"部分延伸了3岁以下早期发展服务项目等。这些示范项目对贫困地区儿童早期发展注入了新鲜血液，使示范点儿童和家庭受益，但只是项目示范模式存在覆盖面窄、服务对象有限、服务具有不可持续性特征，还需形成制度化的干预机制，方能从根本上解决问题。

2019年，国务院、国家卫健委、国家发改委、财政部、教育部等为主体，联合多部门频频出台相关文件，从管理主体、标准规范、财政补贴、人力资源培训等关键急需要素出台了多个政策文件，为婴幼儿照护服务释放了巨大的社会发展空间。至2020年7月，在卫健委的牵头推动下，地方性的实施意见与管理规范逐步形成，基本搭建起了覆盖城乡的照护服务框架，3岁以下婴幼儿照护服务发展势头较好，社会力量参与热情较高。2020年7月，课题组在云南的调研发现，照护服务机构延伸到了乡镇和农村，云南发展最好的滇西腾冲市就有61所照护服务机构进入了村庄，机构照护率达到21%。

但也暴露出一些问题。首先，市场是提供0—3岁儿童专业性照护服务的主体，公办照护服务机构基本是一片空白，政府的职责未能体现出来，课题组对云南的调研仅发现2家；照护机构注册登记、备案体制机制不健全。2019年以来的机构基本在工商注册，民政与教育部门登记注册的寥寥无几，进入备案程序的非常少，腾冲市61所照护机构中，没有一所实现备案，而消防、卫生许可是最大的备案障碍；机构在购买保险方面也是一大难点。没有保险公司开展此类业务，为机构发展与婴幼儿安全管理带来了较大的潜在隐患。

其次，国家出台的照护机构设置标准，仅提到了多样化、覆盖城乡的服务模式，但城乡之间的多样化设置标准还没有出台相应的实施细则，给管理带来了很多漏洞与无奈。托幼一体化机构、专门的托儿所、早教机构、社区照护服务中心、家庭作坊式等多样化的照护机构蓬勃发展，但缺乏规范化的管理与分类设置标准。家庭需求旺盛，社会力量参与度高，而制度管理严重滞后，这种冰火两重天的局面亟待解决。

最后，国家制度与政策在地方层面的执行力不强。课题组对2019年出台的相关政策进行了调研，相关管理部门对政策的认知与解读不到位、宣传力度不大、执行力不强，政策的社会认知度低。特别是国家发改委对新增、改建、扩建每个托位补贴1万元的政策支持，在社会上的知晓率不高，申报此项的机构很少。再者，税收、水电、天然气、托育领域紧缺性人才培养等与机构利益相关的优惠政策认知度都很低。

由于制度环境受限，严重阻碍了社会力量发展的空间，在政府财力不足的情况下，应加强制度建设，营造良好的社会发展环境，吸引社会资本进入3岁以下婴幼儿照护服务领域，满足不同家庭的服务需求。

（二）乡村科学育儿公共意识要素淡薄

公共意识淡薄主要指促进儿童早期发展的行为主体对0—3岁儿童养育和照料的观念、认知、行为不足，即看护人、社会、政府三方主体的公共意识淡薄，从管理层到普通民众都缺乏对这一问题的战略性认识。国家动员全社会力量投入扶贫攻坚任务中，那些见效快的项目占据了大量资源，见效慢的儿童早期发展项目捉襟见肘；0—3岁缺乏专业化师资力量，全国本科院校0—3岁儿童早期教育学科建设还处于一片空白，专业性人才培养体系缺乏，从业人员缺乏专业知识体系；0—3岁儿童早期发展管理主体定位模糊、部门联动机制不畅通、行业管理规范体系不健全。过分关注城市需求，忽视乡村发展。

此外，家长育儿观念陈旧、科学育儿知识不足、早教机构缺乏及基层管理部门观念狭隘。通过对云南、贵州、四川乡村的调查显示，86%的孩子没有上过早教亲子课，44%的家长认为孩子小，没必要上，只要家里有人照看，孩子吃饱穿暖就行了，还有30%的婴幼儿因父母长期外出打工，成为留守儿童，60%以上的由祖辈照料，隔代养育现象较为突出。县城早教机构较少，对云南省15个区县调研发现，经济发展较好的县区有5家早教机构，贫困县区大多数还处于一片空白，乡镇以下基本没有早教机构。基层管理部门对0—3岁儿童早期发展观念狭隘，仅停留在基本公共卫生服务方面，对早期教育重视不够。

0—3岁儿童早期发展事业分散在卫生、健康、计生、妇联、教育、工会、民政、工商等部门，课题组在对各相关部门管理人员进行访谈时发现，管理层本身对0—3岁儿童早期发展也没有太多的科学认知，传统育儿观念、看护与照料占据主导地位，教育方面没有引起足够的重视。另外，国家要求2020年3—6岁学前教育普惠性入园率要达到85%，这一指标已经让他们疲于奔命，更无法顾及0—3岁这个年龄段的早期教育，在没有任何明确的政策法规之前，他们并不会参与0—3岁群体的教育，即使有些幼儿园已经招收了3岁以下的幼儿，但也没有纳入监管的范围。在民政和工商注册的教育咨询机构，大多涉及0—3岁早教领域，但因服务内容的广泛性和隐蔽性较强，很难对其进行监管，早教市场良莠不齐，存在较多隐患。卫健部门牵头管理，但权责模糊，在实际操作过程中阻力重重。

（三）社会养育资源要素严重失衡

社会养育资源供需严重失衡主要体现在以下四个方面。一是家庭需求旺盛。调查显示，66%的家庭有托育需求，其中，1.5—2.5岁入托需求占比83%；选择入托主要原因是父母工作忙、隔代照养冲突多（时空冲突、观念冲突、家庭关系冲突、经济冲突）；有二孩生育意愿的占28%，明确不生的近一半，不愿生育的主要原因是经济负担重、没有人照看孩子、养育孩子太费心，如果有完善的托育保障，生育意愿提高一倍。80%的家长认为最理想的托育场所是公办幼儿园，家长最希望当地幼儿园招收2—3岁孩子入托，释放家庭劳动力，助推家庭经济发展。

二是托育供给缺口大①。营利性托育机构招生困难（费用高、行业不规范、社会化托育意识淡薄），普惠性托位严重不足，公办托育机构近乎一片空白。如，截至2021年6月底，云南省共有托育机构370家，备案62家、约占17%。云南省托位3.5万个、托育率约2.4%；普惠性托位4000个、约占11%；0—3岁公办托育机构仅有一家建成（尚待开业中），而全国托育率5.1%，上海公办托育率50%、普惠性托位80%。托育机构90%以上以"公司"形式在市场监管部门登记，不利于普惠性发展导向。

三是区域分化明显。州（市）府之间发展差异较大，不同板块县域之间分化明显。如，截至2021年6月底，云南省西部B市有104家托育机构，发展较好的县区有58家，原国家级贫困县有3家。云南省南部少数民族H州有63家托育机构，发展好的县区有9家，原国家级贫困县有4家。区域之间、城乡之间分化较为明显。

四是机构生存与家庭可承受之间的收费差距较大。调研显示，县域家庭普遍能接受的托育价位是每月1000—1500元，城市2000—3000元。而实际情况是，县域机构收费普遍在每月1500—2000元，城市普遍在3000元以上，部分达到6000元，如果严格按照国家托育机构设置标准与师资配比，市场运作均价每月应在4000元以上。房租、员工工资、人员培训、玩教具更新占据主要支出，占比70%以上，这个价格一般家庭无力承担。

（四）儿童早期发展严重滞后全国水平

儿童早期发展包括身体、生理、心理、动作、认知、情绪、社会保障等内容。课题组在对云南、贵州乡村地区600名0—3岁的儿童进行认知、动作、情绪、思维、语言等领域测评时发现，6—11月，12—23月，24—36月儿童在认知领域呈现出发展滞后的倾向，6—23月儿童在认识领域方面达到年龄阶段认知水平的孩子不足50%，23—36月龄儿童对功

---

① 此部分数据在2020年调研的基础上再一次进行更新，数据来源于云南省卫健委人口家庭处，2021年6月底。

能性认知水平发展滞后,表现出家庭对儿童早期教育意识淡薄,早教行为缺失的现象,儿童认知发展依赖自然成熟。动作领域的发展不均衡,表现出年龄段发展不均衡,精细动作与粗大动作发展不均衡。6—11月儿童粗大动作发展滞后,一半以上的孩子爬、坐、站等动作发育不充分,可能这个年龄段的孩子主要在家长的背上成长,没有在地面上充分活动的机会,这一年龄段孩子的精细动作发展正常,80%以上的孩子符合年龄段的发展水平,但12—36月龄儿童精细动作发展滞后,一半以上的孩子不会跟随模仿手指动作,这一年龄段的孩子粗大动作发展较好,80%以上的孩子在粗大动作领域发展充分,表现为动作发展的自然成熟性特征较为明显。思维领域发展在各个年龄阶段都相当滞后,达标率不足40%,特别是数学思维能力发展滞后,24—36月龄的孩子有一半以上不认识1—10的数字,不认识基本数学图形,12—23月儿童跟说模仿能力只有40%左右的孩子能达标,而24—36月龄的孩子跟读模仿能力基本都达标。

从孩子的整体发育情况来看,西南乡村3岁以下的孩子基本处于自然成熟的发展模式,教育环境严重缺失,与城市相比,西南乡村的孩子在早期发展起点上处于相当劣势的地位。国内其他研究也发现,中国西南乡村0—3岁儿童早期养育还处于一片空白,且西南乡村的儿童在生长迟缓率、低体重率、贫血率方面是城市儿童的4—5倍、农村的1—2倍。[①] 受照养人喂养行为影响,西部农村地区44%的3岁以下婴幼儿患有贫血,其中6—12个月的贫血率接近50%(聂景春等,2019)。其他研究也显示,农村贫困地区0—3岁儿童受个体发展、家庭成员、教养方式等特征的影响,44%的婴幼儿在社会情绪发展方面存在发展滞后风险(李珊珊等,2019)。区域差距、城乡差距非常显著。

西南乡村0—3岁儿童养育和照料严重滞后全国,据《中国妇幼健康事业发展报告(2019)》呈现,全国妇幼健康事业虽然取得举世瞩目的成就,但还存在明显的城乡差距、区域差距。如,2018年,孕产妇死亡率,农村地区为19.9/10万,城市地区为15.5/10万,城市与农村之比

[①] 数据来源于《中国居民营养与慢病状况报告(2015)》,百度文库。

为1:1.3；东部、中部、西部地区分别为10.9/10万、20.0/10万、25.2/10万，西部地区的死亡率是东部地区的2.3倍。2018年，5岁以下儿童死亡率，农村为10.2‰，城市为4.4‰，城乡之比为1:2.3；东部、中部、西部地区分别为4.2‰、7.2‰和12.7‰。上海90%的孩子在Denvell中的筛查是正常的，而甘肃的比例是66%，贵州的七星关只有43%，起点差距非常明显。

中国0—3岁儿童有45%生活在乡村，有26%生活在乡镇，有29%生活在城市；3—6岁的有52%生活在乡村（回老家上幼儿园），有24%生活在乡镇，有24%生活在城市；0—6岁大概有48%的在农村，西南乡村大概有2000万0—3岁贫困儿童。西部西南乡村0—3岁儿童在语言、认知、动作、社会性情感方面的能力相当于城里孩子的20%—60%。西南乡村婴幼儿处于两种不利环境，一是不利的家庭环境，包括单亲、留守、离异、父母受教育程度低、看护人有精神疾病、忽视冷漠及家庭暴力；不利的社会环境包括深度贫困、人口流失、毒品问题等。

3岁以下婴幼儿照护服务于2017年写入中央经济工作会议，2018年贵州、青海等八省写入了政府工作报告，贵州省把"制定实施儿童早期教育服务发展规划"列入了2018年重点工作，浙江省把婴幼儿照护列为十大民生实事之首，省长在政府工作报告中承诺2020年新增托育机构200家，托位5000个，福建省2019年托育率26%，上海46%，而西南地区的不到2%，乡村地区基本是一片空白，区域差距，城乡差距非常突出。

第四章 西南乡村0—3岁儿童养育和照料现有社区整合机制案例研究

第三章采用问卷调查方式，主要分析了家庭养育与照料的基本情况、0—3岁儿童成长的家庭环境、社区环境和制度环境，以及西南乡村0—3岁儿童身心发展基本情况，并剖析了0—3岁儿童家庭养育的资源支持系统。本章节采用项目个案研究法，对当前西南乡村针对0—3岁儿童照护项目进行个案调查及剖析，选取了具有代表性的7个案例。其一，基本公共卫生服务案例。0—3岁儿童领域的财政投入主要是基本公共卫生服务领域，多项指标纳入政府量化/绩效考核，这是国家对婴幼儿社会保障全民覆盖的重要内容，实施主体是政府；其二，政府示范项目案例。不在基本公共卫生服务范围内的0—3岁儿童托育照护、早期学习、家庭教育等有关婴幼儿早期发展内容，是目前社会需求的重点与短板，主要以示范项目的方式运作，此案例以教育部在全国开展的一批示范项目为代表，已经在社会上形成了可借鉴的模式，实施主体是政府；其三，国际NGO试点项目案例。西南乡村经济社会发展滞后，市场发育程度低，0—3岁儿童养育和照料是公共服务事业，对市场吸引力不足，但比较受公益性、慈善性的NGO青睐，是一股不小的公益力量，在西南乡村具有一定的影响力，实施主体是国际NGO组织；其四，全国官方性社会组织案例。主要区别于国际NGO组织、企业型社会组织，在政府支持下发起的社会组织。中国政府非常重视本国社会组织的培育与发展，在全国形成了一批具有影响力的龙头基金会、慈善组织、公益机构，活跃在贫困地区从事0—3岁儿童养育和照料公益事业，承担着国家扶贫、助贫、乡村振兴、社会实验、科学研究、政策倡导、决策参考等方面的重要功能，在国家发展战略中扮演着智库支持的重要作用；其五，企业型基金会案例。区别于官方背景的社会组织，主要由企业发起，成立企业基金会等形式，在弥补政府、市场供需不足的领域，发挥社会力量的作用。其六，社区儿童之家案例。社区儿童之家是全国性的儿童福利工程，是儿童保护与发展在基层的重要载体，二孩政策全面放开以来，儿童之家把业务下移到0—3岁，利用现有平台，加快推进满足0—3岁儿童养育和照料需求建设，是未来服务农村最便捷的平台，实施主体是村/居社区，社区儿童之家2020年全国覆盖率达90%；其七，社区型企业运作案例。尽管西南乡村不具备市场投资的吸引力，但还是有部分本土小型社会服务组织以开连锁店的形式经营，这种方式灵活、接地气、大多数家庭能接受、操作性强，与社区结合紧密、承担政府购买服务的基层功能，也能容纳广大妇女就业，形成了较有特色的社区企业运作模式。

西南乡村0—3岁儿童养育和照料社区整合服务模式，不限于以上七种，还有家庭互助型整合模式、托育一体化整合模式（乡镇以下少量存在），但本章节重点围绕以上七种类型展开阐述，尝试寻找多样化服务模式下社区整合行为背后的机制与逻辑。

一 社区整合主体项目运行机制

（一）卫健部门基本公共卫生服务项目

1. 国家基本公共卫生服务内涵

国家基本公共卫生服务是以人民为中心、保障全民健康的一项重要民生事业，政府主导、人人公平享有是重要的基本原则。公共卫生由基本公共卫生和重大公共卫生两部分组成，职能部门是卫健委。2009年中共中央国务院《关于深化医药卫生体制改革的意见》（简称"新医改"）中提出建立公平可及的公共卫生服务体系，逐步实现人人享有的基本医疗卫生服务目标，提高全民健康水平，通过国家基本公共卫生服务项目实现基本公共卫生服务均等化目标,中国新医改开启了基本公共卫生服务制度,以国家制度的形式确立了12项基本公共卫生服务范围。① 2018年国务院办公厅印发《医疗卫生领域中央与地方财政事权和支出责任划分改革方案》(国办发〔2018〕67号),把原属于重大公共卫生范畴的8类归到基本公共卫生服务范畴。② 基本公共卫生服务增加到14项、55类。针对3岁以下婴幼儿的项目主要有:5岁以下婴幼儿死亡率、儿童营养与健康监测、新生儿出生缺陷率监测、中国居民健康素养(健康知识与理念、健康生活行为与习惯、基本技能)、贫困地区营养改善项目(在全国832个原国家扶贫工作重点县和集中连片特困地区县,为6—24月龄婴幼儿提供营养包和看护人喂养水平服务)、贫困地区新生儿疾病筛查(新生儿PKU和CH两种遗传代谢病筛查,新生儿听力筛查)等服务。

2. 基本公共卫生服务运行机制

基本公共卫生服务运作机制模式包含运作主体、运作方式、考核标准。0—3岁儿童基本公共卫生服务由政府主导,利用纵向到底、横向到边的行政网络实施管理,政府整合人、财、物等资源,通过行政网络垂直下沉到社区,以社区为依托服务全民,行政色彩鲜明。确立了政府主导,多元卫生投入机制。政府筹资,通过乡镇卫生院、村卫生室和社区卫生服务中心(站)等基层医疗卫生机构向全民提供免费、自愿的基本公共卫生服务,重点支持农村、基层的基本医疗保障。建立健全了县级医疗卫生机构牵头、乡镇卫生院为主体、村/社区卫生指导服务中心为基

---

① 中国基本公共卫生服务可追溯到2006年国务院《关于发展城市社区卫生服务的指导意见》提出,城市社区卫生服务应坚持公益性,提供公共卫生服务,同年颁布了《城市社区卫生服务机构管理办法(试行)》,提出了社区卫生服务机构应提供12项公共卫生服务项目,形成了中国基本公共卫生服务的框架。2009年新医改明确了12项基本公共卫生服务包括:居民健康档案管理、健康教育、预防接种、0—6岁儿童健康管理、孕产妇健康管理、老年人健康管理、高血压和糖尿病等慢性病患者健康管理、严重精神障碍患者管理、肺结核患者健康管理、中医药健康管理、传染病及突发公共卫生事件报告和处理、卫生计生监督协管等。

② 2018年新列入的8类是:健康素养促进、妇幼卫生、老年健康服务、医养结合、卫生应急、提供避孕药具、孕前优生健康检查、计划生育事业费等原重大公共卫生服务和计划生育项目。可参看国家卫健委网站,《医疗卫生领域中央与地方财政事权和支出责任划分改革方案》(国办发〔2018〕67号),http://www.nhc.gov.cn/bgt/gwywj2/201808/041832c50e5949939ec0db60f4aa84f5.shtml。

础的卫生服务网络，构建起了国家基本公共卫生服务项目、基本公共卫生服务体系、基本公共卫生筹资机制框架。形成了国家与地方资金投入分摊比，按照中央和地方各级政府分摊划分为五档，西南乡村基本属于一档，中央与地方按8∶2分摊，2021年人均基本公共卫生服务经费补助标准为79元/年/人。

政府主体运作模式主要有机构和项目两种方式。一是政府对机构补助，政府对提供基本公共卫生服务机构的人员经费、发展建设和业务经费实施全额补助，政府按需确定机构的人员编制、工资水平、经费标准、人员岗位职责，机构按照规定取得的服务收入上缴财政专户或纳入预算管理。二是项目补助，这是国家基本公共卫生服务的又一重要运作方式。2018年新医改以来，确定了项目补助新型投入机制，主要以政府向基层卫生服务机构购买服务的方式提供公共卫生服务，以辖区人口人均经费标准拨付基本公共卫生服务经费；辖区基层医疗卫生机构有公立与民营，政府并不是补助全部运营经费。

基本公共卫生服务建立了较为系统完善的考核机制。除了各职能部门确立专项规划、年度重点工作计划考核外，国家在1995—2020年连续实施了三轮《中国儿童发展纲要》（以下简称"儿纲"）和《中国妇女发展纲要》（以下简称"妇纲"）。[①]"妇纲"涵盖健康、教育、经济、决策管理、社会保障、环境、法律七大领域；"儿纲"包含健康、教育、福利、环境、法律保护五大领域。《中国儿童发展纲要（2021—2030年）》和《中国妇女发展纲要（2021—2030年）》（以下简称"新两纲"），"新两纲"增加了儿童与家庭、儿童与安全、妇女与家庭，0—3

---

① "两纲"是国家和地方推动妇女儿童工作强有力的顶层设计，采取国家、省、市（州）、县（区）四级规划，除了第一轮规划是5年外，其余3轮皆是10年一个规划，2021年是下个10年规划的开启之年，于2021年9月发布，各地方政府正在国家指导下陆续出台。四轮发展纲要分别为：《中国妇女发展纲要（1995—2000年）》《中国儿童发展纲要（1995—2000年）》；《中国妇女发展纲要（2000—2010年）》《中国儿童发展纲要（2000—2010年）》；《中国妇女发展纲要（2011—2020年）》《中国儿童发展纲要（2011—2020年）》；《中国妇女发展纲要（2021—2030年）》《中国儿童发展纲要（2021—2030年）》。国家层面简称"两纲"，省、市、县三级简称"两规"。

岁成为未来 10 年发展的重要内容。① "新两纲"以定量指标和定性标准的方式明确了考核内容、主要目标、政策措施、责任主体、监督评估制度，并要求省、市、县制定相应规划，实现妇女儿童发展同步规划、同步部署、同步实施，把妇幼健康、婴幼儿健康核心指标和重点政策措施纳入各级政府目标考核；由专设的各级政府协调议事机构"妇女儿童工作委员会"具体推动落实。

3. 0—3 岁领域基本公共卫生服务成效

中华人民共和国成立以来，中国 0—3 岁儿童基本公共卫生服务从"保生存"到"促发展"取得了世界瞩目的成就。《中国儿童发展纲要（2011—2020 年）》统计监测报告显示：2019 年，婴幼儿死亡率为 5.6‰，低出生体重发生率为 3.24%，3 岁以下儿童系统管理率为 91.9%，5 岁以下儿童贫血率、低体重率和生长迟缓率分别为 5.38%、

---

① 前三轮"两纲"在 0—3 岁儿童方面的规划主要是健康方面，"新两纲"强化了生育友好型社会支持体系建设、儿童早期发展、婴幼儿照护服务体系建设、家庭养育支持体系等内容。"儿纲"具体体现在以下四个方面：第一，0—3 岁儿童与健康：第 4 条，构建完善覆盖婚前、孕前、孕期、新生儿和儿童各阶段的出生缺陷防治体系，预防和控制出生缺陷。第 7 条，构建城乡儿童早期发展服务体系，普及儿童早期发展的知识、方法和技能。要求建立健全多部门协作的儿童早期发展工作机制，开展涵盖良好健康、充足营养、回应性照护、早期学习、安全保障等多维度的儿童早期发展综合服务。加强对家庭婴幼儿早期发展指导服务；结合实施基本公共服务项目，促进儿童早期发展服务进农村、进社区、进家庭，探索推广入户家访指导等适合农村边远地区儿童、困境儿童的早期发展服务模式。第二，儿童与教育：第 5 条，完善 3 岁以下婴幼儿照护服务体制机制，提升儿童早期教育和发展水平。第三，儿童与福利：第 5 条，加快普惠托育服务体系建设，托育机构和托位数量持续增加。第四，儿童与家庭：第 7 条，支持家庭养育儿童的法律法规政策体系基本形成。策略措施是，推进家庭教育立法及实施。探索制定家庭育儿津贴政策。全面落实产假制度，探索实行父母育儿假。落实促进 3 岁以下婴幼儿照护服务发展政策；推动 3 岁以下婴幼儿照护支出纳入个人所得税专项附加扣除，探索扩大个人所得税专项附加扣除中抚育儿童支出的范围。"妇纲"体现在三个方面，第一，妇女与经济：第 10 条措施，为女性生育后的职业发展创造有利条件。加大普惠性托育机构、幼儿园的供给，支持有条件的用人单位为职工提供托幼服务。推动用人单位建设标准化母婴设施。第二，妇女与家庭建设：第 5 条措施，促进男女平等分担家务。建立落实父母带薪育儿假。发展 3 岁以下婴幼儿照护服务，促进婴幼儿照料家务劳动社会化。第 6 条措施，增强夫妻共同承担家庭教育责任的意识和能力。鼓励父母提高陪伴质量，增进亲子感情。第 8 条，制定出台促进男女平等和妇女全面发展的家庭政策。推动完善生育支持，促进工作家庭平衡和特殊家庭救助关爱等政策，建立促进家庭发展政策评估机制，研究制定评估监测指标体系。第 9 条，大力发展家庭公共服务。家庭关系调适、家庭教育指导、育幼养老等纳入公共服务，建立示范"家庭综合服务中心"。第三，妇女与社会保障：第 2 条措施，完善覆盖城乡妇女的生育保障制度。覆盖城乡的生育补贴保障体系。

1.37%、1.12%，孕产妇死亡率、新生儿死亡率、婴儿死亡率等关键指标达到发达国家水平。构建起了覆盖婚前、孕前、孕期、新生儿和儿童各阶段的出生缺陷防治体系，预防和控制出生缺陷，适龄儿童免疫规划疫苗接种率达到90%以上，婴幼儿健康水平显著提升，妇幼保健、预防接种等项目运作日趋成熟；财政投入逐年递增，从2009年的15元/人/年，增至2021年的79元/人/年；开启了家庭医生团队签约服务，实现医、育、护一体化的家庭服务模式，3岁以下婴幼儿是重点服务人群之一，提升了3岁以下婴幼儿养育和照料服务水平，为儿童早期发展奠定了网络基础。国家逐步建立健全法律法规政策体系，逐步完善儿童发展工作机制，儿童优先理念进一步深入人心，促进了儿童在健康、安全、教育、福利、家庭、环境、法律保护等领域的权利保障。

2020年是上个10年规划的收官之年，也是下个10年规划的开启之年，多元化、多样化覆盖城乡的婴幼儿照护服务体系、家庭支持政策体系、农村地区儿童早期发展等项目成为未来10年"新两纲"的重要指标，拓展了基本公共卫生服务在早期学习、托育领域的短板。

4. 基本公共卫生服务问题与思考

基本公共卫生服务的运作机制是行政网络，0—3岁儿童基本公共卫生服务专业性强，涉及内容广泛，服务人群特殊，在政府的主导下，虽然取得了显著成效，但也还有很大的提升空间。

（1）覆盖面广，保障层次低

3岁以下儿童基本公共卫生服务具有公共性、全民性、均等性等特点，主要功能是为国民健康起到兜底保障作用。

主要保障母婴生命安全、疾病预防控制、营养卫生保健、出生缺陷筛查等内容，对早期发展与托育服务等需求旺盛的领域存在短板，随着经济社会发展，基本公共卫生服务提供的低保障性水平已经很难满足国家人口素质战略的需要和家庭对美好生育、养育与教育的愿望，需要拓展三孩政策背景下积极生育支持项目。建议在基本公共卫生服务领域加大农村地区儿童早期发展与托育服务项目，设置专项财政资金给予支持。

（2）基层卫生医疗机构能力不足，服务质量不高

基本公共卫生服务模式主要是政府保障性服务，主要由服务主体三

级行政网络提供。但是在实践中很难达到行政目的。主要是卫生医疗基层人才匮乏、技术力量薄弱、经费不足，特别在村/社卫生指导中心（站），1个卫生站有1—3人，人员不足的情况下，很难做到制度设置要求的入户指导、精准建册、科学育儿指导等工作，基本是在预防接种的时候履行健康档案管理的台账工作，对居民健康生活的认知、指导与行为改善影响较小。

课题组调研时发现，很多家庭基本没有接受过新生儿入户指导及家庭养育指导，也就是基本公共卫生服务里的要求事项是很难深入到家庭场景。在西南乡村，还存在这样的家庭，孩子出生在家里，并没有去医院临产，有6个月因营养不良夭折的，有1岁吃硬物卡死的，也有其他不明原因死亡的，孩子从出生到死亡其家长没有接受过任何养育指导，甚至没有录入健康管理登记册。这种现象在少数民族贫困地区更为严重，早婚、父母受教育程度低、健康意识淡薄、信息闭塞、基层医疗不足，婴幼儿养育处于自生自灭的状态，从生到死悄无声息。需要加大农村地区基层卫生医疗机构人、财、物方面的投入。除此之外，0—3岁儿童是在养中教，教中养，西南乡村家庭科学育儿意识、行为习惯，以及婴幼儿成长的家庭环境、社会环境与制度环境滞后，这已经不是基本公共卫生服务一个部门能够解决的问题，需要在政府统筹协调下实现跨部门联动的体制机制，除了硬件投入，还要整合卫生、教育等领域的专业技术人员下沉到基层社区开展常态化服务。

（二）教育部早教试点项目

1. 项目概况

教育部试点项目是深入落实党的十八大提出"努力办好人民满意的教育""办好学前教育"的重要举措。2012年，国家教育部在上海市、北京市海淀区、山东省青岛市、山西省太原市、贵州省贵阳市、四川省成都市、安徽省芜湖市等14个地区试点，以幼儿园和妇幼保健机构为依托，整合教育、卫生和社区资源，开展面向社区、辐射家庭的0—3岁儿童早教服务体系试点项目。项目以公益普惠婴幼儿早期教育服务体系为目标，研究探索政府在婴幼儿早期教育中的管理规范、行业标准、服务供给模式、早教内涵、财政投入、监督评估等方面的试点经验。

教育部试点项目有六个目标：第一，探索3岁以下婴幼儿跨部门合作的管理体制，其中特别强调了教育部门与卫生部门的主要责任，相关部门协调配合的合作机制；第二，资源整合的早教模式，特别强调了整合幼儿园、妇幼保健院的现有资源，探索多元化、多样化、覆盖城乡的早教模式；第三，探索早教管理规范制度，重点探索早期教育机构的准入制度、从业人员管理、质量监管等方面的体制机制；第四，探索早教投入的成本分摊机制，本着公益普惠性原则，探索建立政府、社会、家长合理分担成本的体制机制；第五，探索早教师资培养培训模式，利用高校学前教育与医学专业，围绕从业人员课程培训、人才培养模式、从业资格与专业素质等方面，研究探索如何建设一支高素质专业化的早教师资队伍；第六，探索早教内涵式发展模式，深入研究0—3岁儿童身心发展规律与特点，探索符合婴幼儿不同月龄段的生长发育监测、喂养、早期学习指导及情绪与社会性情感、语言、智力等方面教育的具体形式和内容。

2. 运行机制

运行机制主要体现在项目运行主体、资源整合系统、运行模式、制度设置等方面。此项目资源整合主体是政府，充分体现了政府在人、财、物方面的主体责任，如上海有制度编制，有场地投入，有具体落实部门，有明确的部门分工职责。资源整合来自政府牵头，整合教育部门和卫生部门在公共教育、卫生和社区资源，以幼儿园、妇幼保健机构为依托，家庭适当交费，面向社区指导家长的婴幼儿早期教育服务体系；运行模式基本形成了以幼儿园托幼一体化、妇幼保健机构医育结合、社区科学育儿指导中心等为主体的多元发展模式。制度设置体现在项目运作管理与目标达成的各个环节，如组织架构、服务内容与方法、质量督导与监测评估、项目产出都形成了较为健全的制度管理。

3. 社会成效

教育部在全国14个地区开展试点工作，产出了较为普遍的托育一体、医育结合、社区科学育儿指导中心等具有共性的服务模式，有的地区拓展了家庭入户指导、社区亲子服务点、0—3岁儿童托育运营机构等

第四章　西南乡村0—3岁儿童养育和照料现有社区整合机制案例研究

多种运作模式,最为亮眼的是上海形成了体系化的6种服务模式,贵州、四川等示范点也初见成效。

(1)家庭照护支持模式

此模式主要是指完善3岁以下婴幼儿家庭教育指导服务工作,通过加强对婴幼儿养育者的科学育儿指导,提供多形式、个性化的早教指导服务,提升家庭科学育儿水平与能力。主要做法是通过面对面提供广覆盖和普惠性的入户指导、亲子指导活动、家长讲座、专家咨询、发放宣教科普读本、开展宣传教育、互联网+科学育儿的方式,为广大家庭提供儿童早期发展理念、育儿方法、生长发育、疾病防控、营养与喂养、常见育儿问题的处理、安全与意外伤害、隔代教养等服务内容。上海每年提供6次免费家庭照护服务,覆盖人群达到98%。其中孕妇学堂、父母工作坊、祖辈课堂、亲子活动值得借鉴。利用"互联网+社会服务"的形式,建成了市级学前教育网、科学育儿指导平台、科学育儿基地、家庭网等一批有影响力的学习网站。通过新媒体,如育儿App、微博、微信公众号、小程序开发出了"育儿周周看""口袋早教""育儿宝"等精品服务内容,满足多样化的家庭需求。此模式在贵州、四川等地也初见成效。

(2)社区普惠服务模式

上海社区服务模式主要有社区科学育儿指导中心/站和社区普惠托育点两种方式。科学育儿指导中心/站的主要做法是:①在社区设置固定的早教活动室;②每周开展公益性的亲子活动;③定期组织亲子主题活动,如:亲子爬爬赛、亲子烘焙、手工制作、家长讲座等;④提供线上育儿指导服务,如通过微信号和家长群,定期分享科学育儿知识。科学育儿指导中心/站的特点是灵活、固定并具有持续性。

社区普惠托育点做法是:①把社区普惠性幼儿托育点纳入了市政府实事项目,每个街道至少有一家普惠性社区托管点,通过公建民营、民建公助的方式建设一定规模和数量的托育点;②政府出台扶持政策,在场地方面,通过免租、减租方式进行扶持;在师资方面,对保育员进行理论+实操+师德的全方位培训,并鼓励保育员、育婴员通过资格考试,获得从业资格证;在建设运营方面,给予补贴,水电煤均实行居民价格收费制、税收减免制、低息贷款制。

案例：杨浦区五角场社区政化路幼儿托管点

性质：公建民营；

规模：总面积共360平方米，共设置两个班级，可容纳40个学位；

收费：3000元/月，餐点收费500元/月；

人员：设有负责人1名、保健员1名、育婴员2名、保育员4名、后勤前台1名、财务1名、保安1名，师生配比按照上海"1+2"托育管理文件中1∶7的规定配备。全体人员均有四证（身份证明、学历证明、健康证明、从业资格证书）。

这一模式在贵州、四川更多是借助社区、社会组织的力量，政府通过购买服务，以项目方式整合部分资源，投入力度有限。

（3）托幼一体化服务模式

此模式是利用幼儿园现有资源，鼓励并支持有条件的幼儿园招收2—3岁婴幼儿托班。这种模式充分利用了公共教育资源，广受家长欢迎，基本形成了可在全国推广复制的经验。私立幼儿园参与度高，但收费较高，招生困难；公办幼儿园收费低，家长急需，但入园难，西南乡村公办幼儿园招生覆盖率低，有些省的公办园基本不招生3岁以下幼儿。此外，此种模式受主管部门限制，3—6岁领域归教育部门主管，0—3岁领域归卫健部门主管，两个部门的协调配合工作也是实施的难点，幼儿园在开展3岁以下托育服务时存在注册、登记备案等方面的制度瓶颈。上海由教育部门主管0—3岁领域，托幼一体化实施起来比全国其他地区顺畅一些。

（4）市场化托育机构模式

此模式有营利与非营利两种，营利机构在市场监管部门注册，非营利机构在民政部门注册，是专门提供3岁以下婴幼儿全日制、半日制、计时制、临时托管等照护服务的机构，主要由家庭付费。此种机构在全国各地皆有市场，但在西南乡村，特别在乡镇以下基本是空白。上海市的经验值得借鉴。具体做法是：一是制度化、规范化管理。上海出台了《关于促进和加强本市3岁以下幼儿托育服务工作的指导意见》《上海市3岁以下幼儿托育机构管理暂行办法》《上海市3岁以下幼儿托育机构设置标准（试行）》《上海市 3 岁以下幼儿托育机构从业人员与幼儿园师资队伍建设三年行动计划（2018—2020 年）》，在全国率先出台了行业标准和管理规范，把 3 岁以下托育机构纳入制度化建设。二是明确管理主体是教育部门，相关部门各司其职（近 20 个部门），协同推进。三是分级管理制度，成立市/区/街道托育服务管理中心，建立工作管理网络。

市场化托育机构的难点是全国性的行业标准与管理规范还没有建立健全，国家出台的扶持政策在地方层面还没有配套措施，政府财政暂未顾及早期教育事业，社会力量缺乏规范与引导，出现城市地区早教市场乱象丛生、农村地区早教市场无人问津的局面。上海由教育部门主管负责，给全国各地提供了借鉴经验。

（5）职工亲子工作室

此模式主要整合了总工会资源，在托育需求集中，或有条件的企事业单位、园区、楼宇等开展托育服务或亲子工作室、爱心妈咪小屋。有的是企事业单位自办，或联合多家单位集体办的方式，有的是由企事业单位提供场地及资金等支持，以购买服务的形式委托专业机构提供托育服务或亲子指导服务。此模式在管理规范与设置标准方面需要出台地方标准，避免安全隐患的出现。上海在这方面走在全国前列，出台了《上海"职工亲子工作室"设置和管理办法》，对职工亲子工作室的服务类型、设置标准、管理要求、安全防范、应急措施、经费投入、人员安排等做出详细规定，可提供全国借鉴。

（6）医育结合服务模式

此模式是把教育与医疗卫生健康服务相结合，整合教育队伍与医疗卫生健康队伍，把早教与婴幼儿卫生保健、营养、康复等领域相结合，建立医生护士、教师、家长对婴幼儿的共同教养、评估和指导机制，结合医学理论知识背景，促进 0—3 岁儿童科学教养问题的解决；此外，通过医教结合方法，使特殊儿童得到"早发现、早干预、早治疗"。这一模式受到全国各示范点的青睐，基本建在妇幼保健院，利用基本公共卫生服务资源，继续延伸早教服务内容。主要做法主要有两种，即线上服务与线下服务。其一，线上服务：建立医院—家庭互动式智慧保健系统，为家庭提供由儿保专家制定的营养、早教和环境干预等方面的指导和线上咨询服务,在家也可以接受以评估结果为依据的专业育儿指导。其二,线下服务:开展孕产期保健、儿童心理行为发育、生长发育、营养与喂养、高危儿管理、亲子游戏活动等服务项目。通过孕妇课堂、父母课堂、亲子活动、亲子瑜伽、讲座咨询等形式,开展科学育儿指导。

以上六种试点模式具有多元化、多样化、可复制的推广经验,给全国提供了系统全面的早教发展经验,特别是在教育部试点的基础上,全国纷纷效仿,加快推进地方儿童早期发展事业。

4. 试点经验与思考

此项目经过多年试点推动,在全国探索了覆盖城乡、多元化、多样化、有质量的婴幼儿早期教育服务模式,其中,上海的试点最为显著。上海通过政府引导、家庭为主、多方参与的方式,很好地完成了教育部试点任务,基本建成了管理网格化,服务专业化、系统化、规模化、多元化的早期教育服务体系,形成了三级行政指导中心,6种服务模式,并于2020年出台了《上海市托育服务三年行动计划(2020—2022年)》,为全国提供了全面、系统、专业的试点经验。

上海最大的成功是政府主导,教育部门、卫生部门分工实施,整合各相关部门的资源共同推进,构建了纵向到底、横向到边的网格化管理模式,设置了专门的机构和编制。此模式建立了三级行政指导中心,即:市—区—街道早期教育服务中心网络,由市教育局主管,联合各区教育部门,在每个街道建立社区科学育儿指导中心,为辖区家庭提供公益普惠性的全日制、半日制、计时制及临时托等托育服务。在此基础上成功试点了6种服务模式,即家庭照护支持模式、社区普惠服务模式、托育一体化模式、市场化托育机构模式、职工亲子工作室、医育结合模式。通过专业师资培养、基础队伍建设、社会兼职力量的方式,培养了一支梯队早教队伍。通过线上、线下方式,实现了家庭科学育儿全覆盖。利用人才优势,实现科学研究与早教质量开发有机结合,产出了一批高质量的研究成果与课程体系。《上海市托育服务三年行动计划(2020—2022年)》提出,到2022年街镇普惠托育覆盖率不低于85%,托幼一体化不低于50%,实现政府、社会、家庭共同分摊社会化托育服务的体系建设，政府主体责任较为明显，公益普惠落实落地。

上海的成功首先是政府重视，在政府层面高位推动，纳入机构编制和财政投入；其次是雄厚的经济发展实力和高度的社会早教发育程度，获得了来自家庭、社会的全方位支持。上海的经验非常亮丽，在全国独树一帜。2019 年明确了全国 0—3 岁领域牵头管理部门皆是卫健委，而上海是教育部门承担，婴幼儿早期发展已经接近发达国家水平，就全国来说，只能望洋兴叹，可望不可即。

贵州、四川等地区试点，采取政府牵头，整合高校、社会组织的力量共同参与，也探索了一批多元化、多样性并存的托育发展模式，贵州启动了"苗圃工程"，四川也启动了一些试点，但因经济社会发展的现实困境，公益、普惠覆盖面狭窄，受益群体有限，不过他们把有质量的婴幼儿照护服务理念在社会上进行了广泛宣传，给全国提供了宝贵的经验。

（三）国际 NGO 试点项目

西南乡村 0—3 岁儿童早期发展主要服务行为主体是政府和社会组织提供，中国政府主要从基本公共卫生服务领域提供保障性服务，且保障水平是基础性的生命、健康与疾病预防，给社会留下了很大的发展空间。其中，涉入这个领域的有国际 NGO（Non-Governmental Organizations，简称"NGO"，意为"非政府组织"）和全国性、地方性的本土社会组织。本研究选取了具有代表性的国际 NGO 组织 JZH 的案例进行分析。

1. JZH 简介

JZH 是一家专门开展儿童福利项目的国际组织，1919 年成立于英国，是独立的国际儿童发展组织，遵循非政治、非宗教、非营利和非政府的国际机构。目前在 120 个国家开展工作，中国总部设在北京，并在云南、四川、新疆、上海设有项目办，在全国 12 省份开展工作。服务对象主要是：困境儿童、贫困少数民族地区儿童、城市流动儿童；服务方式主要有：开展项目、开展培训、调查研究、宣传倡导，提升全社会对儿童保护与发展的意识和能力，保护儿童权益，实现儿童自身潜能开发与发展。

2. 项目简介

JZH 在云南省开展了 0—3 岁儿童早期发展项目，此项目始于 2015 年，分两期在云南省开展。一期项目 2015—2017 年，在云南省滇中 Z 区开展，一期项目共有 3 个乡镇 20 个村委会参与，覆盖幼儿 500 人，参与的督导人员有 7 人，参与村级入户指导的人员有 45 人。二期项目于 2018—2020 年在滇中 Z 区和滇北 L 县（原国家级贫困县）同时开展。二期项目共有 6 个乡镇 29 个村委会参与，覆盖幼儿及家庭 1164 位/户（1 户有 1 位儿童参与），参与督导的人员有 17 人，参与入户指导人员有 67 人。入户成本 215 美元/人/年，约 1500 元人民币。地方计生协会负责项目实施，项目评估由第三方开展，主要是高校承担评估工作。

通过培训卫生计生部门基层工作人员服务 0—3 岁儿童早期发展专业技能，以每月 2 次入户指导和每月 1 次家庭小组活动的方式为农村地区 0—3 岁儿童家庭提供养育指导，提升养育人在亲子互动、喂养、保护儿童安全等方面的知识和技能，促进农村地区婴幼儿在身心健康、语言、认知、运动和社会情感方面的全面发展，为农村地区婴幼儿营造一个安全、健康、远离暴力的成长环境。并在项目实施过程中赋能社区妇女，帮助服务人员进行社区能力建设，探索农村地区 0—3 岁儿童早期发展服务体系的家庭与社区服务模式。此项目的目标非常具体，操作性强，并有明确的时间表，项目还设定了目标达成具体指标（量化和质性的指标体系）和评估过程。

项目从 2015 年到 2020 年，总共开展了 2 期，实施过程主要包括选点与分组、服务人员聘用与培训、项目实施与管理（基线调研、数据分析、项目设计、监督、监测与评估）等。

3. 项目运作机制

（1）组织管理

国际 NGO 项目进入中国的程序复杂，一般由国家层面对接，层层落实到基层。此项目进入中国，由国家卫健委牵头，经过省、市对接，县区负责落实，项目办设在县/区一级，乡镇组织实施，以社区为依托辐射家庭服务。NGO 提供资金、技术，各级政府提供办公场地、项目在地化管理。

第四章 西南乡村0—3岁儿童养育和照料现有社区整合机制案例研究

①组织管理架构。JZH组织、国家卫健委、地方卫生计生部门共同组成了管理团队,并制定了相应的管理方案。在区县级层面设置项目办公室,项目办负责项目的日常运作管理。项目办负责人为Z区卫健局局长,县级设置一位项目县级督导员,并设有一名专职办公室人员,办公室负责管理所有的村级督导员与村级入户指导人员。村级督导员一般由村级卫生计生人员担当,入户指导人员大部分是本村的家庭主妇。整个项目的组织架构如图4-1所示。

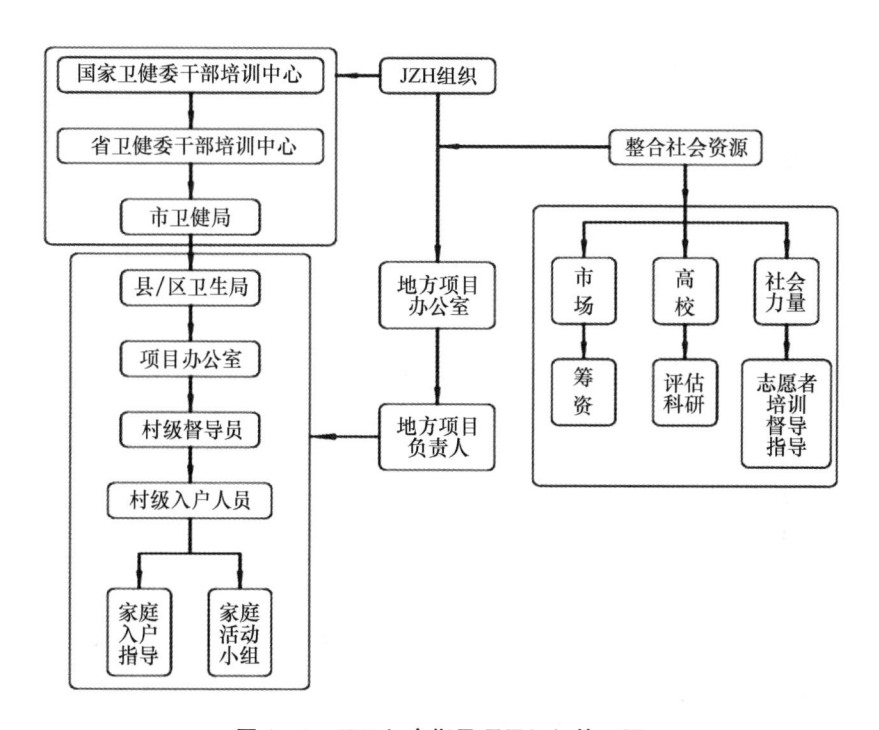

图4-1 JZH入户指导项目组织管理图

②督导与入户管理。督导组由三级督导,即国家、省市级与JZH高层领导组成的顶层督导,每年1—2次不定期督导;市县级与JZH组织的中层督导,每月1次不定期督导;村级入户督导员组成的日常督导,每一位村级督导员负责督导5—8名入户指导员,每一位入户指导员负责10—15位家庭的入户指导工作,每位入户指导员每月入户指导2次,并外加1次家庭小组活动。

③督导方式。项目督导分为电话督导、现场督导及 APP 后台督导三个部分。其中电话督导及现场督导由区卫生计生局指定的工作人员作为督导员。对每名入户指导工作人员，每月需要在她/他的服务对象中抽取 20% 进行电话督导，该月同一村级工作人员获得的电话督导评分的平均分作为月度工作补贴考核内容项。每年，同一入户指导工作人员获得月度电话督导评分的平均分作为年度项目工作激励考核内容项。现场督导每 3 个月作为一个周期，在一个周期内需要对每一位入户指导工作人员的入户指导工作进行一次现场督导。每年，同一位入户指导人员获得的现场督导评分的平均分是年度项目激励考核内容项。APP 后台督导则由 JZH 组织员工在每月入户工作完成后登陆 APP 后台对每位入户指导工作人员的工作计划与入户记录进行核对，计算其出勤率，出勤率将作为月度绩效和年度绩效的考评指标之一。

④项目考核。项目默认全年出勤达到 20 次即为满勤（项目接受的 4 次缺勤分别是春节期间的 2 次和农忙季节的 2 次）。计算年度项目激励时，根据后台显示的合规出勤数据，每一次计为 1 分；发生项目接受 4 次缺勤情况下的满勤，计为 20 分；如村级工作人员在项目接受的 4 次缺勤期间仍能坚持提供入户服务，每提供一次计 1 分。后台监测结果最高计分不大于 24 分。

JZH 组织根据项目活动设计和人员培训情况，设计和开发《现场督导观察清单》、《电话督导问题清单》和《现场督导报告》供项目合作伙伴各方在进行督导时使用。《现场督导观察清单》供现场督导过程中评估村级工作人员服务情况时使用，观察清单包含 15 个观察项，每一项下有若干"加分项"，部分观察项下有若干"减分项"，观察清单的计分以现场观察为准：见到即计分（"加分项"或"减分项"），见不到不计分。

《电话督导问题清单》供电话访问照养人时使用，清单包含 11 项问题，每一项下有若干"加分项"，每个"加分项"计为加 1 分，总分为所有项相加之和。问题清单的计分以照养人自行回忆为准，督导人不要进行相关提示；照养人每提到一个"加分项"即可计分，不提到不计分。

第四章　西南乡村 0—3 岁儿童养育和照料现有社区整合机制案例研究

专职项目办公室人员有 1 名，每月有 2000 元左右的劳务费，上通勤班；督导员与入户指导员每月按完成的工作量核算基本能获得 800—1000 元的劳务补贴，每月平均工作时间要完成 21—30 个课时量，如果加上入户过程中的路途、备课、上传资料等工作带来的务工，则时间会更长，普遍反映会耽误 15—20 天时间，山区、半山区居住较为分散，路途上耽误的时间较多。

（2）人员聘用与培训。人员聘用包括"督导人员 + 入户人员"两部分。人员聘用与培训由国家卫健委干部培训中心、JZH 组织、地方卫生部门三方合作，聘用基层卫生计生人员、家庭主妇、村里热衷婴幼儿公益服务事业人员，进行每天 6 小时，为期一周的集中培训。

培训内容包括理论与实操两部分，理论部分涵盖了 0—3 岁儿童身心发展的规律与特点，科学育儿的理念和方法，亲子阅读、婴幼儿营养和喂养等知识。围绕理论知识开展实地培训活动。实地培训是把集中培训后的入户人员安排到各自负责的家庭进行入户指导服务，在服务过程中，由"培训专家 + 督导老师"对入户人员进行现场指导与培训，实地培训结束后，组织项目成员进行交流、沟通，找出存在的困难与问题，并协商解决。集中学习和培训每年不少于 2 次，而实地培训则贯穿到项目运作的全过程，也就是每月 2 次家庭入户和 1 次家庭小组活动中。项目成员在这个过程中提升了社区服务能力。

培训方式分为面对面在场培训和线上培训两种。面对面在场培训方式也就是上面所讲的集中培训与实地培训。而线上培训，则邀请幼儿教育机构的知名专家对项目点人员进行线上督导培训。线上督导分为语音督导及视频督导两个部分，专家通过学员发在微信群里的 1 分钟入户服务语音，对入户服务中的优点及存在的问题——进行回复和指导。在完成语音督导后，入户指导工作人员将自己在入户过程中服务的视频发给专家进行指导，专家通过观看视频对入户指导工作人员在服务活动中所遇到的情况进行详细指导，使入户指导工作人员更加清楚地明白如何在实践过程中运用所学知识的技巧。

（3）项目开展工具包

每一位家庭入户指导员都配有一个工具包，工具包里有：①《0—3

岁儿童早期发展项目入户指导手册》（以下简称《手册》）① 及配套的绘本和玩具包；②每人配有一部 Pad 平板电脑，宝宝喂养 APP 安装在 Pad 上面，也是线上督导和管理的重要方式；③每人配有测量孩子身高的尺子和测量体重的秤。

（4）活动开展

Z 区卫生计生部门负责组织督导人员和村级入户指导工作人员开展每月 2 次的入户指导活动。入户指导人员依据《手册》，找到相应月龄指导内容，按照《手册》上的内容一一进行授课指导。授课指导内容包括：身心健康、认知、语言、运动、社会性情感等能力的干预。授课方式有还课环节（复习上一次课程的内容，查看家长每天陪伴孩子学习情况）；授新课环节，新课内容包括：亲子游戏、亲子阅读、手工制作、"宝宝喂养 APP"中的家庭喂养和营养课程；布置家庭学习环节，每次入户指导结束前，指导员都要布置家长每天陪伴孩子学习的内容和注意事项。

在项目当地卫生计生部门的组织下，村级入户指导工作人员开展每两周 1 次的入户指导干预活动。入户指导工作人员根据每个儿童的月龄，找到《手册》中对应该月龄儿童的亲子游戏活动、亲子阅读书以及"宝宝喂养 APP"中的家庭喂养和营养课程知识点，基于上述信息开展入户指导活动，测量儿童身高、体重，评估照护人的喂养行为等，并搜集儿童生长发育信息，通过平板电脑实时传到管理团队的管理平台，每次入户指导时间约为 1 小时。

4. 社会效益

（1）直接受惠于幼儿和家庭

此项目最大的受益者是幼儿及家庭，一期项目和二期项目共有 1664

---

① 入户指导是国家卫计委干部培训中心和 REAP 在每周 1 次入户研究项目中开发的亲子活动入户指导方案（适合贫困农村 6—36 月龄儿童，每周 4 个适合该年龄段儿童发展的亲子活动，每个月 8 个活动，侧重于儿童认知、语言、运动和社会情感的活动各两个），遴选了一半（124 个）亲子游戏活动。并基于国家卫计委干部培训中心和 REAP 提供的亲子阅读书单，在遴选、补充和完善的基础上制定了与《手册》配套的亲子阅读绘本和玩具包。在喂养方面，JZH 组织专家根据 WHO 的《婴幼儿喂养指南》开发了 0—3 岁婴幼儿家庭喂养和营养课程，并开发了"宝宝喂养 APP"成为此项目的主要内容。

位儿童和家庭参与。此项目由家庭入户指导和家庭小组活动两部分组成。受益于项目的家庭免费获得每月 2 次的上门指导，每月 1 次的家庭小组活动指导；项目周期内优质玩教具可以在家庭使用及一对一的家庭教养日常指导服务。

通过早期项目的干预，提升了家庭科学育儿的理念与行为，幼儿在认知、语言、动作、社会性情感方面都有了显著改变。家长和老师反映，受过早期项目干预的幼儿在上幼儿园以后，也能很快地适应幼儿园生活。特别对留守儿童家庭和困境儿童家庭的效益更大。吃饱穿暖不生病是普遍家庭的养育理念和行为，早教理念和资源非常缺乏。开始的时候，有些家长认为入户指导员上门来就是帮忙带娃的，指导人员来了，家长去忙活了；有的家长当初还有些反感，认为影响了他们干农活，没少给入户指导老师脸色看。但随着指导人员的慢慢引导，看见孩子的慢慢变化，家长的观念发生了很大变化，开始愿意配合指导老师一起陪伴孩子上课，课余陪伴孩子游戏、阅读、玩玩具，在陪伴孩子的过程中体验到了与传统养育的区别与乐趣；大部分母亲参与了入户指导志愿者，在帮助别人的同时，提升了自己养育孩子的能力，走向早教行业。从而达到家长与孩子共同成长的双赢局面。

（2）培养了一批基层人才

此项目把 0—3 岁儿童早期发展理念、意义、管理及方法深入到基层，使基层管理人员、早教从业人员、村级普通家庭主妇全面科学认识到儿童早期发展的价值，并全身心投入此工作中。儿童早期发展是一项崭新的事业，从管理层到普通家庭都处于一种传统自然养育状态，从没有这么深入全面接触过其中包含的意义、内涵与方法，项目的实施对基层参与人员起到了早教启蒙的功效。这批早教启蒙人员是星星之火，必将在二孩政策实施以来，国家高度重视婴幼儿照护服务事业加快推进的今天，成为乡村儿童早期发展的先驱者、主力军。

项目负责人县卫生局局长的转变就是一个非常好的例子，在实施这个项目的过程中，他当上了爷爷，一边实践，一边教养孩子，如今他的孙子已经 5 岁了，亲历了孙子与其他孩子成长的区别后，他更加坚信了早期发展的重要性。在他的努力下，二期项目在本地继续顺延，并努力争取到了省卫健委和其他部门的省级示范点建设,从项目开启时的推脱、搪塞、消极应对到四处协调、游说、争取项目的主动作为。L县区的入户早期发展项目已经成为云南省的名片和亮点,每年要迎接众多全省甚至全国各地来访者的参观。加快推进了农村地区3岁以下儿童早期事业的发展。

督导员是由基层卫生计生工作人员承担,一期和二期项目共有24名村级入户督导员参与,在项目实施过程中,他们也发生了巨大变化。用他们的话说就是,"我们乡村计生人员每天的工作量就非常大了,习惯了坐在卫生指导中心等着老百姓来找我们,现在要让我们背着这么多玩教具上门服务,还要看家长的脸色,真不是滋味,但看着孩子们一天天的变化,看着家长们对我们态度的转变,感觉非常有成就感,也转变了我们基层服务人员的工作心态"(督导访谈整理)。村级卫生计生工作人员是早教项目相对专业的主力军,他们从别人上门来求到自己上门求人的心态落差中感悟到了新时代创新村级公共服务的紧迫性与可及性,从计划生育时代要钱要命的工作方式到二孩政策下要人要质量的服务理念转变。

一期项目和二期项目的入户指导老师共有112人参与,大多是村里有孩子的年轻母亲和家庭主妇,他们既是项目的工作者,又是项目的受益者。很多年轻的母亲在培训和入户指导过程中学到了科学育儿的知识、方法与技巧,并直接受惠于自己的孩子和村里的孩子。母亲是培养博爱的土壤,能把儿童早期发展的理念和专业知识传播到这些母亲当中,本身就是此项目的一大功劳,还有不少母亲正在谋划着从事婴幼儿早期发展的职业。这批受训的入户指导教师将是乡村儿童早期发展事业的星星之火,是阻隔贫困代际传递的守望者。

(3)在乡村社区营造了科学育儿的良好氛围

乡村是一个熟人社会,信息在亲属和邻里之间传播较快,入户一家,全村都知晓,服务一个家庭,这个家庭也会影响亲戚和乡邻。由于乡村受自然条件和交通条件的限制,入户指导和家庭小组活动通常是在家门前的露天铺上一块地垫就开始上课,经常吸引很多村民和其他孩子围观。欢快的儿歌童谣、开心的亲子游戏、温馨的亲子阅读、其乐融融的亲子

第四章　西南乡村0—3岁儿童养育和照料现有社区整合机制案例研究

手工与绘画场面给乡村增添了无尽的生机与灵气,在这浓烈的氛围中,我们看到了乡村振兴的前景与未来。

儿童早期发展只是一个示范项目,受益群体有限,没有进入项目组的家庭有的羡慕,有的不满。经常听闻村民们抱怨:"为什么他家有了,我家没有,是怎么选出来的?如果我们要参与,需要具备什么条件?"有的家庭甚至与入户指导老师协商,能否让他们自己交钱参与这个项目。特别看到自己的孩子与邻居的孩子差距逐渐明显的情况下,更增添了家长的紧迫感,自己跑到项目家庭打听所学内容,并模仿着给自己孩子买玩具和绘本,在项目组家庭的感染下开始重视孩子的早期教养。

(4)带动了社会力量参与农村儿童早期发展公益事业

"教育的本质意味着:一棵树摇动一棵树,一朵云推动一朵云,一个灵魂唤醒另一个灵魂"[1]。以入户为代表的乡村儿童早期发展项目吸引了省内外相关人员的参观考察,媒体的宣传报道,科研人员的成果交流。在众多力量的推动下,扩大了社会的知晓率与认可度,引起很多社会组织、慈善机构、基金会、企业及诸多公益人士的高度关注。参与乡村儿童早期发展示范项目的主体日益增多,示范项目点不断得到拓展,模式不断多元优化。

5. 项目实施中的难点与思考

此项目对所有人来说都是一项崭新的工作,要能充分认识到它的重要性、紧迫性,并站在社会经济发展和人口素质提升的战略高度上来看待。而且0—3岁婴幼儿养育又是一个内容丰富、专业技能较高的技术活,既有营养保健又有早教启蒙,既要干预婴幼儿,更要引导好看护人。所以要求从业人员的综合专业技能非常高。虽然项目在多方的努力推动下得以开展,但在实施过程中也遇到了不少困难,主要表现为以下几方面。

(1)基层行政工作繁重,缺乏项目专业人员

云南的项目主要放在卫生计生部门,此部门的行政编制从县区到乡镇都非常少,如,L县的一个乡镇卫生院正式编制只有37人,但实际上岗的人员是87人,额外的不足部门只能内部协调解决,这些人员基本只

---

[1] [美]杰克森:《什么是教育》,吴春雷、马林海译,安徽人民出版社2012年版。

能应付整个镇的日常工作，如果再加上其他项目嫁接进来，则无形中增添了很多工作量。L县的督导人员和入户指导人员都是由乡镇和村级卫生计生专职人员承担，在这种超负荷的压力下，很难保障项目的质量。

（2）入户指导员的综合服务能力不足

综合服务能力不足主要体现在两个方面。其一，受教育程度不高，专业性不强。云南省两个项目示范点的督导人员都是基层卫生计生部门的人员承担；入户指导员则有卫生计生系统的，也有年轻母亲、普通家庭主妇。他们的学历有初中、高中、中专和大学，参差不齐。有一半是基层卫生计生工作者，有一半是年轻母亲和家庭主妇，受过学前教育专业的人员基本没有。通过短期项目培训上岗是很难保障专业上要求的质量。其二，补贴少，人员流动较大。调研发现，入户指导人员的工作量大、烦琐，但补贴少，很难吸引高学历的人员进来，成员流动性也较大。这两方面的因素是很难确保项目质量的关键点。

（3）NGO管理与地方工作惯习的衔接难点

这里的NGO统称非政府组织，包含了国际NGO，以及国内基金会、社会组织等非政府与非市场的"公共领域"（哈贝马斯，2009）。NGO在儿童早期发展方面有全球经验，但管理也是结构性的。从理念到目标、从内容到形式、从结构到流程、从培训到专业技能要求，及从资料搜集到财务管理等方面，都有精致化的设计和要求。在与地方行政衔接和基层实际运作过程中难免有些水土不服。如对行政的执行力、责任与要求、目标达成的效果、资金管理的制度化等；对督导和入户指导人员的备课、讲课、与家长沟通的要求，资料搜集、整理、上传与工作记录等。

调研中发现，很多基层工作人员反映最多的就是NGO的管理太麻烦和烦琐。如，一张发票开了5次也没有通过，很多支出无法提供明细单，拍照片、录视频、上传资料太麻烦，现场观察、记录、评估、总结工作太烦琐。这些管理与他们的传统惯习相差太大，在较短的时间内很难适应。

NGO把全球先进的理念、资金、技术带到乡村，但地方上的人才素质、管理和传统理念很难适应，只能在不断的谈判、协调与磨合过程中相互妥协，但也有一些项目因双方难于妥协，削弱了可持续发展的机会。很多项目进来了也很难落地，落地了也很难达到预设的效果。国际NGO项目

第四章　西南乡村0—3岁儿童养育和照料现有社区整合机制案例研究

在地化管理，地方政府与NGO之间如何合作是需要进一步研究的重大课题。

（四）国内公募基金会试点项目

全国性官方社会组织在中国的影响力越来越大，有些还拓展到了国际上，本案例中的ZFH基金会就是一个具有国际性服务的中国组织，0—3岁儿童早期发展项目已经拓展到国外很多贫困地区。

1. ZFH基金会与儿童早期发展项目简介

（1）ZFH基金会简介

ZFH基金会是一家在民政部注册，业务主管单位是国务院，具有公开募捐资格的全国性质的基金会。业务内容有决策咨询、科学研究、国际交流合作、奖励在决策与科学研究领域有突出贡献的人员、资助符合基金会宗旨的社会公益活动。基金会收入来源渠道有：国内外企业、机构、个人的捐赠和赞助；投资收益；其他合法收入。理事会是ZFH的决策机构，理事会设理事长、副理事长、秘书长，下辖9个部门，其中有儿童发展部、国际部、有3个研究部、办公室、人事与财务；此外ZFH组织设有监事会。

ZFH基金会遵循社会实验，通过社会实验、科学研究，把实验示范项目上升到国家决策，服务中国社会发展的需要。2009年至今，针对西南乡村3—6岁儿童早期发展项目，ZFH基金会经历了巡回走教阶段—乡村幼儿园阶段—质量提升阶段，现在成为国家普及学前教育"一村一园"的模板。0—3岁儿童乡村入户项目自2015年在中西部乡村开展试点，是反贫困与儿童早期发展又一品牌项目。

（2）0—3岁儿童乡村入户项目简介

2014年国务院办公厅印发的《国家贫困地区儿童发展规划（2014—2020年）》明确提出，到2020年，贫困地区儿童健康与教育两大核心领域要与全国同步水平；然而，在中国面临贫困地区儿童发展水平普遍低下，3岁以下婴幼儿在基本不具备家庭科学养育能力的现实下，CFH基金会与国家卫健委启动了针对6—36月龄儿童的乡村入户指导项目。此项目最大的特色是把养育指导与营养干预相结合，通过定期的入户指导，改善农村幼儿及看护人互动质量，促进婴幼儿在认知、语言、社会性与健康等方面的综合性发展，探索适合中国农村儿童早期发展干预模式。在社会实验、科学研究的基础上，为国家制定相关政策提供科学依据。基金会对项目的实施主要包括：前期调研、实验研究（包含基线、中期、末期的调研与评估）、政策倡导（包括政策制定与实施过程）及政策评估过程。

项目开展每周1次入户，为家庭提供6—36个月幼儿养育指导服务。项目采取动态管理，满6个月的儿童可进入项目组，满36月就退出项目。截至2021年1月，此项目试点范围覆盖全国10个省份，11个县，当前项目内儿童12482人，累计服务儿童17773人，聘用地方执行人员1219人。

2. 组织运行管理

此项目由CFH基金会与国家卫生计生系统合作，项目办设在县（区），由县（区）卫生局副局长任项目办主任，由县（区）妇幼保健院/站负责项目执行，采取三级管理服务网络方式，即县（区）—乡（镇）—村。CFH项目官员负责全过程运作、实施和评估；县级与乡镇督导员组成管理团队负责执行；村级家访员负责完成家访任务；村医负责微量营养素补充剂发放工作。

县（区）与乡（镇）设有两级督导员，皆为全职人员，县级督导员一般设1名，村级为家访人员，不要求全职。1名乡镇督导员服务5—7名村级家访人员，1名村级家访人员服务8—14名儿童入户家访工作，每周1次入户指导。县级督导员由CFH聘用，CFH在县级卫生部门供职人员中聘用有基层工作经验的县级总督导全职服务于此项目，负责项目运作中的监管、协调和监督乡镇督导，并定期审查和总结乡镇督导的工作。乡镇督导员要求大专以上学历，考核合格后分配到乡镇卫生院。村级家访入户人员，在项目村招募已婚女性，高中以上学历。

县卫生局与被聘用的乡镇督导员、村级家访员签订合同，督导员负责家访员的日常管理工作、家访督导、常规培训，每月向县级督导员提交督导工作反馈。家访员定期完成家访任务，并记录活动内容和家访过程中存在的问题，每周向督导员提交家访记录相关资料。组织管理如图4-2所示。

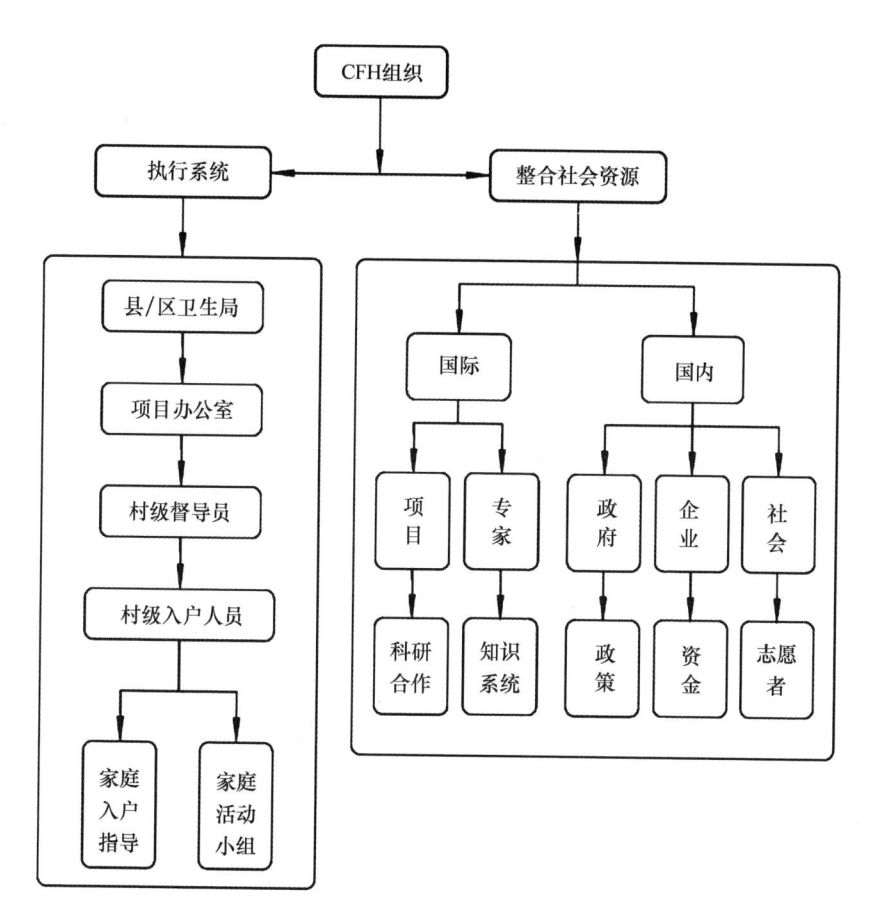

第四章 西南乡村0—3岁儿童养育和照料现有社区整合机制案例研究

图4-2 CFH基金乡村家庭入户指导项目组织管理图

从以上组织管理图可看出，CFH基金会与国际NGO组织JZH既有相似之处，也存在一些明显的差别。相似之处都是与政府合作、整合社会资源开展项目运作、请第三方评估。不同之处是CFH基金会直接通过国家行政网络下沉到村级，这是国内社会组织的优势所在；在执行过程中也少了文化不适应方面的障碍，运作起来更顺畅。

3. 主要工作机制

此项目形成了较为完善的家访工作机制，主要包括人员培训机制、家访机制与监督评估机制。

(1) 培训机制

培训是此项目重要的工作环节，岗前培训和常规培训是重要的两项工作。在项目启动前要对乡镇督导候选人开展 8 天的家访课程培训工作，包括理论与实操两部分，培训方式有讲座、角色扮演、制作玩具、观看视频与小组实战演练等。培训结束后，选拔优秀人员为主培训师，负责为期 8—11 天的村级入户候选人上岗培训。项目启动实施以后，县（区）督导员与乡镇主培训师每月定期对村级家访员提供常规化在职培训。乡镇督导员每周与各自负责的家访员回顾前一周家访课程内容，开展集体备课、玩具制作等活动。

(2) 家访机制

由培训合格的村级入户人员开展家访服务工作，服务对象是 6—36 月龄儿童及看护人，每周进行一次家访活动，每次提供 60 分钟养育指导；每 2 周组织一次家庭亲子小组活动（每次 2—4 户家庭组成），活动采取"入户+中心"模式运作，是所有试点项目入户频率最多的一项。此项目为每一位家访人员配有规范化的《家访员教材》《玩具制作手册》《培训手册》及根据不同月龄段设置的活动教材（绘本、玩具、拼图、卡片等）。根据有同月龄段孩子特点、入户次数选取不同的活动内容。入户目的是通过演示教学活动，指导家长如何在日常生活中与孩子有效互动，提升 0—3 岁儿童在语言、认知、动作、体格生长发育、营养以及家长在家庭养育环境、科学育儿等方面的发展。如家长要像家访人员一样跟孩子一起玩游戏、唱歌、绘画、与孩子积极互动，活动结束后，本周玩教具留在家里，要求家长每天要与孩子重复本次教学内容，下周入户时有一个回顾和检查家长配合的环节，孩子与家长就在这样的指导下实现综合发展。

(3) 督导评估机制

督导评估包括督导与评估两部分。督导有现场督导、线上督导两种方式。现场督导主要是县（区）总督导与乡镇督导员跟随家访员入户督导，对家访员的工作流程、服务质量进行现场督导并反馈意见，督导员有规范化的观察评价表、督导指标内容。线上督导是通过电话回访，核查家访员是否真实完成家访任务。乡镇督导每一季度上报一份项目执行总结报告给县级总督导。

项目评估由 CFH 聘请第三方开展（一般跟高校合作），有基线评估、中期评估与终期评估三个阶段。项目开展前对实施对象的家庭养育环境开展调研，对儿童生长发育指标进行测试。项目实施1年后开展中期评估，评估家庭养育环境、儿童发育指标的变化；项目周期结束时，对整个项目开展终期评估，测评家庭环境、儿童发育指标的变化，最终给出项目实施的成效报告。督导评估机制有一整套成熟、专业、科学的测评工具和流程，项目评估遵循科学研究的整套范式开展。

4. 社会成效

此项目在改善看护人育儿理念、家庭养育环境、科学育儿行为，提升儿童生长发育方面取得了显著成效；把儿童早期发展重要意义深入管理层、执行层，为科学育儿营造了良好氛围，为基层培养了一批急需的育婴人才；为农村地区家庭育儿提供了可复制的服务模式，以及具体的成本投入、工作机制、活动教材；把社会试点项目转化为科学研究成果，通过社会试点、科学研究、政策倡导，利用基金会平台优势呼吁国家出台政策，实施农村欠发达地区儿童早期综合发展项目，阻隔贫困代际传递，实现乡村振兴可持续发展人力投资战略，把试点经验上升为国家行动。

CFH 基金会在项目运作过程中体现了强大的资源动员能力，很好地把政府、社会、企业资源整合到社区，提供辐射家庭的免费科学育儿指导服务，与国际 NGO 相比，CFH 基金会在文化差异、地方适应方面的障碍较小，项目成效除了达到国际 NGO 的效果外，在国家决策、各级管理层的影响与政策倡导方面的优势较为突出，国家智库功能的特色明显，这也是一般社会组织难于以达到的效果。

（五）国内私募基金会试点项目

农村地区 0—3 岁儿童早期发展事业不具备市场吸引力，但吸引了不少具有企业背景的基金会组织。本内容以 HPD 基金会在农村地区的示范项目为案例，分析企业型基金会的运作模式。

1. HPD 组织简介

HPD 组织是一家致力于公益慈善事业的地方性私募基金会，由企业集团 12 位女合伙人出资发起，2017 年底在省级民政厅注册。基金会收入主要来源于合伙人捐赠，个人、组织、机构自愿捐赠，投资收益，其他合法收入。基金会以困境母亲和困境儿童为主要帮扶对象，旨在推动性别平等、教育公平、倡导公民社会责任，推动社会和谐进步。HPD 组织还为困境中的母亲提供小额贷款，以保障家庭生计；提供母亲专项互联网保险，防止返贫；协助母亲养育孩子，托起乡村的未来；进一步推动性别平等、教育公平及公民社会责任感。HPD 基金会机构管理设理事会和监事会。理事会下设项目管理委员会、投资管理委员会和秘书处，秘书处下设 6 个部门，即专业研发、项目运营、财务综合、品牌推广、人力资源及数字化产品部门，与上面 CFH 公募基金相比，企业管理特色鲜明。

2. 主要工作机制

此项目属于企业与政府合作的一项扶贫工程，整合政府、企业、社会力量在农村贫困地区探索普惠儿童早期发展服务模式。项目于 2017 年底启动，2019 年完成整县覆盖项目点建设，正式进入组织实施阶段。此项目最大的特色是政府主导，多元化服务，整县推进，从业人员专职，常态化运作。

项目运作方式采取政府主导、专家团队参与、社会支持三位一体的管理机制和运行模式。项目干预模式采用"养育中心""入户家访""养育中心＋入户家访"三种模式。养育中心面积有 30—100 平方米不等，环境布置适合 3 岁以下婴幼儿活动，配有软垫，游戏区配有适合该年龄段的各种玩具，阅读区配有各种绘本、消毒柜、储物柜，已经基本达到托育机构的标准。一个养育中心投入在 5 万—10 万元。政府负责项目落地与运营，来自政府、高校、社会长期从事儿童早期发展工作的专家团队提供专业技术服务，HPD 基金会提供资金。

在村镇有条件的社区建立养育指导中心，或养育服务点，集中在中心或服务点提供一对一养育服务、集体授课及小组授课服务；对居住分散，没有条件进入中心的家庭采取入户指导方式提供服务，确保每一位孩子都进入项目中；项目有统一的儿童早期发展活动指南。中心每天开放 6 个小时（09：00—15：00），每周开放 6 天，家庭入户指导每周 1

次，每次1小时，有统一的课程活动指南。

此项目在全县招募专职婴幼儿养育师57名，其中男性2名；学历方面，初中学历22人，占39%，高中学历23人，占40%，大专12人，占21%；年龄方面，20—30岁30人，占53%，30—40岁25人，占44%，40—50岁2人，占3%。

3. 项目运作特色

HPD养育未来项目的理念、宗旨、目标和方式与上两种有着异曲同工之处。但在运作方式上也有些值得借鉴的亮点。

其一，强调政府主导，由一个强有力且勇于担当的县一把手主导是项目落地的前提条件。政府在其中不仅仅是组织协调的功能，也要承担相应的投入，如在乡镇及村委会设置早教养育指导中心或养育服务点的房舍和租金皆由县教育局协调解决，在县教育局设置项目领导小组，有专职项目人员进行管理，招聘的入户指导人员大多是具有学前教育专业背景的人员，组织入户老师进行培训。县教育局负责此项目的具体落实，执行力强，项目服务质量高，指导教师的用工成本在3000元/月/人，与国际NGO、ZFH相比，是三个项目中最高的一个。项目与地方高校合作，高质量的科研团队全程跟进。

其二，政府、专家与社会多方协作推动。此项目是在国家卫健委干部培训中心、HPD基金会、高校的通力合作下，由县委、县政府牵头，县教育局具体落实，探索西南乡村县域内整县推进的0—3岁儿童早教模式。以政府为主导，能充分、高效整合和调动各方资源，发挥高校科研力量，提升项目实验的理论价值和可复制的政策倡导，动员社会力量提供资金、专业技术及人力资本等的支撑，形成合力共同推动。

其三，用经营企业的方式来运作公益事业的模式。基金会的发起人是商业巨头阿里巴巴的12位女性，项目运作过程中也吸取了企业运作的成功经验。利用HPD基金会平台，牵手第三方平台，发动社会力量共同服务公益项目。将商业力量注入公益项目，为公益项目的运作提供了强大的资金支持、人才网络支持；又把公益事业嫁接到商业体系中，在服务困境家庭、困境母亲和困境儿童的公益项目中，挖掘新的职业发展方向，摆脱家庭贫困，为孩子成长提供良好的家庭环境；从发展儿童早期事业，阻隔贫困代际传递，实现反贫困的可持续性发展。通过开放平台，把封闭的企业公益上升为开放的全民公益，这具有鲜明的商业运作特点。

4. 项目成效

此项目开始实施时，覆盖率①只有70%，6个月后增加到90%；上课率②由开始的35%，6个月后增加到70%以上，特别2次上课率增加更为明显；每月参与集体活动、到中心借阅玩具绘本数量明显增加。幼儿个体在身心、认知、动作、语言、社会性情感领域的发展具有明显改善；抚养人养育观念、知识、态度、养育行为都有明显的变化。此项目也在国内外引起了较大反响。

此项目还在全社会普及了0—3岁儿童早期发展的重要意义。以"抢救式干预"的紧迫使命感灌输对儿童个体、对家庭、对社会、对国家的重要性认知，唤醒全社会的高度警惕。如果我们现在不把这项投入投到贫困农村，投到孩子身上，未来，我们将会承受经济、社会的巨大代价。此项目填补了贫困山区儿童早期养育空白点，转变了粗放养育方式，把科学育儿理念、行为、技能深入到贫困山区，增加了群众就业创业机会，科学育儿氛围助推了农村乡风文明建设。

（六）社区儿童之家试点项目

1. 儿童之家发展背景

"儿童之家"一词最早源于玛丽亚·蒙台梭利（Maria Montessori）针对0—6岁学前儿童教育实验而设立的环境，1907年她亲自创建了世界上第一个儿童之家，蒙氏理念认为儿童之家的目的是提供孩子发展机会的环境，没有固定的规格要求，可以按照经济情况与客观环境设定，但必须像个家。基于符合0—6岁学前儿童身心发展规律与特点的现实生活与自然环境，经过专业训练的老师有计划有步骤的引导，在自由轻松的氛围中开发孩子的生理和心理潜能，培养孩子的独立性、自制力、意志力和健全人格，其中，环境创设、爱与自由、尊重是蒙氏倡导的育儿理念。

---

① 覆盖率：服务人数/在册人数。
② 上课率：上课人数/在册人数，上课人数是当月至少上过1次一对一亲子课程的幼儿数量。

第四章　西南乡村 0—3 岁儿童养育和照料现有社区整合机制案例研究

中国儿童之家源于 2008 年的汶川大地震留下了很多灾后儿童，为应对这一问题，国务院妇女儿童工作委员会办公室（以下简称"国务院妇儿工委办"）与联合国儿童基金会（以下简称"儿基会"）以项目运作的方式，在四川建成了 40 家儿童友好家园，为灾区儿童提供安全应急场所并使灾区儿童尽快回归正常生活的应急帮扶服务模式。2010 年，儿童友好家园由四川省政府接手，四川省印发了《关于儿童友好家园可持续发展的实施意见》，明确提出了儿童友好家园管理的政府主体责任，在社区倡导儿童保护理念、促进儿童综合发展、关爱服务特殊儿童、开展减灾备灾工作等为一体的儿童社区综合服务功能，并为儿童友好家园建设提供场地、资金、人员等保障。在此基础上，形成了向全国推广复制的经验。2010 年"儿童之家"写入"儿纲"，提出，到 2020 年，90% 以上的城乡社区都要建成 1 所儿童之家，为儿童及其家庭提供游戏、阅读、娱乐、教育、卫生、社会心理支持和转介等服务（国务院，2011）。《城乡社区服务体系建设规划（2016—2020 年）》（以下简称《建设规划》）提出，健全社区未成年人保护与服务体系，到 2020 年，使城乡社区"儿童之家"覆盖率达到 90% 以上（民政部，2016）。"十二五""十三五"期间，儿童之家模式成为各省实施儿童发展规划的重要内容之一，在全国得到推广与复制，并得到制度层面的保驾护航。

2017 年 1 月，为进一步提高儿童工作服务能力与水平，国务院妇儿工委办印发了"儿童工作智库建设实施方案"，调动专家力量，建立跨学科、多领域的国家智库和管理运行机制，各地结合"两纲"提出的儿童之家 90% 覆盖率重难点指标任务推进工作，也纷纷建立起了政府—高校—社会力量参与的儿童之家智库和管理运行机制。2017 年，《四川省妇女儿童工作专项行动计划（2017—2020 年）》出台，云南、贵州、重庆等地也加大儿童之家建设力度，完善管理运行工作机制，鼓励动员政府相关职能部门业务下沉到社区儿童之家，整合政府、企业、社会、志愿者资源到儿童之家，开展儿童保护与发展常态化运作，打通了儿童保护与发展最后一公里服务的国家兜底保障机制。2020 年新修订的《未成年人保护法》（以下简称《未保法》）提出对儿童的五大保护，除了原有的家庭保护、学校保护、司法保护外，新增加了政府保护和网络保护。

《未保法》明确了国家是儿童的兜底保障责任主体，儿童福利是重要保障内容，提出跨部门联动资源整合的工作模式，首次将社会工作入法。2021年4月，民政部印发了《关于加快乡镇（街道）社工站建设的通知》，要求在2025年建成乡镇（街道）社工站，儿童福利是社工站服务的重要内容，打通了为民服务"最后一公里"。儿童之家在服务留守儿童、流动儿童、困境儿童、低收入人群家庭方面发挥了重要作用。二孩政策实施以来，儿童之家成为0—3岁儿童社区照护服务的重要服务模式，社会组织、社工发挥着基层主力军的作用。

2. 儿童之家社区运行机制

（1）国家兜底的儿童福利理念与工作机制

儿童国家观，国家作用与政府功能是国家对儿童实施福利的重要理论来源，《未保法》明确了国家兜底职责，在民政部门建起了五级兜底工作机制，即省/自治区社会事务处—市民政社会事务科—区/县社会事务科—街道/乡镇未成年人保护工作站—村/居儿童主任，通过儿童福利指导中心、未成年人保护中心、儿童福利机构、专业社会工作机构、儿童之家等阵地传递服务。儿童之家处于五级兜底保障的最基层，是国家对儿童福利保障在基层社区的具体运用。儿童之家建设有国务院的《儿纲》、民政部的《建设规划》等制度设置，明确指出了儿童之家的建设目标、服务内容、服务群体，并纳入相关部门的工作考核。《儿纲》还专门列入"两纲两规"[①]的监测指标。有制度化的设置，保证了儿童之家建设自上而下的强制推动。

政府主导、多方参与、公益免费、便捷可及、有质量的服务是儿童之家的特色，从云南、四川、贵州、重庆调研发现，"政府＋高校＋社会力量＋社区＋志愿者"五位一体的联动是加快推进儿童之家建设的主导模式。重庆实施政府＋高校＋社区的运作模式；云南采取政府＋高校＋社会组织＋社区的运作模式；贵州实施了"苗圃工程"，加大了政

---

① "两纲两规"是我国妇女儿童核心政策的简称，"两纲"指国务院规制的《中国妇女发展纲要》《中国儿童发展纲要》，"两规"是各级地方政府按根据"两纲"的要求，结合地方实际规划的，一般文件命名为：《×××省（市、区、县）妇女发展规划》和《×××省（市、区、县）儿童发展规划》。

第四章　西南乡村0—3岁儿童养育和照料现有社区整合机制案例研究

府主导、多方参与的服务体系建设；成都市以"点位试点＋区域试点＋顶层设计"的思路，对全市儿童之家进行统筹引领，探索出院落式、集聚式、散居式、校园式等建设模式，并把儿童之家建设纳入民生工程，配套专项财政资金。

（2）日常运作机制

社区儿童之家有一套相对完整的日常运作机制，负责人由社区主任或书记承担、专设或兼职一位儿童管理员、家委会、儿童委员会共同组成儿童之家的日常管理组织结构。儿童之家有常规化运作和节假日两种方式。日常化运作是工作日周一至周五每天开放，开放时间依据各地而定，有的地方与村委会上班时间同步进行，有的地方则在下午4点以后开放，非节假日，大多数儿童之家是下午4点以后开放，所以儿童之家一度成为4点30分校外第二课堂；节假日（包括周末、节日、寒暑期）的时间基本是全天开放，村/居儿童主任是具体落实日常工作的负责人①。儿童之家场地面积差异化较大，有30—200平方米不等，有混合公共用房、有单独设置用房，大多设置在村/居委员会集体公房内。

儿童之家的活动有针对儿童的阅读、亲子活动、游戏、托管，也有针对家长的科学育儿培训和入户指导，针对管理人员、志愿者的实操培训活动等。二孩政策实施以来，在儿童之家专门设置3岁以下婴幼儿活动区域已经成为很多地方率先启动的项目。儿童之家日常运作机制框架已经基本建成，有固定的场地、有责任人、有一定的经费来源，未来发展方向是提质增效，发挥儿童之家功能，高质量服务辖区儿童。

3. 儿童之家模式的社会功效

通过对儿童之家实证调研发现，社区儿童之家是服务儿童的一个实体阵地，是社区资源整合的一个平台，通过这个平台，各级行政单位业务下沉到社区，给婴幼儿个体、家长、社区干部及社区生活带来了巨大的社会功效。

第一，对婴幼儿个体的功效。婴幼儿得到家庭以外的游戏、玩具、绘本阅读、亲子活动等的强化与干预，有利于促进婴幼儿身心健康全面

---

① 村/居儿童主任可以专职也可以兼职，调研发现，大多是兼职，且身兼村委会多项事务。

发展，特别对家庭处境不利婴幼儿的发展更加及时，使贫困地区的孩子也有一个公平的起点，有效缓解教育起点上的城乡差异，阻隔贫困代际传递的风险。

第二，对家庭的功效。在西南乡村，婴幼儿的成长处于一种自然状态，吃饱、穿暖、不生病是大多数家庭的共识。因家庭看护人的科学育儿观念与专业育儿行为能力不足，幼儿成长的科学文化氛围严重缺失，仍处于世代养育的传统轮回中（李树燕等，2019）。不利于国家从人口大国向人口强国迈进的发展战略，儿童之家作为社区资源整合的一个平台，有效连接了妇联、卫健、工会、民政等部门业务下沉到社区，依托儿童之家，为辖区内婴幼儿家庭提供科学育儿宣传、亲子活动、营养健康、早期教育等知识培训，改变了照料人的传统观念，提高了科学育儿能力。

第三，对社区干部的改变。社区干部是儿童之家的第一责任人，纳入工作目标任务里。调研发现，儿童之家开展初期，社区干部只是把它当作一个任务来完成，消极应对居多，但随着工作推进，接受培训的机会增多，重新认识了孩子问题是一个重大民生问题，孩子是社区凝聚力的强大引擎。社区干部的意识有了很大转变，孩子问题不仅不是一个麻烦问题，还成为破解社区治理难题的一个突破口。通过抓孩子，把家庭吸引到了社区，干群关系有了融通的渠道，邻里关系有了沟通的场所，亲子关系有了表达的空间，孩子乐了，家庭就欢了，家庭欢了，社区就温馨和谐了。有些儿童之家成为全县甚至全省的名片，成为各级领导进社区必看的点，吸引了来自全国各地同行的观摩，社区干部因此得到了职业生涯的提升。社区干部由原来被动工作、消极应对到主动作为。很多示范点社区干部甚至成为幼儿专家，给家长、前来参观的人员进行儿童早期发展知识讲解，与全国各地的同行分享社区儿童早期发展的本地经验。社区干部成为基层育儿专家，无疑是令人欣喜的最大成效。

第四，对社区的影响。西南乡村经济社会发展滞后，交通闭塞，社会发育程度低，居住分散，社区公共资源匮乏，社会保障覆盖广但保障层级低，青壮年外出务工人员较多，乡村社区以"三留人群"居多。[1]

---

[1] 所谓三留人群是指留守老人、留守儿童和留守妻子。

儿童之家介入0—3岁婴幼儿照护服务，在社区营造了科学育儿氛围，围绕婴幼儿及家庭服务的政府多部门业务下沉到社区，资源在社区得到整合。① 加大了社区的凝聚力与融入度，村民对社区的认同感增强。社区居民对社区事务参与度不高是社区治理中的难点，很多居民甚至说不出社区的具体位置在哪里，自从儿童之家创设了婴幼儿活动空间，这里成为社区活动和凝聚民心的中心，社区的很多事务、会议都需要配合儿童之家的活动去嫁接，成为破解社区治理民众参与度不高的一大举措。

4. 儿童之家运行中的困境与思考

以社区为运行主体的儿童之家模式弥补了乡村家庭照护能力不足，机构照护一片空白的现实，但在运作过程也出现了不少困难，主要表现为以下几方面。

（1）政府经费投入不足，儿童之家闲置率高

每个儿童之家民政每年投入在1万—5万元不等，主要用于硬件设施的投入，② 基本没有人员工资方面的投入，其余主要靠项目带动社会筹资，这种筹集具有不可预测性和不稳定性，能筹集多少，主要看社区的业务能力和领导干部的资源整合能力。建成的儿童之家闲置率高，很多仅是挂了一个牌子，没有开展实质性活动，特别延伸到0—3岁婴幼儿照护服务领域的很少。西南乡村社区资源整合能力差，对政府依赖性较强，政府主导把相关职能部门业务下沉到社区，争取企业、社会组织项目，整合社会资源，实现跨部门、跨项目发展路径是全国示范点的成功经验，值得借鉴。

（2）基层服务能力弱，服务质量偏低

西南乡村整体受教育程度偏低，大量青壮年外出务工，三留人群较多，他们既是被服务的重点对象，也是服务的主体，自身服务能力不足，

---

① 儿童之家的软硬件设施、图书资料、玩教具大多可以从社会上募捐。如云南D社区的儿童之家有300多平方米，原是空闲危楼，由本县一装修公司免费进行了装修翻新，社会集资投放了一批玩教具、图书等。D县妇联、教育、工会、党建、计生、卫生健康等部门把业务下沉到社区，为婴幼儿、家庭提供科学育儿讲座、卫生疾控知识宣传、亲子活动等。

② 西南乡村儿童之家场地维修，桌、椅、凳子等简易的办公设施备置，人员管理这块基本没有资金投入。

服务方式陈旧，服务内容单一，服务质量低。大部分儿童之家缺乏专职专业的管理人员，没有固定收入来源，服务津贴非常低，每月200—800元不等，大多管理人员身兼数职，流动性较大，管理人员仅起到开门和关门的作用，严重影响儿童之家服务质量。设置专职儿童主任、提升其待遇、稳定专职人员，加大儿童督导员、儿童主任、志愿者等相关服务人员的培训，建立健全专家智库工作机制，充分发挥专家进社区的功效，这是有效提高儿童之家服务质量的试点经验，值得推广。

（3）儿童之家服务内容单一，0—3岁儿童活动区域覆盖面不广

12岁以下儿童是主要群体，"四点半"课堂、节假日主题活动是儿童之家的常规服务内容，呈现活动内容普遍单一化，且年龄特征不明显；0—3岁儿童活动区域环境创设缺乏，可提供的玩具、游戏空间、亲子绘本阅读稀缺，很少涉及全日制、半日制、计时制和临时托管等目前需求旺盛的服务内容。3岁以下婴幼儿照护服务是当前的重难点民生事项，以社区为依托，覆盖城乡、多样化、多元化、低成本、有质量的服务模式已经成为儿童之家试点的重要项目，在全国已经形成了一批可推广复制的经验。建议卫健委牵头，民政部门纳入儿童之家建设规划，整合妇联、计生、妇幼、教育等力量，以政府投入为主，整合全社会资源，在儿童之家专门设置3岁以下儿童活动区域，除了常规的亲子活动、阅读、教育等内容外，有条件的儿童之家可提供全日制、半日制、临时托管服务，为西南乡村婴幼儿家庭提供有质量的养育与照护服务。

总之，儿童之家在农村地区有广覆盖的行政网络，基本解决了场地刚需的问题，可以在较快的时间植入0—3岁婴幼儿养育与照护业务，加快推进西南乡村0—3岁婴幼儿高质量发展。

（七）社区企业服务案例

1. 社区企业服务简介

西南乡村除了示范项目运作方式外，也有少量市场经营模式，被称为社区企业模式。这种模式只需提供50—80平方米的场地资源，往往通过加盟连锁店的方式开展，总部提供系统的社区亲子早教方案，涵盖品牌、环创、课程、运营与管理、市场拓展、早教产品开发、培

第四章　西南乡村0—3岁儿童养育和照料现有社区整合机制案例研究

训、信息共享等全方位支持。这种方式可充分激活社区公共空间，居民以远低于市场的费用享受到便捷优质的亲子早教服务。社区企业运作模式虽然是市场经营型，但婴幼儿早期发展具有公共服务性质，社区在场地、租金方面给予了很大支持，有的社区为了降低对家庭的收费，甚至免费提供给企业使用，有别于企业纯盈利行为，企业、社区与家庭共同分摊成本。

2. 社区企业运作类型与工作机制

社区企业运作类型主要有城市社区、县域社区、村镇社区三种服务模式。

(1) 城市社区店

城市社区店分为城市中高收入家庭、城市普通家庭，以社区赋能自主创业群体运作居多。主要做法是采取社区合伙人计划，联合社区，选择亲子早教领域有创业意愿的人员，采用价值认同、业务赋能、经济绑定、共建共享的策略，将其培育为店长，支持其在亲子园平台上就近创业，实现社区最大化公共服务、轻资产运营、低成本创业、普通家庭持续受益的多方共赢模式。

(2) 县域中心店

县域中心店可以用城市社区模式运营，但县域中心店往往有三中心一基地的定位（家庭服务中心、示范和资源整合中心、乡村早教支持中心，以及县域早教人才培训基地）。一般优选与县域有影响力的妇女儿童类公益组织合作，支持用社会企业的方式运营县域中心店，并依托该中心做县域覆盖，向村镇辐射。

(3) 村镇服务点

村镇服务点与上两类店有较大区别，核心体现在目标用户基数少（1—2千米半径覆盖孩子数量少于50个），课程老师难找难稳定难支持。常态化开放，公益性为主，同时要满足低培训和低管理成本、低运营成本和高复制性的要求。为此，利用在农村小规模学校采用的双师模式，采用盘活村镇儿童之家，视频主教、线下助教的方式。以上社区企业式的运作模式较有代表性的是成都童萌社会工作服务中心，在全国形成了连锁规模，运作模式复制性较强。

以上 3 种社区企业运作模式，实现了空间上的便捷，为家庭提供了有质量的育儿服务，为妇女就业创业提供了广阔舞台。

3. 社区企业运作困境与思考

社区企业运作模式弥补了政府、社会组织在示范项目中覆盖面狭窄，早期教育、托管服务不足的缺陷，通过企业牵头整合政府、家庭资源为本辖区服务，这种模式满足了部分家庭在养育照护中的刚性需求，有助于提高家庭科学育儿观念与行为，为社区科学育儿营造了良好氛围，实操性强。社区企业运作模式在全国形成了连锁规模，运作模式复制性较强。但这一模式在运行过程中也存在诸多困难，如托育机构设置受国家管理规范、行业标准限制，门槛高、难达标①；家长观念淡薄、招生困难、付费意愿不强、参与度低；企业经营成本高、风险大、收益低；专业人员缺乏、流动性大。总体来讲，社区企业生存难度大。

目前，社区企业连锁店在西南乡村虽然较少存在，且生存现状不容乐观，但未来拓展空间较大，是 3 岁以下婴幼儿养育和照料行业不可或缺的重要力量。地方政府要尽快出台适合社区企业模式的相关管理规范、标准体系和配套措施，创造良好的发展环境鼓励社区企业模式提供全日制、半日制、临时托、计时托服务。社区企业要加强自身能力建设，加强与政府、企业、社会组织之间的联动，多渠道、跨项目整合资源，降低服务成本，走出一条公益、普惠的发展路子。

二　社区整合主要服务类型

西南乡村 0—3 岁儿童养育和照料事业属于公共服务性质的社会事务，目前，最主要的运行主体是政府和社会组织。围绕两大运行主体提供的各种服务，总结为以下三种类型的社区整合机制。其一，政府—保障性服务社区整合机制，主要由政府承担，以社会保障的方式向全体公

---

① 国家出台了 3 岁以下婴幼儿托育机构管理规范和标准，有明确的场地、消防、卫生、人员、班级等要求，社区企业现有的条件基本达不到国家标准，很难拓展托育服务。

第四章　西南乡村0—3岁儿童养育和照料现有社区整合机制案例研究

民提供基本公共服务内容的社区整合模式；其二，政府—试点服务社区整合机制，主要由政府主导，以试点的方式提供非基本公共服务内容的社区整合模式；其三，社会组织—试点性服务社区整合机制，主要由社会组织承担，以社会性试点方式提供服务内容的社区整合模式。虽然前面两种的运行主体都是政府，模式的相似度较高，但服务的内容是基本公共服务与非基本公共服务不同领域，在运行手段和服务范围上有显著的差异，产生的效果也不同，所以分为两种模式来阐述。三种模式是课题组基于目前政府和社会组织在全国及西南乡村，对0—3岁儿童养育和照料实施的项目中总结而得，三种模式的运行现状基本涵盖了现有的服务类型，具有典型的代表性与模式的可复制性。

（一）政府—基本公共服务类型

1. 政府—基本公共服务的内涵

此模式的责任主体是政府，任何个人或团体都无法替代，政府通过法律、制度、政策、法规、条例、指导意见等方式，整合行政力量，动员全社会的资源达成目标。此模式具有公共性、普惠性、福利性和强制性等特征，主要包括社会保险、社会福利和社会救济。妇女儿童一直是社会保障的重点群体，已经涵盖了婚前、孕期、产期、哺乳期、育儿期及营养、卫生、健康、教育等领域的母婴安全防护体系、医疗卫生保健体系，保障妇女和婴幼儿的生存权、健康权和发展权。政府作用明显，为弱势群体提供庇佑。

2. 政府—基本公共服务的方式

此模式的运行方式主要是三种途径，其一，是通过立法、建章立制及设置相关职能部门的行式强制实施。目前，中国涉及0—3岁儿童社会保险的主要是生育保险，国家出台了《社会保险法》《劳动法》《企业职工生育保险试行办法》《母婴保健法》《关于学前教育深化改革规范发展的若干意见》等相关法律法规，明确规定了怀孕、分娩、哺乳和育儿期的妇女及婴幼儿在营养、卫生、保健及教育领域的公共服务保障。

其二，公共服务的社会保障。政府通过提供公共服务的方式，确保政策法规落到实处。公共服务是提供给大多数人享有的、非竞争的、非排他的服务，卫生、健康、教育皆属于公共服务，主要由政府和社会团体提供。关系国计民生的公共服务主体是政府，也是政府不可让渡的责任，政府在人力、财力和物力方面承担着主体责任。

随着中国经济社会日益发展，0—3岁婴幼儿及养育人的公共服务体系逐渐完善，如国家免费疫苗注射、新生儿健康访视、婴幼儿健康管理、儿童早期发展服务、家庭养育指导服务等，主要分布在卫生计生保健职能系统。这一职能系统的行政网络非常强大，具有七级行政工作网络，中央—省—市—县—乡镇—行政村—村小组。以妇幼保健院为实体支持的专业性医疗机构覆盖到村级。从行政到医疗都构建起了强大的服务平台。正是这一体制机制保障了3岁以下婴幼儿及家庭所需的公共服务，保证了婴幼儿身心健康发展的底线。

其三，给社会组织释放发展空间。政府的能力是有限的，或者说政府的主要功能是提供每个公民的生存权、发展权和受保护权。根据各国和各区域经济社会发展的水平，公共服务的内容与覆盖面也不同，如0—6岁的学前教育本身是面向全社会的公共服务，但由于中国经济社会发展水平的阶段性原因，并不能实现全民共享的义务教育，也不能保障全民共有的公办教育，而只能分阶段多样化实施。如中共中央、国务院《关于学前教育深化改革规范发展的若干意见》规定，2020年中国公办幼儿园达到50%，普惠性达到80%，2035年全面普及学前教育，而0—3岁的学前教育还处于一片空白，2019年，国务院出台了《3岁以下婴幼儿照护服务指导意见》，引导地方政府和社会协调推进。政府通过出台一些政策法规，整合行政力量，释放社会力量参与服务的空间。如2019年被称为3岁以下婴幼儿照护服务发展的政策红利年，在国家层面出台了多部门联发的多个重大文件：国务院办公厅出台的《3岁以下婴幼儿照护服务指导意见》（2019年4月），国家卫健委出台的《托育机构设置标准（试行）》《托育机构管理规范（试行）》（2019年10月），国家发改委出台的《加大力度推动社会领域公共服务补短板强弱项提质量促进形成强大国内市场的行动方案》（2019年2月），国家发改委《支持社会力量发展普惠托育服务专项行动实施方案（征求意见稿）》（2019年7月），国家税务总局、财政部、民政部、商务部、卫健委六部

第四章 西南乡村 0—3 岁儿童养育和照料现有社区整合机制案例研究

委联发的《关于养老、托育、家政等社区家庭服务业发展的税费政策公告》(2019 年 6 月),教育部出台的《关于教育支持社会服务产业发展提高紧缺人才培养培训质量的意见》(2019 年 10 月),财政部、税务总局、发展改革委、民政部、商务部、卫生健康委六部门联合发布《关于养老、托育、家政等社区家庭服务业税费优惠政策的公告》(2019 年 6 月),《全国家庭教育指导大纲》(2010 年)及《全国家庭教育指导大纲(修订)》(2019 年)等具有针对性的重量级政策文件。《慈善法》《社会组织管理登记条例》《关于通过政府购买服务支持社会组织培育发展的指导意见》也极大地推动了社会组织的发展。西南乡村 0—3 岁儿童养育与照护项目基本是社会组织进行实施。

3. 政府—基本公共服务社区整合机制的运行逻辑

政府—保障性服务社区整合机制是以政府为运行主体,以政府动员全社会力量,协调社会系统中的各要素,特别是社会中的行政力量和行政要素,实现预定目标的行动系统。政府—保障性服务要通过社区整合方式才能达成目标,在社区整合过程中必须要遵循自身的运行逻辑,符合逻辑则高效顺畅,不符合逻辑则寸步难行。从实证研究分析发现,以下方面是社区整合过程中的关键要素。

(1) 社区整合机制的运行主体

政府—保障性服务的社区整合主体是政府部门,这里所讲的政府部门是从横向与纵向两个维度来讲。从横向上来讲是与 0—3 岁婴幼儿照护相关的政府部门。《国务院指导意见》明确提出了卫健委是牵头负责部门,但卫健委内部也有 23 个部门,相互之间有较多的交叉业务需要整合;与之相关的发改、教育、公安、民政、财政、人力资源、自然资源、住房城乡建设、应急管理、税务、市场监管等 11 个政府职能部门;以及工会、共青团、妇联、计生、宋庆龄基金会等 5 个社团组织协作推进,并有明确的任务清单。从纵向上来讲,则是除了宋庆龄基金会以外的 16 部门,从中央—地方下沉的行政网络即为运行主体,即中央政府—省政府—州(市)政府—县(区、市)政府—乡(镇)政府—村委会—村民小组。这一强大行政网络是政府实施政策、法规和公共服务项目的核心和主体。横向到边、纵向到底的行政网络是政府—保障性服务社区整合的实施主体。

运行主体之间也遵循一套逻辑，即自上而下的行政压力。而且这个自上而下具有强关系，什么叫强关系，中央—省是强关系，市—县是强关系，县—乡镇是强关系，乡镇—村级是强关系，而中央—县，或市级—村级则是弱关系。直接主管的上级就是"上"，一般不越级。所以就出现，国家还没有出台《3岁以下婴幼儿照护服务指导意见》的时候，各省都没有相关行动，但国家出台以后，在很快的半年时间内，各省就纷纷出台，如果出台晚的或者慢的，则要接受问责，这便是自上而下的行政压力。全省相互竞争的行政压力实施起来最高效。行政压力会形成军令状、责任书、问责制等符号出现。这些符号进入行政系统会转化为当年的重大民生事项，优先实施。

在对西南省份调研时发现，国家《指导意见》还没有出台前，0—3岁儿童早期发展没有明确的主管部门，由省妇儿工委办牵头完成"两规"重难点指标，弥补0—3岁婴幼儿照护空白点，以便完成分散在各部门的考核指标，但与教育部门相关的2—3岁托幼一体化无人应答，与卫生计生委相关的儿童早期发展内容推进缓慢。而《指导意见》出台后，在行政压力和全国加快推进的进程中，地方职能部门由消极应付到积极主动，全国各地争当模范和标兵，公办托育园迅猛发展，特别是上海提高到46%，福建为26%，远远超过全国4%的比例。而浙江把3岁以下婴幼儿照护服务纳入2020年十大民生事项之首。全国开启了相互比拼的行动。

2019年是3岁以下婴幼儿发展史上的一个里程碑，有了顶层设计，有了制度安排，有了明确的责任主体，还推动了地方政府主动作为的氛围。

（2）社区整合的运行途径

社区整合的运行途径是解决如何整合的问题，包括机构建设、组织架构、联席会议、工作开展、项目运作等。上面讲过，政府—保障性服务社区整合是以政府为运行主体，但涉及的部门和地域广泛，所以明确主要牵头管理部门是运行过程中的关键一环，有了主管部门为主轴，才能把分散的部门串起来，这个时候就完成了部门之间的协作，这个协作

第四章 西南乡村 0—3 岁儿童养育和照料现有社区整合机制案例研究

先有国家层面的制度文件，其次有牵头主管部门设置的专门机构，专门机构组建日常工作机制。国家卫健委针对 0—3 岁婴幼儿照护服务专门设置了人口监测与家庭发展司（以下简称"人口家庭司"），相应的机构在省、市、县、乡镇配套，在乡镇以下设置相应的联络员。

西南地区在 2019 年基本完成了人口家庭部门机构的组建。各层级人口家庭部门根据业务需要设置岗位人员，开展日常业务工作。此外还要整合相关部门协调跨部门合作的业务工作，普遍采取的是联席会议制。联席会议制是一个很有特色的工作机制，不但囊括了相关的行政部门，还可以进一步扩展需要的单位和成员，如高校专家、企业家、社会公益家等。联席会议是政府向社会整合资源的重要途径，可以保证政府的政策法规、文件和会议精神、重大任务事项等深入落实到基层，也可以最高效地整合社会资源解决工作中的现实问题。联席会议制是一个可以复制的工作机制，从中央到省、市、县、乡镇都能复制。

（3）社区整合的运行保障

如何保障组织机构和联席会议的正向积极功能是一个值得讨论的问题。在调研中发现，人是整个运行保障的核心要素。有了组织机构要有人，要有能力的人，有职业道德的人，有社会责任感的人，有良好心态的人。组织机构的人员编制、岗位设置、考核任务只是运行保障的基础，也就是一个钉子一个眼，一个萝卜一个坑。有了明确的岗位职责只是有了一个可以对接的人，这个人如何做好这件事，又取决于个人的能力、职业道德、社会责任感和健康良好的心态，这是组织机构发挥主管单位作用的关键环节。这是课题组在比较不同部门运作 3 岁以下儿童早期发展项目效果时的感触之一。

那么，又是如何保障联席会议相关部门的积极配合与工作落实呢？起关键作用的还是主管部门专业机构负责这个工作岗位的人员，实质性的工作都是由此人执行，制度赋予他权威，相关部门的人员也是一样，制度赋予他们配合工作的义务，所以在形式上是需要积极配合的。这既是政府部门开展工作的重要举措，也是指标考核的重要一环。与 0—3 岁儿童相关的服务事业分散到各职能部门，并纳入各部门的绩效考核。有些重量级指标，实行一票否决制，指标与问责、工资、晋升紧密联系，这就是整个行政共同体必须要协作的理由，每个部门都会面临与其他部门联席合作的可能，相互之间要配合，才能让这个庞大的行政机制顺畅地运行起来。所以个人的能力＋制度设置是政府—保障性服务社区整合机制的灵魂。

（4）社区整合的主要内容

0—3岁儿童养育与照护政府—保障性服务社区整合机制具有两个重要的特点，其一，社区整合机制的本质是科层体制；其二，社区整合机制的目的是提供保障性服务，保障性服务的对象具有公共性服务的性质。以上两点是政府职能的重要指向。0—3岁儿童养育与照护的保障性服务主要设置在基本公共卫生服务领域。2019年，中国人均基本公共服务补助标准为69元/年/人，新增5元统筹到村和社区，包括健康教育、预防接种、儿童健康管理、孕产妇健康、妇幼卫生、孕期检查、0—6岁儿童眼保健和视力检查、儿童肥胖筛查和健康指导，及面向贫困人口做好基本公共卫生服务项目，促进基本公共卫生服务均等化。特别针对3岁以下婴幼儿的新生儿访视、膳食营养、生长发育、预防接种、安全防护、疾病防控等服务属于重点人群的公共服务内容。

基本公共卫生服务有覆盖县（区）、镇（乡）、村级的三级卫生系统网络支撑，即县（区）妇幼保健机构、镇（乡）基层医疗保健机构、村卫生室，以及综合医院为技术支撑的三级妇幼健康机构。通过行政网络即可实现人、财、物的资源整合，这是政府—保障性服务模式最大的优势。相同的体制，相同的组织架构，也会导致不同的行为与结果。

（5）社区整合的悖论

政府—基本公共服务社区整合的悖论就是在相同的体制下所产生的不同行为与结果。产生这种差异的主要原因有以下三点。

其一，科层体制自身存在的体制弊端。科层体制是一个权力场域，存在不同权力之间的冲突、角色冲突、利益冲突及制度设置上的刚性、统一性与滞后性的弊端。在这种场域下，让不作为的官员钻了空子，让投机者搭了便车，影响行动体系的高效运转与责任担当。有利益的方面大家争着做，甚至违规做，无利可图的被动做、消极做，甚至不做。"毒奶粉事件""假疫苗事件""托育机构虐童事件""亲子自杀死亡事

第四章 西南乡村 0—3 岁儿童养育和照料现有社区整合机制案例研究

件",以及在调研托育服务机构登记难、注册难时,很多人反映,"我很想按政府要求的正规程序去办理手续,但我去到哪个部门都没有明确的答复,办事的时候没人管,一出点事情,所有部门都来找碴子"(机构调研语录),给从业人员留下了"政府只管惩罚,不管服务"的刻板印象。引起社会广泛关注的相关案例及从业人员的无奈皆隐藏着体制的不作为、慢作为、乱作为的弊端。调研发现,政府—保障性服务能够整合社区资源,实现目标系统的前提条件很关键的因素是其是否纳入政府目标管理、绩效考核之内的职责。

其二,公共服务产品的不均衡发展。资源的稀缺性历来是冲突产生的根源之一。在前面提起过,0—3 岁婴幼儿照护服务部分属于公共产品,绝大部分并没有列入保障服务范畴,覆盖内容狭窄,统一性高,不同区域的差异性较大,即使列入公共服务范畴,也存在中央与地方之间的投入配比,东部发达省份可以做到中央和地方 1∶1—1∶8 的配比投入,还可以进一步扩大服务内容,有的省区列入的公共服务多则 40 多项,有的地区仅只有国家列入的 16 项。西南地区与东部相比就显得滞后,西南的城乡之间也存在显著差异,基本只能保障中央的投入,地方性投入很难保障。在有限的资源内部就出现层层争夺的现象,如下放到基层的预防接种项目会被上级部门截留,出现上级跟下级争业务的情况,利益大的被上级部门截下,无利益的服务性项目往下级施压,挫伤下级部门的工作热情与积极性,影响基层公共服务的质量与效率。诸如,3 岁以下婴幼儿托育服务、早教等教育类项目还没有列入基本公共服务范畴,也没有列入政策目标管理和绩效考核范畴,所以各部门在这方面基本没有行动,整个领域的发展相当滞后,西南乡村 3 岁以下婴幼儿早期教育与托育服务更是一片空白。

其三,支持社会力量弥补政府—保障性服务供给不足的困境。卫生、健康、教育是政府职能的重要内容,是国家必须承担的责任,国家在多大程度上承担此责任,取决于经济社会发展的水平。中国从改革开放到今天,在卫生、健康、教育领域取得了巨大的进步,人均基本公共卫生服务经费每年提升 5 元,到 2019 年还新添加了 5 元专项投入到村和社区;九年义务教育、普惠性学前教育广覆盖的保障性民生投入和民生改善是全世界有目共睹的成绩。政府依据经济社会发展的水平，不断改善和提高民生福祉。中国目前的保障水平还处于兜底、保基本的层面，3—6岁的学前教育逐渐迈向全面普及的方向，0—3岁的早期教育刚起步，是政府还不能全部提供福祉的领域。只有通过整合全社会的力量来完成政府的职能。社会力量纷纷涌入，但政府怀着干多干少一个样，干与不干一个样；多一事不如少一事；不求无功，但求无过，"不惹麻烦"的心态应对，是处于基本公共服务内容之外的早期教育发展项目推进缓慢的重要原因之一。

政府的力量是有限的，目前的经济发展水平还不能把3岁以下儿童早期发展纳入基本公共服务范畴，城市的托育服务主要靠市场运作，市场追逐利润，乡村地区对市场没有吸引力，主要是社会组织与基金会开展的示范项目，以"家庭入户"指导的方式推广。这本是一件好事情，弥补了政府公共服务性保障不足的缺陷，但这些项目既不属于政绩考核的内容，又给自己惹来很多麻烦，很多项目就在消极应付中落不了地，错失了很多发展的机会。质性研究对云南、贵州、四川、陕西的示范项目中体现得非常明显。"敢惹麻烦"、主动作为的政府推进起来就快，"不敢惹麻烦"、消极应对的政府，整个发展就滞后。支持社会力量发展3岁以下儿童早期发展项目，弥补政府基本公共服务领域供给的不足也是政府提供保障性服务的重要内容，这一功能尚待发挥。

（二）政府—公共服务试点类型

1. 公共服务试点项目

政府—早教试点社区整合模式是针对公共服务领域提供的项目。0—3岁早期教育属于非基本公共服务，也非义务教育范畴，属于公益普惠性公共服务，政府主要提供科学育儿指导，照料责任主要是家庭。针对非基本公共服务领域的0—3岁婴幼儿早期教育，2013年教育部《关于开展0—3岁婴幼儿早期教育试点的通知》（以下简称《试点通知》）在北京、上海等14个地区启动0—3岁婴幼儿早期教育试点项目。希望通过试点项目，探索政府牵头，教育、卫生部门分工负责，建立相关部门协同推进的跨部门合作机制，协同推进0—3岁儿童早期教育公益普惠性

第四章　西南乡村 0—3 岁儿童养育和照料现有社区整合机制案例研究

服务模式、制度管理等提供经验推广和决策参考。

2. 社区整合的特点

此项目最突出的特点是,把早教试点纳入公共卫生和教育服务两大体系来抓,从国家层面形成制度化的资源整合系统,并要求纳入地方政府教育工作的重点内容,制定总体规划与保障措施,确保试点目标与任务落在实处。《试点通知》由国家教育部发文,建立政府主导、教育和卫生两大部门分工负责、相关部门按照管理职责和责任分工协同推进,并整合高校、科研院所、妇幼保健机构、幼儿园等专业资源优势,以公共、卫生、社区资源为核心,以幼儿园和妇幼保健机构为依托,面向社区服务,构建指导家庭科学育儿的早教服务体系,促进 0—3 岁儿童在身心健康、认知、语言、动作与社会性方面的综合发展,突出了项目运作的强度、力度和专业度。

3. 社区整合的管理模式

此项目在 14 个试点开展,其中上海取得了较大影响力,服务模式对全国有较大的参考价值。主要运行模式总结为以下三点。

（1）整合行政系统资源

上海市把 0—3 岁儿童早期教育业务交由教育部门负责,联合各区县教育局、卫生局、妇联、人口计生委联合挂牌成立"社区 0—3 岁婴幼儿早期教育服务指导基地",且联合发文成立了"0—3 岁婴幼儿早期教育指导服务指导联席会议制度",健全了长效运作的行政系统资源整合平台。

（2）完善服务管理体系

上海市成立了市/区托育服务管理中心,建成了"市—区县—街镇—社区"网格化工作服务平台,即:托育服务管理中心,社区 0—3 岁婴幼儿早期教育服务中心/站/点,建立健全了以社区为依托,服务 0—3 岁儿童养育与照护的制度建设、师资管理、保教内容研发等的管理体系。

（3）拓展社区服务平台

区县、街道、社区都布局了早教指导服务点,有完善的组织管理,教育、卫生、计生、妇联的相关基本公共服务、示范点项目等资源直接下沉到社区,辐射到家庭,涵盖了社区设施、图书资料、托育服务、社区宣传、亲子活动、入户指导、专家讲座、"互联网+科学幼儿"等,在社区服务平台上实现了跨部门合作的资源整合功能。

4. 社区整合的服务模式

通过社区资源整合，满足多样化家庭需求，试点项目形成了六种服务模式。

（1）社区早期教育/科学育儿指导中心

该模式由政府提供社区公共服务场地与设施设备，通过与社区服务中心等其他公共设施的功能衔接发挥综合效益，提供方便婴幼儿及其家长活动的场所，开展公益性的亲子早教指导活动、2—3岁托育服务、3岁以下儿童健康管理、儿童免费筛查或体检、儿童早期发展宣传倡导、科学育儿专业知识推广、科学育儿入户指导、育儿活动开展等。

（2）社区普惠托育点

社区普惠托育点通过公建民营、民建公助的形式，设置一定普惠性托位的托育点，政府为其提供土地、房租、水电、税收等的补助及优惠政策，属于政府实事项目。上海以"一街镇一普惠"为社区普惠托育点的建设原则，每个街镇至少开设一家"公建民营、政企合作"的托育机构，每月每个托位不超过3000元。

（3）托幼一体化服务模式

在幼儿园积极推广托幼一体化建设，规划公立幼儿园适当增加托纳班，加大政策扶持力度，鼓励民办幼儿园开设托纳班。以公立幼儿园、私立幼儿园为责任主体，整合自身优势资源，在现有条件下探索招收2—3岁婴幼儿入园，并积极探索幼儿园托纳班0—1岁、1—2岁、2—3岁不同年龄段以及全日制、半日制、计时制的早教模式。

（4）社会办托育（早教）机构

社会办托育机构是由社会力量针对不同家庭的服务需求，举办符合标准的托育服务机构，满足多层次、多样化的托育服务需要。上海市托育机构由市教委主管，发放托育许可告知书（许可制/备案制）。

（5）医养结合模式

以妇幼保健院、医疗机构或卫生计生服务指导中心为责任主体，整合公共卫生服务资源，在婚检、孕期、产期、新生儿、3岁以下婴幼儿卫生保健营养教育服务及家庭指导服务的过程中，发挥卫生在儿童早期发展中的重要作用。

（6）单位办园模式

具有一定规模和条件的企事业单位开办托育点、企业亲子园、儿童之家，为本单位职工或辖区家庭提供托育服务，单位可以独立办园，也可联合办园，还可以用购买服务的方式委托托幼集团办园。

政府—早教试点项目社区整合机制为全国发展0—3岁儿童养育与照护服务提供了成熟的制度管理经验，但在借鉴过程中也要警惕以下几点。其一，上海市的0—3岁儿童养育与照护服务的管理主体是教育部门，有幼儿园实施的路径依赖优势，这是其他地方很难做到的；其二，上海的早教指导中心属于事业单位编制，有人、财、物的长效供给保障，这更是其他地区难以效仿的；其三，上海市已经有30多年的0—3岁婴幼儿事业发展基础，科学育儿理念已经弥散到普通民众家庭，社区资源整合及家庭参与意识强烈；其四，上海市经济发展良好，政府治理能力强，公民意识强，市场活力足，仅仅2年的时间就把3岁以下婴幼儿托育率提高到46%（全国入托平均率为4.1%），达到发达国家水平，这是其他地区难以做到的。相同的项目在四川宜宾等地区就没有达到这样的效果，在成本分摊方面，更多的还是放在家庭和机构上，政府承担的比例很小。

（三）社会组织—普惠性试点服务类型

质性研究部分分析了国际NGO救助儿童会、中国发展研究基金会、HPD公益基金会。三家社会组织在西南乡村开展的3岁以下婴幼儿养育与照料的示范点项目。这三家社会组织具有一定的代表性，覆盖了国际NGO（救助儿童会）、中国政府发起的全国性社会组织（中国发展研究基金会）、企业发起的社会组织（HPD公益基金会），也是目前在中国农村地区试点0—3岁儿童养育和照料最具影响力的项目和社会组织。课题组试图总结3个案例，提炼社会组织—试点性服务社区整合机制的逻辑。当然，以上三家社会组织都属于势力雄厚、组织背景过硬、规模较大、影响力较高的大型社会组织。

实际上，除了以上三种大型社会组织外，还存在很多小规模、加盟店、连锁型的本土社会组织也参与到服务大军中。有的以政府购买服务的方式参与；有的与大型社会组织合作，在本地提供便捷的社区服务；有的则独立于任何组织，靠自身的服务特色成为社会组织中的一道亮丽风景线。

1. 社会组织—试点服务社区整合的内涵

政府（第一部门）、以企业为代表的市场（第二部门）、以社会组织为代表的非营利部门（第三部门），被认为是影响社会的三大主要力量。0—3岁儿童养育和照料服务，从内容到服务主体都是一个综合性的系统工程。从内容上说，包括营养、卫生、健康、教育、社会保障与福利，有基本公共服务、社会保障服务，也有政府无力顾及的早期教育等领域；从服务主体来说，包含0—3岁儿童的家庭、政府相关的职能部门、社会组织等，是牵一发而动全身的系统工程。社会组织参与到0—3岁儿童养育和照料服务项目，就是协调家庭、政府与社会之间的关系，在西南乡村地区家庭养育能力不充分、政府保障水平不足、市场运转失灵的情况下，社会组织以非营利为宗旨，以促进每个孩子都有一个公平而有质量的人生起点、阻隔贫困代际传递为目的，发挥社会组织服务社会的功能，其中，非营利性、公益性、弥补性、示范性是社会组织的运行思想。

第一，非营利性，对西南乡村0—3岁儿童养育和照料服务项目上的投入不是以市场营利为目的，而是改善0—3岁儿童养育和照料的成长环境，减少贫富差距，追求的是组织自身的社会效益而非经济利益。第二，公益性，扶贫济弱是一项公益慈善事业，是需要全社会共同参与的全民行动。第三，弥补性，这里的弥补性是弥补家庭供给不充分，政府保障不足，市场投入失灵的功能，用他们社会组织人士的话说，就是"不插锦上添花之事，只做雪中送炭之需"。第四，示范性，以上三种社会组织的资金都是来源于捐资人，有明确的组织理念和目标，以示范项目带动政府和社会的参与行动是他们追求的目标。示范项目以2—3年为一期，可持续跟踪2期，但很难在同一个地方长期连续试点，所以示范项目的可持续性发展是衡量项目成败的关键指标，既考验社会组织整合资源运行项目的能力，也考验地方政府动员资源承接项目的能力。

2. 社会组织—试点服务社区整合的要素

社会组织—试点服务社区整合的要素主要包括此系统中各要素之间的结构关系，此系统中的运行主体是社会组织，而0—3岁儿童、家庭、社区、政府、社会是与社会组织紧密联系的关系要素，把这些关系要素黏合在一起的是试点项目本身。

社会组织利用自身的组织优势整合全社会资源，以项目试点的方式，把西南乡村0—3岁儿童养育和照料事业下沉到社区，为试点社区提供家门口的养育指导服务，社会组织是社区试点项目的组织者与实施者，是促使各要素运转的主体。0—3岁儿童及其家庭是试点项目的对象、直接受益者，是要素里的目标系统。这里的社区与社区整合机制是不同位的概念，社区是试点项目的载体，首先是物的概念，让试点项目有了服务的自然边界，是这个社区试点，而不是那个社区试点；其次是人的概念，试点项目是本社区里大家共同的事情，试点项目所需的人员由本社区提供（儿童、家庭、服务人员），是要素里的供给系统。政府是试点项目的合作者、支持者与受益者，是要素里的保障系统，没有政府的支持无法开展项目。这里的社会力量是区别于政府、社会组织、社区的其他力量，有公民个体、企业等提供项目资金、志愿者服务等方式，支持试点项目的社会力量，是要素里的支持系统，没有这个系统，社会组织将是无源之水、无本之木。如何处理目标系统、供给系统、保障系统、支持系统这些要素之间的逻辑关系就是社会组织—试点服务社区整合的机制。

3. 社会组织—试点服务社区整合的运行逻辑

上面分析了社会组织—试点服务社区整合的要素，及各要素之间的关系。那么，这些要素是如何黏合在一起，发挥各自的功能，达到系统整体运行的目标呢？

（1）各要素之间的关系整合

社会组织是运行主体，要实现运行目标，首先要有项目资金，所以第一关就是社会力量集资。这里的社会力量是全球性概念，可以用人类力量来阐述，有国际筹资、有全国筹资、也有地方性筹资，筹资渠道取决于社会组织的属性。第二关就是要有项目实施对象，也就是去哪里做这件事，要解决这个问题，就要与政府合作，整合政府资源。中国的政府网络从中央到基层，整合到哪一个层级，取决于社会组织的属性与能力。如果是NGO，往往从国家层面整合关系，层层对接，国家层面的政府和县级政府是联系最强的两头，省、市两级则起到桥梁作用，最终落到社区。如果是全国性的社会组织，往往从省级层面对接，基本也是到县级层面整合，最终落地到社区。如果是本土的社会组织，往往是直接对接项目点的县级地方政府，最终也会落到社区层面。有了项目资金，有了项目实施对象，有了政府的保障网络，最终解决的就是项目落地问题，也就是项目具体落到哪个点上，这个点包括了自然区域、也包括了服务群体。从调研的项目来看，项目落地都以社区为载体。

项目本身是一个大系统，项目里的各要素是一个子系统，各子系统里的关系结构有强弱联系。按业务往来强度划分，可分为强关系和弱关系。社会组织与社会力量是强关系，因资金来源于社会捐赠；社会组织与政府是强关系，要得到政府的有力支持，项目才能顺利开展；社会组织与社区是强关系，因项目落地的载体就是社区，要与社区取得良好的合作关系，并赋能社区，才能实现组织目标；社会组织与家庭、儿童是弱关系，因服务家庭和儿童的是社区人员，家庭和儿童最熟悉的人员也是本社区的入户指导员；政府与社区是强关系，因社区是政府行政业务下沉的最基层，可以说是行政网络的末梢，有成熟的工作机制。强联系与弱联系是一个相对和动态的概念，并非绝对和静止的。社会组织像一根线，各要素就像散落在地上的珠子，线把珠子一颗颗串起来，成为一件完整的饰品。

（2）各要素之间的目标整合

以社会组织为运行主体的各关系要素是社区整合的前提，把人的资源自上而下整合到了社区，确保项目运作的合法性、合理性、可操作性与保障性。完成了人力资源的整合，接下来就是按照项目实施的目标，各负其责，开展工作。目标有总体目标和关系目标，总体目标就是服务农村家庭村0—3岁儿童养育和照料，提升看护人养育与照护能力，促进儿童个体身心全面发展。要素目标则围绕各行动者设定，社会组织实现这一目标是为了完成捐资人慈善与公益的目的，政府完成这一目标是为了达到政府治理社会的目的，为民服务，更好地管理社会，树立政府的

第四章 西南乡村0—3岁儿童养育和照料现有社区整合机制案例研究

形象,让人民坚定对政府的信念。社区目标是配合上级行政部门管理好本社区社会事务,凝聚社区力量,营造和谐的社区环境,服务好辖区居民。家庭的目标是,作为公民必须积极配合政府的社会事务管理,相信此项目是为了自己的孩子有一个美好的未来。项目的运行逻辑是修身、齐家、治国、平天下的社会治理之道,孩子好了,家庭才会好,家庭好了,社区才和谐,社区和谐了社会才和谐,社会和谐了就是政府善治的目的。社区整合的运行逻辑就是社会治理的运行逻辑机制。

(3)服务试点管理

社会组织—服务试点社区整合模式,最终的落脚点是试点社区,试点社区一般是村级组织,贫困、偏远、家庭文化水平低,而社会组织整合的人力资源、管理模式都是最先进和最前沿的组合,两者是如何衔接的?这一问题引起了课题组的巨大兴趣。

从实证研究案例分析可知,社区是行政网络最后一站,社区的管理实际上是社会组织运行主体赋能社区,由社区实现自治管理,社区管理逻辑是行政工作机制的路径依赖,已经形成成熟的工作模式。选择哪些家庭进入项目,招聘哪些工作人员,如何管理这些工作人员提供日常化的入户指导等工作,基本是由社区完成。那么,社会组织又是如何实现不在场的管理呢?又提供哪些在场的服务管理呢?

社会组织也有一套成熟的管理机制,可以依据国情、省情和地方的实际情况进行柔性修正,但组织的理念、原则和方法是刚性的。社会组织制定了符合目标的实施方案、人员培训、技术指导、结构化的课程活动、精细化的入户指导手册、APP终端入户指导打卡系统、薪资制度、督导制度、考核标准、评估体系等精细化、系统化与制度化的管理模式。特别是APP终端打卡系统,通过先进的网络化管理,实现了不在场的无形管理,在北京、杭州、上海、贵阳、昆明、成都也能与社区同步实现管理的目的。除了网络管理外,社会组织会定期组织在场管理,也就是督导制度。督导制度有村级入户督导负责日常督导,与入户服务同步进行;县级/市级/省级及项目总部实施的督导。网络越下沉,督导的频率越高,网络越上移,督导的频率越少,但至少每年有一次。除此之外,项目委托高校为第三评估方,有中评和终评两种形式,进一步验证项目的实施效果。总体来讲，日常管理，督导管理和评估管理是项目管理的三大内容，有在场管理和不在场管理两种手段。

（4）困境与调适

项目在运行过程中也存在诸多困境，主要表现为：社会组织管理与行政组织管理之间的冲突，社会组织管理与社区工作惯习之间的冲突，社会组织管理与村民习惯之间的冲突，慈善公益项目理念与应聘者从业意图之间的冲突，等等。这些冲突通过什么方式实现整合，让项目顺利进行下去呢？带着这些疑问，我们在质性研究案例中对相关人员进行了访谈。

社会组织与行政管理之间在制度层面并不存在多少冲突，但在制度执行层面有地方特色，如有的项目点入户人员的薪酬并不能像社会组织要求的那样由社会组织直接发放到服务人员个人账户，只能通过项目办负责人根据工作量发放，报账手续必须有明确的正规发票和相关证据、发放明细，但乡村社区管理无法适应这种精细化、透明化、公开化的管理，社会组织在这个问题上进行了多轮谈判，希望项目点按社会组织的要求做，特别是国际NGO组织，是不会因为一个示范点改变整个组织的制度。此项目因存在较大的财务风险曾一度被社会组织提出来要撤销，但在多方的努力下，双方做出了让步，找到一个大家都可以接受的接合点，项目得以开展。

另外，由于项目资金有限，且受公益组织性质的影响，劳务费较低，西南乡村三个试点项目的用工成本在800—3000元不等，普遍入户指导员都反映劳务费太低。针对这种情况，一方面，由行政网络通过组织压力，以行政工作任务的方式直接安排，"行政工作职责+项目补贴"的方式推进，这种方式只能对行政管辖范围内的基层人员（体制内与体制内临时聘用的人员，基层卫生计生部门较多）。另一方面，通过培训，让更多的人了解项目的意义和社会价值，"意义感+项目补贴"的方式培养志愿者和公益精神，让更多的家庭主妇和年轻母亲稳定在项目岗位上，项目的"意义感和补贴"是这部分人继续留下来的动力。也有的社会组织专门招聘大专以上学历，具有学前教育专业的未就业人员进入项目，担任入户指导员和中心育婴师职责的用工成本在3000元，这部分人

第四章 西南乡村 0—3 岁儿童养育和照料现有社区整合机制案例研究

员学历高、年轻、专业,此类人群以"职业规划+项目补贴"的方式吸引进来。家庭入户指导员队伍的稳定是决定项目成败的关键,以上问题也是项目运行过程中存在的困境,这部分问题解决得好与坏,直接关系到家庭入户的质量,是积极工作还是消极应付。

要知道一个项目的质量,一定要考察基层服务人员的生存状况。对3个项目的实地考察发现,用工成本越高的项目,服务质量越高,人员流动性越小,用工人员质量越高,职业获得感越强。行政工作职责下的服务人员,最容易产生倦怠感和敷衍感,如果新增加的任务没有带来额外的补贴,就更难保障质量。每个家庭主妇和年轻妈妈心里都有一个小算盘,我能在这个项目里获得什么,"带了自己的娃,学到很多知识,还有800多元钱,还能帮助更多的人,这份工作我喜欢",这部分人群,能力不高、专业性不强,但尽心尽责、接地气。招聘专职从业人员是最理想的方式,她们尽心尽责、专业能力强,用工成本虽说是三者当中最高的,每月3000元,但与目前类似职业来说,并不算高,呈现的效果是三种方式里最好的。

项目管理除了最关键的人员聘用、财务管理困境外,还包括课程日常活动管理方面的困境。上课的时间、地点、人员、上课的方式及工作资料的台账管理也存在诸多困难。西南乡村地区没有严格的时间观念,生活习惯自由松散,雨季天气交通不方便,农忙季节无法保证教学活动的顺利开展,入户指导人员很难适应烦琐的台账管理资料搜集工作等。虽然每一个环节都纳入线上监管,但监管也不是万能的,也存在不少敷衍了事的情况。有的入户指导员不是把心思放在教学活动上,而是为了完成搜集台账管理的现场资料,拍完照片,录完视频,在一旁玩手机,采取敷衍应对的心态。很多家长没有意识到,以为指导员来了就是帮自己带娃,把娃交给指导员,就去忙家务,或不停地跟指导员聊天,整个教学活动很难达到预期的目标。

社会组织通过培训、说服、线上线下多种方式监督,尽量减少类似的情况发生,并依据当地生活习惯和自然条件,适当调整课程时间,放低台账资料搜集标准,迎合不同指导员的能力需求。项目运行中的困难是多种多样的,以上分析事例只是其中最为常见的部分。如何在冲突中实现平衡,是各级项目管理者的一门技术活。所以,经常听见这样的话,一个项目的落地、成败与可持续性投入,完全取决于某位关键性的人物,一个项目就因为有那位人在,这位人物可以是某个行政部门的大人物,也可以是社区项目办的一个负责人,而社会组织在其中就是调适者。这种现象给我们留下了无尽的思考,制度建设和法制的本质到底是什么?法制与人治的关系存在哪些耦合与悖论,精致的制度之外,到底缺了什么?

三　社区整合主要服务模式

从本章的 7 个案例分析归纳出了西南乡村现有的三种社区整合主要服务模式,即:社区中心指导、家庭入户指导、社区中心 + 家庭入户指导。不同行为主体经过近 10 年的社会实验示范,逐步形成可在全国欠发达农村地区广泛复制推广的模式。

(一) 社区中心指导

社区中心是以社区为依托在社区建立育儿指导服务中心/站/点,乡镇及居住集中的行政村是设立社区中心的理想场所。社区有 30 个以上的 3 岁以下孩子就可设置一个婴幼儿活动中心。社区中心用房形式多样,课题组调研发现,主要有村/居集体闲置房改造、村/居委会办公楼专设用房、市场租赁、家庭自居房提供等多种形式。社区指导中心面积 30—100 平方米不等,为辖区 0—3 岁儿童及家庭提供亲子阅读活动、手工制作、玩具游戏活动、家长科学育儿教育等活动。

目前,乡村社区指导中心主要有社区卫生服务站提供的基本公共卫生服务项目、社会组织以示范项目开展两种。乡村市场吸引力不强,社区企业运作在乡镇有少量存在,不具有普遍意义;社区幼儿园招收 3 岁以下婴幼儿现象也较少。家庭需求旺盛的全日托、半日托、临时托服务在乡村社区层面基本还处于一片空白,但这是未来 10 年国家发展的重要服务模式。社会组织在乡镇设立指导中心,村社区设立指导点,在本地招募初中文凭以上的志愿者指导教师(家庭主妇、离退休教师、行业青年），经过培训合格后集中在中心提供一对一养育服务、集体授课及小组授课服务。

（二）家庭入户指导

家庭入户的服务对象是居住分散、交通不方便、有特殊需求的家庭，为0—3岁儿童及家庭照养人提供上门服务。入户目的是对乡村0—3岁儿童家庭养育实施干预，提升家庭科学育儿水平与能力，改善孩子成长的家庭环境，促进乡村孩子身心健康全面发展，使每一个处境不利孩子都享有公平且有质量的人生开端。目前提供家庭入户指导项目主要是基本公共卫生服务新生儿访视项目，早期养育和照料主要是各类社会实验示范项目。

家庭入户指导的主要做法是聘用初中以上文化水平的辖区志愿者，每人负责10—15户家庭，按期送教上门[①]，按专职志愿者及每月2次入户核算，每位孩子每年3000元投入成本。活动过程要求照养人全程参与本次指导活动，并在家里反复练习本次教学内容。指导教师依据项目提供的教学工具包《0—3岁儿童早期发展指导手册》及配套的绘本、玩具包及测评工具开展每次入户指导活动，一边给孩子授课一边告知照养人要如何在家里辅导和陪伴孩子反复练习。本次授课的绘本、玩具等工具包留给家庭练习，下次授课再循环使用，老师鼓励家长们自制玩教具，发挥家长的想象力与创造力，充分挖掘本土手工技能及传统文化资源。

家庭入户指导已经形成了较为完善的服务体系，如人员聘用与培训体系、课程体系与活动流程、评价体系与监督机制，但存在服务内容单一，实验项目覆盖人群狭窄，可持续性发展后劲不足的特点。综合目前社会供给现状，乡村家庭入户指导是一项刚起步的新生事物，二孩政策实施以来，国家出台一揽子政策法规鼓励家庭入户指导，是"十四五"及2035年发展的重要方向。实验项目为欠发达乡村提供了可复制的经验模式，整合政府、社会、企业、社区及家庭资源走向可持续发展道路、

[①] 此做法主要在社会实验示范项目里运作，目前有1次/月、2次/月入户服务类型，每次服务1小时。

扩大受惠面、形成常态化运作,是未来发展的重要突破口。

(三) 社区中心 + 家庭入户指导

此模式是把前两种服务模式整合在一起,发挥两者的优势,既避免了社区中心服务模式不能为居住分散、偏远农村家庭服务的劣势,又发挥了家庭入户个性化需求的优势。目前运行的情况是在社区中心服务的基础上,增加了家庭入户指导服务。社区中心对居住分散的家庭,或长期不来社区中心活动的家庭,社区育儿指导中心配备志愿者进行家庭入户指导。

第五章　西南乡村现有社区整合机制在运行中的困境

本章总结了第三章和第四章实证研究内容，归纳了现有社区整合机制在运行中出现的困境。即，地方认知—行为逻辑影响项目成效、行政权责在应然与实然间消减、外部主体难嵌入地方社会生活场域、行动者利益偏好受限于制度设置、国家政策悬空难落地、社区自身发展能力不足、项目设计脱离乡村思维惯习、跨部门协同机制难健全和托育机构发展困难重重等九大困境及成因分析。

一　地方认知—行为逻辑影响项目成效

本讨论的焦点是国家与社会关系背景下社区整合的认知—行为逻辑，宏观与微观不断切换的过程中的运作，是外部力量植入地方社会的行为整合，在相互嵌入过程中不断博弈的过程。外部力量包括自上而下的国家行政体制，也有来自非本土的社会力量（主要有：国际NGO、国内社会组织、群团组织以及企业等）。地方社会主要指县级以下的社会，执行项目的核心人物具有典型代表性。课题组比较类似项目在不同区域实施的效果之后发现，核心人物的认知—行为逻辑是决定项目成败的关键，而核心人物的认知—行为逻辑不仅是个体表征，也是一个集体事项。这是长期在本土文化环境中根植起来的行为习惯，对外界具有强大的抵御功能。

Y省与S省共同参与了社会组织在西南乡村"早期发展"项目，两个省的项目皆由国家层面整合社会组织资源层层推进。Y省的示范项目从国家—省—市—县层层推进，最终落地在一个国家级贫困县的乡镇卫生院。这个项目在院长那里接受了妥协——项目若要顺利实施，国际NGO组织的财务管理就得依院长的意图改变，不能直接由NGO组织付给工作人员劳务费，须由卫生院统一发放，并且卫生院不能提供正规发放明细与依据。国际NGO组织面临全球财务管理的风险，这样会弱化其对基层工作人员劳务报酬的监督管理，会对终端服务质量带来不利影响。因此该组织曾一度要撤离此项目，但因项目已开展半年，无奈之下才继续下去。项目在中期评估时更验证这一重要影响因素。

S省的示范项目路径与此大致相同，不同的是该项目将通过国内基金会运作，最终由县领导亲自部署、县教育局承接，形成基金会（资金、技术）+政府（场地、管理）双方投入的合作模式。教育局为此专门成立了项目办，承担场地租金与日常管理的功能，聘用专职人员开展工作。此项目之后在全县推进，实现了贫困地区0—3岁婴幼儿早期发展服务全覆盖，在全国做出了很好的示范。

地方社会"认知—行为"逻辑在不同乡土社会中差异显著，带来的成效同样显著。与政府合作是必要途径，但具体执行项目的核心人物所具备的核心要素是成效的关键。针对此项目而言，核心人物需要拥有公平、公正和正义的人道主义精神；需要做出奉献、友爱、互助、进步的利他行为；需要提高开放、包容、创新、合作和不断学习的能力。拥有与身份、角色、地位相匹配的领导力与行动力是核心人物要具备的要素，基层管理者需要不断提升这些能力。

二 行政权责在应然与实然间消减

行政权责是法律赋予行政机关的义务和责任，同时设置了行政职能部门负责管理实施。政府是西南乡村0—3岁儿童养育和照料社区整合的行为主体，主要的运行模式根据基本公共服务和非基本公共服务类型分为政府—保障性服务模式和政府—试点性服务模式两种。两种服务模式的路径依赖均为自上而下的行政组织网络。两种模式虽然路径与制度雷同，但因服务类型不同，运行过程中的广度、深度、强度与效度有很大的差别。基本公共服务覆盖面广，服务方式深入家庭，同时中央财政投入力度大（西南乡村中央与地方投入比为 8∶2），行政考核严格，这些确保了每位 0—3 岁儿童享有基本公共服务（原则上讲，项目实施的每个过程都已经部署到位，但在执行过程中仍存在不少问题——越位、缺位、错位、懒政、权责不匹配以及利益与付出不对等是最主要的现状）。越到基层，服务工作越繁杂且服务功能与服务能力越薄弱，出现若干领导对着一个干活的人发号施令的现象。很多基本公共服务项目没有落到家庭和婴幼儿身上，而是落到了台账上，行政权责与执行力之间存在较大张力，这是基本公共服务模式的一大难点。非基本公共服务项目试点存在消极应对，申报的时候不积极不主动，上级不压下级就不动，抱着多一事不如少一事的工作心态，运作过程中资源动员能力不足，把政府的主体责任转嫁到托育机构等第三方去执行，这样很难形成较有影响力的政策倡导和多样化的推广模式。

行政权责与执行力之间的落差是政府与社会组织运行的难点，也是科层体制的痛点，这不仅仅存在于西南乡村 0—3 岁儿童养育和照料社区整合机制这一社会现象中，也广泛存在于其他现象中。实际上这是一个行政治理的问题，除了加强行政治理的精细化管理外，以下四点很有必要：首先，强化职能部门的执行力，严厉惩治懒政与不作为行为，建立政府、社会、媒体等多方监督的体系，对国家政策与民生事项落到基层的执行力进行定期反馈；其次，名与利要高度统一，不能分开，避免干活的人是一批，得利的又是一批，这样会巨大挫伤终端的执行力与责任感；再次，严格引入第三方评估，对台账的形式与服务实时进行年度评估并纳入绩效考核与信用管理体系，出现弄虚作假现象即取消职业资格；最后，加大基层的投入力度，包括人、财、物的投入，确保基层人员的服务质量。

三 外部主体难嵌入地方社会生活场域

这里的外部主体是指非地方社会内生的力量，诸如国际 NGO、全国性社会组织和非本地的营利组织等。这里的"地方社会"主要包括地方政府、市场和社会组织。西南乡村 0—3 岁儿童养育和照料工作是全社会

乡村育儿的社会化出路：以西南乡村0—3岁儿童为例

共同参与的一项民生事业，由于经济社会发展因素的限制，中国政府把大量人、财、物投入3—6岁学前教育阶段，0—3岁养育主要以家庭为主、市场为辅，政府承担卫生、保健方面的基本公共服务。在家庭养育功能逐渐衰微，社会化养育日益兴起，而政府保障不足的情况下，释放社会发展空间，激活社会参与是较为理想的状态。市场以盈利为目的，西南乡村0—3岁儿童养育和照料服务则具有公共服务属性，很难吸引大资金进入，造成主要由本地私立幼儿园招收2—3岁儿童入托；社会组织以公益性为目的，如基金会、慈善组织参与提供家庭育儿支持服务，是目前出现在西南乡村服务0—3岁儿童养育和照料的重要主体。本土社会组织在西南乡村发育程度很低，参与项目运作的情况不多见，主要以政府购买服务的形式出现。基于这一现状，此部分主要关注社会组织与地方政府之间的张力。

社会组织作为外部主体，整合了多方资源介入西南乡村0—3岁儿童养育和照料事务。在本土化运作过程中存在的主要问题是与政府之间的衔接、与本地市场的利益分割和与社区基层的入户指导管理。其中最为核心的是与政府之间的衔接，主要体现在政府对项目的支持态度与执行力度，这是决定项目能否进入当地，并得到较好执行的关键。开明且主动作为的地方政府会主动寻求社会组织的资源与之合作，并整合本地早教市场、本土社会组织资源共同发力。如贵州、四川、重庆、甘肃、陕西在撬动社会组织与本土社会资源方面就是全国学习的典范。地方政府的开明与主动作为曾经使这些地区在3—6岁乡村幼儿园计划项目中获益，特别是贵州省的"山村幼儿园"计划，使学前教育普及率得到迅速提升，而云南省却在首批试验示范项目中失败，其中最关键的因素就是政府与社会组织之间的合作与衔接不畅通。政府在示范项目后期的有效衔接与本土市场、社会组织没有发育起来，最终没有达到项目引领示范作用，也没能在全社会推广复制，这进一步影响到0—3岁儿童早期发展项目的实施。0—3岁儿童早期发展项目进入西南乡村，基本采取了3—6岁的路径依赖，开明并主动作为的地方政府优先争取到了外部资源，沿着3—6岁的项目经验继续推进，并在全国取得了良好的民生声誉。随之而来的众多资源也纷纷上门，由此形成良性循环，构建起了政府—社会一家庭,三位一体的合作模式,社会发展空间与环境得到最大潜能的释放。反之,封闭且不主动作为的地方政府,不主动寻找资源,常把资源挡在门外,错失很多良机。最终形成地方政府没有能力涉及0—3岁儿童早期教育事业,社会发展环境和发展空间没有营造出来,外部主体资源无法进入,整个0—3岁儿童早期教育事业陷入停滞不前的局面。

所以,外部主体与地方社会之间的张力主要体现在外部主体与地方政府的合作与衔接。政府是外部主体与地方社会衔接的桥梁,承担着引入外面资金、技术力量,并培育本土社会力量,增进民生福祉的重任,一个开明并主动作为的政府是项目落地并取得良好成效的关键。将其纳入政府绩效考核、重点民生事项是外力强迫的最好办法,倒逼政府主动寻找社会资源。

四 行动者利益偏好受限于制度设置

行动者的利益偏好是指参与西南乡村0—3岁儿童养育和照料社区整合中的每一位成员,上到决策者,下到看护人,中间还有一大群工作人员。行动者的利益偏好受所在组织的制度约束、个人道德修养及社会民风民情等方面的影响,可分为职责偏好、物质偏好、意义偏好和道德偏好四类。其中,职责偏好对行政人员和家长约束力最强,也就是只要在这个位置上,就要承担责任并尽义务,这是法律赋予的职责与义务,无论是否愿意都要履行;物质利益偏好者主要是想从项目中获利的人员,有专业从业人员(来自项目薪酬的收入)、市场从业者,也有少量图谋不轨的管理人员(运用手中的权力,采取不正当手段获取收益),这部分人群需要严格的制度约束与激励机制;意义偏好者主要是对项目的价值与意义具有强烈情怀与认同感的行动者,资助者和志愿者就属于这类群体,这部分参与者以事情本身的意义为动力源,较少看中物质,对信息的了解最重要;道德偏好者主要靠自身的良知与"优良的人格特质"[1] 行事,主动作为的政府官

---

[1] [爱尔兰] Alan Car:《积极心理学》,丁丹等译,中国轻工业出版社2019年版,第54—66页。

员、项目发起人以及志愿者最具备这种特质,这部分行动者社会责任感强、助人为乐、无私奉献、正义仁慈并积极热忱,自我实现的需求最旺盛,最能打动他们的是项目本身带来的社会效益。以上构成了行动者的四种利益偏好,这些偏好在不同的人身上可以综合发挥作用,也可单独起作用,在某些人身上其中的某种利益偏好更明显。

制度设置主要指政府体制的制度设置、社会组织的制度设置以及项目实施方案设置,也就是说制度设置是嵌入在行动者自身的组织结构中,而行动者是处于不同组织结构中的混合体,他们自身的角色、地位和身份要在不同的组织制度中转换。同时,三种制度设置之间的尊重、沟通、理解、认可与衔接是项目实施的重要保障。

行动者利益偏好的制度设置是理论与操作的结合体,既要考虑普遍性,也要关照民风民情。20 世纪初,以晏阳初和梁漱溟为代表的"乡村建设运动"给我们最大的成功经验就是,一个外来项目,如果要在本地落地,需符合地方社会的民情与风俗。行动者的利益偏好与制度设置之间是一个复杂的"场域",也是人性斗争最激烈的部分。个人利益偏好在多大程度上有利于社会和他者,主要取决于个人优良的人格特质和制度约束力。个人优良人格特质越积极,个人利益偏好越有利于社会和他者。也就是,贴合民风民情的制度设置与个人积极的优良特质相结合才能产生良好的社会效益,也是个人利益偏好与制度设置最为理想的状态。

五　国家政策悬空难落地

自 2016 年二孩政策实施以来,国家出台了一系列政策法规体系和惠民措施支持 0—3 岁婴幼儿养育和照料事业发展。国家投入指各级地方政府对西南乡村 0—3 岁儿童养育和照料的供给,包括惠民政策和公共公益性项目,特别表现在基本公共服务领域与早期发展入户指导项目方面。群众获得感主要指亲身感受到的服务内容与服务满意度。目前,中国已经建立了婚检、孕前、孕期、产后、新生儿访视,及包括喂养、体格监测、疾病筛查、预防接种等 0—3 岁婴幼儿健康管理、贫困地区儿童营养改善和新生儿疾病筛查。可以说,基本公共卫生服务的覆盖面从人群和范围来说非常广泛。这涉及多部门参与，妇联的家庭教育指导、卫生部门的妇幼保健和计生部门的优生优育指导等。但这些业务下沉到社区时，权、责和利并未形成匹配，市—县—乡镇—村—村小组，层级基本公共卫生服务权益并不匹配，跨越层级权限争抢有利的业务，获利少甚至没有利益的工作则相互推诿。越往下沉，最终可能都落到个别人身上去执行，形成上面千条线，下面一根针的工作局面，而这一根针往往是获利最少、技术水平最低且流动性较大的人员（村级一层，往往聘用大量的临时工、志愿者来承担）。

社区资源越多，越流于形式，越深入不到个体终端，做台账、建档案而不是服务家庭成为基本公共服务的难点，这就是群众获得感不明显的重要原因。每一个项目到社区，初衷是为民生谋福利，但最后变成部门部分人牟利的工具。调研时发现，家庭签约服务是以签约人头计算绩效，所以出现基层卫生工作者在签约时非常积极——不论节假日，白天还是晚上，经常看见村子里排着长队等待签约的场景。但实际发生服务的非常少，财政投入的力度与实际产生的效度相差甚远，带来国家的投入与民众获得感之间的不对等。

2019年是0—3岁儿童养育和照料政策频频出台的关键元年，国务院、国家卫健委、国家发改委、教育部以及财政部等部门均出台了鼓励3岁以下婴幼儿照护服务的若干政策法规，从国家顶层制定了发展指导意见、管理规范、设置标准及支持政策。特别是鼓励社会力量发展照护机构，每个新增托位补贴1万元，把托育、家政、养老人才列入急需的紧缺性人才培养规划等措施。但课题组在调研时发现，地方在此领域的政策执行力与推动力并不强。《国务院办公厅关于促进3岁以下婴幼儿照护服务发展的指导意见》在地方层面的实施意见出台缓慢，如，西南Y省到2020年6月份还没有出台相应的实施意见，滞后于全国。相应的支持政策社会认知度较低，很多机构法人主动找到相关职能部门咨询也没有确切答案，相关部门执行意愿低，执行力不强。新增托位补贴没有向地方社会广泛宣传，没有一个面向全社会公开、公正、透明的申报流程，因而惠及面狭窄。

国家政策到地方的执行力是一个行政难题，在0—3岁儿童养育和照料服务领域显得尤为突出。一方面，0—3岁儿童养育与照护服务需要从家庭私育逐渐向社会公育转变的过程，需要全社会转变公共服务理念；另外，这一领域还没有形成规范化的行政管理体系，也没有纳入强有力的行政考核目标，在繁重的行政压力面前，各部门的工作推动缓慢，甚至有些懈怠。0—3岁儿童养育和照料服务是一项惠及儿童个人、家庭、社会及国家的民生工程与人才工程，把这一具有重大意义的国家政策深入到地方社会的执行层面，在基层落实落细，不仅是政府层面努力的方向，更是学界要关注的重要问题。

建议提升社区一级0—3岁专业服务人员的业务能力、责任意识，并改善其工作环境和保障工资待遇；对从业者进行培训，帮助他们了解儿童早期发展的意义、婴幼儿身心发展特点与规律，并提升照护服务技术、提高服务质量，这是该工作的关键。总之，需要培养培训一批高素质、能代表政府的服务水平的人员进入家庭，让老百姓从心里认为他们就是政府的代表，对他们的满意就是对政府的满意，也是对国家的满意。他们是国家投入与群众获得感之间的载体。

六　乡村基层社区自身发展能力不足

政府和社会组织是提供西南乡村0—3岁儿童养育和照料社区资源整合的主体，在社区实施了一些示范项目，社区在参与项目运作过程中自身能力不足、支撑乏力，主要体现在以下五方面。其一，寻找资源的意识淡薄。很多社区干部习惯了上令下行的行政工作思维，不会主动寻找民生急需的社会资源，工作不是低头向下看老百姓需要什么，而是向上看领导需要什么、安排什么，脱离群众的现象较为普遍。其二，接受资源的行为被动。社区是服务家庭的辐射中心，项目基本以社区为依托，很多项目来到社区很难运行下去，部门利益总是高于群众利益，给部门带来较少利益或没有利益的项目尽量往外推，往下级压，甚至挡在门外不让进来，这是很多慈善组织、基金会遇到的情况。其三，执行资源的动机不纯。即便项目进来了，在运作过程中也存在诸多争权夺利的现象。儿童早期发展项目基本都是公益慈善性的公共服务，聚集全社会的力量落地在最需要帮助的社区，但往往出现诸多令人惋惜的行为。诸如资金使用不透明、人员招聘不规范、营私舞弊现象严重、监督管理形同虚设，执行项目的动机不纯，而不是真正想着为民服务、受惠民生，政府和社会组织的资源来到社区被分化和消解。其四，运作资源的能力不强。政府—保障性项目或政府—试点性项目、社会组织—示范性服务项目来到社区以后，最终成效取决于社区运作资源的能力。但普遍反映的情况是社区在整个过程运作资源的能力较弱，很大程度上是因为社区基层干部自身的文化素养不高、法治意识淡薄、处理公私关系的能力低、不少干部存在社会心态扭曲现象等，这些综合反映出社区现代化治理能力弱的现象。其五，维续资源的后劲乏力。政府或社会组织整合社会力量把资金、技术和项目带进社区，经过项目的周期培育，提升社区的建设能力，示范项目结束后，由社区接手，最终实现自身的造血功能。但这一过程很难实现可持续性发展，很多项目结束后没能在社区得到延续。社区项目运作缺乏连续性、继承性和拓展性。以上问题都集中反映社区资源整合与社区治理能力之间存在较大差距。

要解决这一问题的根本是对基层干部的选拔与聘用制度进行改革。其一，把道德素养过硬、受教育程度高、能力强、责任心强的人员选拔到干部队伍中。其二，是基层干部绩效考核制度，把0—3岁儿童早期发展事业纳入基层干部绩效考核体制，特别是对项目引入，项目运作的社会影响力作为考核的重点指标。其三，提升基层干部的现代化治理能力。把创新、开放、合作、沟通、责任与担当的能力量化为基层干部考核的指标，同时与绩效挂钩。其四，每个乡镇要求引入一个0—3岁儿童早期发展项目，并将其列入政府为民办事的实施项目。

七　项目设计脱离乡村思维惯习

2019年诺贝尔经济学奖获得者班纳吉和迪弗洛在《贫穷的本质》一书提出，"错误的政策是怎样制定的，这种政策并非来自动机不良或腐败，而仅仅是因为某些政策制定者头脑中的世界模式是错误的"（阿比吉特·班纳吉、埃斯特·迪弗洛，2020）。也就是说，项目供给者要了解乡村家庭的环境、需求，乡村家庭的养育思维、行为习惯、生活方式，而不是把想当然的固有模式植入到他们的生活世界里。

我们经常发现项目督导人员抱怨，入户指导人员不遵守方案要求，擅自改变服务时间，不按要求上报终端资料，提供的数据不真实，孩子与家长的变化没有达到预想的成效。与督导员们相比，入户指导老师的抱怨更多一些，他们经常抱怨家长不配合，指导员入户指导变成陪孩子玩耍的保姆，家长把孩子丢给指导员就去喂猪、洗衣服、打猪菜、干农活，没有参与孩子养育的互动过程；安排家长每天陪孩子阅读1小时，与孩子做游戏，很难落实；把绘本、玩具留在家里，有的家庭不好好保管造成残缺不全，有的家庭不敢动，将其高高放在架子上，等着上交，皆未达到项目要求的目的；有的家长抵制入户指导行为，认为打搅了他们的生活，影响了他们干农活、走亲戚、打麻将、闲聊、赶集的日常秩序。家长的抱怨也很多，"我没有时间陪他们上课，我要去卖土豆，否则今天我会失去50元的收入"，"他们讲普通话，我不会用普通话给孩子讲故事，但我有很多我们民族的故事讲给他听"，"他们每次来都要检查作业、玩具、绘本，我们做不到，担心被骂，感觉很害羞"。

从抱怨与担心的内容我们得知，乡村家庭的现实际遇与项目供给之间存在诸多冲突。这种冲突的源头就是项目设计者从他们认为科学的养育模式去改变落后的养育方式，认为他们的设计才是科学的，按照这一模式去做，孩子才会有美好的未来。这一想当然的科学育儿模式经常遭遇乡村社会的抵触，但这一环节正是项目产出的关键。

要解决乡村家庭际遇与项目供给之间的冲突，首先要认识到家庭之间的差异化特点，项目运作要适应不同家庭的生活习惯，而不是打乱其习惯；其次，生活化教育。鼓励在日常生活中、在田间地埂里寻找教学资源，创新亲子互动方式，自制玩教具。最后，赋能家庭，与家庭共同制订教养方案，提醒每天坚持。

八 跨部门协同机制难健全

0—3岁儿童养育和照料业务分散在卫生、计生、教育、民政、妇联

第五章　西南乡村现有社区整合机制在运行中的困境

等多部门。顺应国家加强社区治理能力与治理现代化的要求，各部门业务要往社区下沉，强化社区基层服务堡垒作用，国家还倡导社区公共设施和公共用房实现功能多样化。这在一定程度上扩展了社区整合资源的渠道，提升了社区公共服务供给能力。从理论上来讲，毋庸置疑，但在实际操作中，各部门业务下沉到社区后，较为零散和碎片，没有形成合力。各部门以自身利益为阵，以社区挂牌为主，以给经费为由，把本该由上级行政部门承担的任务转交给了社区，走上了形式主义道路，没有实质性的业务活动。甚至出现，有的资源闲置，而有的资源严重不足的现象，两种情况还很难达成共识。难于达成共识的原因是相关部门的利益分割、沟通合作还不深入，社区干部的整合能力弱，或者根本不想去整合，而只是消极应对。如，归属民政部门的社区养老中心，在很多农村社区有宽敞的建筑房舍，有每周开放1—2次的，有晚间开放、白天不开的，也有只在节假日开放使用，很大一个空间平日里皆闲置。另一方面，儿童早期养育指导中心非常缺乏。在农村，祖辈照料占80%以上，两个功能进行规划整合是较为理想的方式，无论从空间共享还是服务方式融入方面都可以进行整合。

《指导意见》明确提出0—3岁儿童早期发展由卫健委牵头实施，负责制定政策法规，协调相关单位做好监督管理与业务指导工作，指明了17个相关单位的职责与分工，但在实际操作中存在诸多困难，如监管联动机制尚未建立、部门职责不太明确、任务未细化、实践无经验、投入无标准、程序不规范、业务不精通、指导不及时及问责机制缺乏等诸多问题。各部门以自身利益为核心，处于分割状态，分散在各部门的资源很难整合在一起，在相关体制机制不健全的情况下，很难形成强大的资源合力。

0—3岁儿童早期发展领域国家投入力度最大的在基本公共卫生服务系统，教育部门基本没有财政预算；3—6岁学前教育隶属于教育部门分管，0—3岁儿童养育和照料隶属于卫健部门管理，2—3岁幼儿入园管理交叉到两个部门，加大了协调难度；17个相关部门，涉及营养、卫生、保健、安全、机构教育、家庭教育、人才培养和社会保障等方面的业务资源如何整合在一起，如何形成跨部门合作的有效模式等诸多现实问题是理论研究与实践层面需要加快推进的重点方向。

九 托育机构发展困难重重

托育机构在西南乡村社区0—3岁儿童养育和照料服务供给模式中少量存在，但是未来社区发展的重要方向。对托育机构调查研究发现，目前运行存在以下主要困境。

①供需矛盾突出，区域差异较大。调查发现，需求总量与社会供给能力之间存在极端不平衡现象。家庭需求旺盛，而社会供给少，且存在严重的区域差异，主要体现在经济发展水平差异大、家长文化水平差异大和家庭收入水平差异大。这种差异体现在A类（市府区县）、B（介于A和C之间）、C类（原国家级贫困县）三类之间的外部差异，同时也体现三类之间的内部差异。州市府情况最好，较发达的B类县区次之，C类原国家级贫困县情况最差。课题组选取了同属于原国家级贫困县的C类县区，有的县区4家，大部分县区一家没有。县级以下普遍没有托育机构。乡村0—3岁公办托育机构一片空白。

②政府跨部门合作机制不畅通，托育行业发展受挫感强。托育行业涉及内容广，服务主体多，监管联动机制尚未建立，跨部门协作机制建设与运行确需时日，部门职责不太明确、任务未细化、实践无经验、投入无标准、程序不规范、业务不精通、指导不及时、问责机制缺，部门合力尚未形成、主体责任一时难以到位。政府跨部门合作机制不畅通，托育从业者在办理机构审批、登记备案、卫生许可、消防合格证、购买保险等方面受挫感特别强，一定程度上影响、制约着托育行业发展的积极性。

③政策支持乏力，托育机构发展环境不完善。国家政策宏观统揽，方向性、原则性强，须各地各部门结合实际再具体化、操作化，防止政策制度悬空难落地。省实施意见出台以来配套政策少、工作支撑性差、空心化严重，未能纳入地方财政预算、没有地方财政补助支持、没有地方项目安排、未进入职业培训目录、未进入政府惠民实事等，政策缺、支持少、发展难，托育机构发展的政策环境不完善。

④管理与标准规范体系不健全，托育机构发展困难重重。国家《指导意见》提出了到2025年基本健全婴幼儿照护服务的政策法规体系和标准规范体系，基本形成多元化、多样化、覆盖城乡的婴幼儿照护服务体系，2019年国家卫健委出台了《托育机构设置标准（试行）》和《托育机构管理规范（试行）》，另外，适合各省多元化、多样化、覆盖城乡的婴幼儿照护服务机构设置标准、规范管理体系不健全，托育机构发展困难重重。其中，审批难、备案难成为托育机构发展及政府管理部门的两大难题，而卫生许可与消防安全许可证是制约的主要因素。除此之外，托育行业还面临场地难寻、组织难找、资金难筹、师资难稳、市场难育、风险难控、职业认同感低、服务标准不一、专业化提升慢等困境。家庭育儿还处于简单传统经验化状态，没有科学育儿指南，没有可入户服务或提供家庭育儿教育的专兼职队伍，家庭育儿短板仍然存在。社区婴幼照护服务平台（设施）建设基本属于空白现状，处于无人组织、无平台设施、无相关保障、无人参与的"四无状态"，婴幼照护服务体系建设现状不容乐观。

第六章　古今中外养育和照料社区整合发展历程与经验启示

社区整合机制根植于社会化养育土壤，社会化养育思想和行为是与人类共生的古老现象，它源于人类如何看待儿童的思想观念里，反映在国家育人的意识形态中，体现在如何对等儿童的养育行为里，还深深烙有时代发展的印记。

古代社会资源匮乏，氏族公育和家庭私育是0—3岁儿童的主要养育方式，社区资源整合主要在氏族和家庭中出现，资源整合方式单一，社会化程度低。自工业革命以来，随着女性进入职场，社会化养育逐渐成为释放家庭劳动力的重要途径，并在全世界逐渐发展起来。1840年诞生了世界上第一所托幼园，社会化养育资源出现多元整合主体，除家庭以外，国家、社会和市场逐步介入。在城镇化、工业化、信息化和全球化加速发展的现代社会，婚姻家庭结构变迁加速，少子化、老龄化现象加剧，0—3岁儿童社会化养育成为各国必须面对的人口战略与重大民生问题，3—6岁学前教育在全世界普惠、普及，专业化、普及化和法制化成为社会养育的鲜明特色，拓展和完善了0—6岁儿童养育社会公共服务体系，提高人口出生率，提升儿童早期发展质量，补齐0—3岁儿童综合发展短板是各国面临的发展难题。同时，人类面临的贫困、战争、自然灾害等因素严重威胁和影响着儿童早期健康发展，社会资源整合已超出一国界限，走上了跨国合作之路，跨国组织、国家、市场、社会、家庭及个人等成为资源整合的主体，儿童成长的生态环境逐渐拓展优化。

本章对国内外不同历史时期的社会化养育发展脉络进行研究，重点关注现代发展时期。通过历程发展视角，希望能从古今中外0—3岁育儿

第六章 古今中外养育和照料社区整合发展历程与经验启示

思想、理念、行为和制度中吸取经验养分，丰富社区整合机制理论体系并助力现存问题的解决。

一 国外发展历程与经验

（一）古代育儿思想：儿童养育和照料是国家的事业

古代，国外对婴幼儿养育和照料社会化主要体现在思想领域，提出了儿童养育与照料是国家的事业，按职责分工，倡导公养公育，培养适合国家需要的合格公民，初步建起了从理论到实践层面的公养公育社会化思想体系，提出了公养公育的主体、对象、内容、方式及目的。

原始社会，由于生产力发展水平极其低下，儿童作为氏族部落集体公有财产，对儿童采取独特的教养模式——"公养公育"，儿童一般由妇女和老人进行养育和照料。私有制社会，生产资料剩余，家庭出现，教养儿童的任务由家庭来承担，出现了特定文化背景下的养育模式，如斯巴达军事专制政体下的尚武文化，强调儿童是国家的，把出生合格的婴幼儿交由父母代表国家抚养；雅典民主政体下的商业贸易社会，主张儿童属于家庭父母所有，断奶后交给专业的女家庭教师照料，培育国家需要的合格公民。

古代 0—3 岁儿童养育和照料的鲜明特色主要体现在思想层面，较有影响的有古希腊哲学家从教育对国家和社会的重要意义提出了儿童养育的社会化思想，并提出规范化的养育目标、内容、方式等。柏拉图是第一个倡导婴幼儿养育社会化的人，他提出 3 岁以前是幼儿教育的第一阶段，也是教育最困难的时期，这个阶段儿童应该在国家特设的养育院生活，由经过选择的乳母照顾，他指出"一个安排得非常理想的国家，必须妇女公有，儿童公有，全部教育公有"（柏拉图，1986），他的主张标志着国家公育的诞生。亚里士多德把幼儿教育提前到婚姻和孕期，非常注重优生优育与保健保育的理念，认为 3 岁以下的婴幼儿要满足丰富的食物喂养，并提出对幼儿卫生、健康、营养方面的养育，及对幼儿进行德育、体育、智育、美育的早期教育，他认为教育是国家的事业，而不应该作为各个家庭的私事（亚里士多德，2003）。亚里士多德是第一个提出按年龄划分实施教育的人,他对婴幼儿养育方面的思想论述主要体现在其著作《政治学》和《伦理学》中。文艺复兴时期是婴幼儿养育社会化思想逐渐走向专业化、系统化的重要时期,产生了大批有影响力的育儿专家和著作。捷克著名大教育家夸美纽斯提出了"普及教育"思想,并出版了历史上第一本学前教育专著《母育学校》,系统地论述了0—6岁儿童教育的价值、内容、方法及学前儿童的教育规律,奠定了学前教育基本体系。卢梭在《爱弥儿》里倡导"儿童中心主义""自然教育法"等思想,被认为是传统养育和现代养育的分水岭。意大利思想家康帕内拉提出:生育后代和教育后代不是个人的事情,而是国家的事情,幼儿教育包括胎教和7岁以前的教育,"因为大部分人总是不善于教养后代而使国家濒于灭亡",负责人员的神圣职责就是把这一点当作国家福利的重要基础进行监督,而只有公社能做到这一点,个人是无法做到的(康帕内拉,1980)。

经罗马教育家昆体良的继承和发展,现代学前教育中的社会关系、受教育范围、教育内容这三大要素基本成形;但受经济社会发展的影响,社会化养育在理念层面虽得到丰富和发展,但在实践层面上却没有实质性进展,直到工业化时代才从理念变为现实。

(二) 近代科学育儿观:初步建立儿童早期发展知识体系

在生理学、心理学、脑科学及神经科学发展的推动下,儿童早期发展的价值及重要性越来越得到科学研究的有力证明。同时,随着工业化浪潮的推进,大量女性进入职场,儿童养育社会化从理念走向实践,形成了较为系统和完整的婴幼儿养育社会化服务体系,包括婴幼儿社会福利思想、早期教育理论、托幼机构、服务内容、管理体系等。如欧文为了平衡纺织女工养育与工作的关系,在工厂附近设立了具有福利性质的幼儿园,招收1岁以上的幼儿入园,极大地改变了当地社会秩序。具有"幼儿教育之父"之称的德国幼儿教育家福禄贝尔,于1840年建立了世界上第一所幼儿园,探索出一套系统的幼儿教育理论和方法;杜威、蒙台梭利、皮亚杰、维果茨基、格塞尔、班杜拉等思想家经过理论及实践探索,使儿童早期教育体系得到全面发展,主要资本主义国家把0—6岁婴幼儿养育社会化纳入社会福利体系，通过支持家庭、社区和学校提升养育质量。

（三）现代育儿保障制度：建立多元福利供给体系

"二战"以后，主要资本主义国家相继进入后工业社会和信息社会，人力资本成为各国角逐的重要力量，0—3岁儿童养育社会化走向普遍性、公益性和福利性，并出台相关法律法规进行保障，以健全社会福利体系。早期教育社会化最具代表性的标志是出台了一系列早期养育的法律法规，把受教育年限从3岁提前到0—3岁；幼儿养育逐渐成为西方国家的一项社会福利制度和公共服务产品并得到固化，范围扩大到对家庭养育的支持政策，建立了多样化的社会托幼服务网络，儿童权利观逐渐成为西方普适价值观。世界银行（World Bank）、世界经济合作与发展组织（OECD）、联合国儿童基金会（Unicef）及欧盟（European Union）等超国家组织在诸多领域为0—3岁儿童养育和照料提供了经验指导，特别是支持父母就业与重视早期服务对于个体终身学习的奠基作用方面，成为各国政策制定的重要依据（维里蒂·坎贝尔-巴尔、卡罗琳·利森，2020）。2002年5月8日，联合国第56届儿童问题特别会议召开，提出了"关注儿童就是关注未来"，儿童早期养育是儿童的权利，而不仅仅是需要，各国也出台了相应的政策确保儿童早期养育的权利。

美国主要以法制保障和地方发力的方式运作；美国政府先后出台了一批法律法规保证儿童从出生起接受正规教育，特别是低收入家庭的儿童。1979年，美国国会通过了《儿童保育法》，1988年美国教育部推出了《平等开端计划》（Even Start Program），1990年出台《儿童保育与发展固定拨款法》（Child Care and Development Block Grant Act of 1990），2002年布什总统签署了《不让一个儿童落后法》（No Child Left Behind Act）。创立于1964年的美国幼儿教育协会（National Association for the Education of Young Children，简称NAEYC）是美国幼儿教育的权威机构，在20世纪80—90年代，协会推进了儿童托幼服务标准的制定。对于3岁以下的幼儿，美国的托育机构主要是托儿所（daycare），托儿所主要有两种，一种是日托中心（daycare center），另一种是家庭式托儿所

（family daycare），各类日托班设置规范由各州立法通过。日托中心属于市场化运作，收费因孩子大小而不同，年龄越小收费越高。根据地区消费、规模大小、资质等情况，每月从几百到两千美元不等，全日托中心平均年花费已超过州内大学年平均学费，每个孩子高达9589美元[1]。

英国制度设置和市场运作特色鲜明。英国于1998年实施了"确保开端计划"，于2008年9月颁布新的《早期儿童基础教育指南》（Early Years Foundation Stage，EYFS），并纳入英格兰《儿童保育法案》[2]，以此促进0—5岁学前儿童早教水平，促进幼儿发展，为幼儿未来学习和生活打下坚实的基础。EYFS体系包含七个学习领域，包括28项托幼服务目标和117个评价标准，对所有的托幼机构进行统一评估。3岁以下幼儿的保育机构主要以市场化运作为主，类型多种，比如nursery school、childcare等，既有全日制也有非全日制，一般按周收费。据统计，非全日制托儿所，对于2岁以下的孩子每周（25个小时）收费在100镑以上。

日本主要以公立托育机构为主，通过收入调控。日本的托幼机构有幼稚园和保育园。幼稚园属教育机构，归文部省管辖，不论父母是否工作，满3岁或4岁的儿童（因园而异）都可入园，在园时间原则为每天4小时，不论家庭收入多寡都收取一定的保育费。保育园则属儿童福利机构，归厚生省（负责医疗、卫生、社会福利等）管辖，入园条件是父母双方都工作或因其他原因白天无法照看儿童。入园年龄一般为1岁至学前儿童，也有的收3个月或6个月的婴儿。保育时间原则上为8小时，特殊情况还可延长。保育园以家庭收入为准计算收费，高收入的多交，低收入的少交，收入低于一定程度的免费。日本的保育园大部分为公立，也有少量私立的保育园，主要目的是"受保护者的委托，对缺乏保育的乳儿及幼儿进行保育"。保育园教师要通过国家统一考试，取得资格才能任职。

---

[1] 向美丽：《美国"儿童保育与发展专款"项目的形成、内容与特点——美国第二大贫困儿童早期保教项目简述》，《学前教育研究》2009年第2期。
[2] 维里蒂·坎贝尔-巴尔、卡罗琳·利森：《早期服务的质量与领导力：研究、理论与实践》，洪秀敏等译，教育科学出版社2020年版。

第六章　古今中外养育和照料社区整合发展历程与经验启示

挪威主要特色是政府补贴、混班模式。挪威规定孩子年满1周岁，即可入园。3岁以下的幼儿实行混编班，每班不超过20人，每位老师最多只能看护4个儿童。挪威幼儿园不论公立私立，相关信息全部上网，家长在网上即可登记幼儿信息，按报名先后次序录取，幼儿园收费低廉，价差由政府补贴来弥合。

此外，巴西于2003年先后出台了"家庭补助金计划""关爱巴西计划""快乐儿童计划"，墨西哥的"机会均等"项目，印度的"儿童发展综合服务"；拉丁美洲为贫困儿童及家庭开展早期营养干预与家访计划（牙买加项目），并在国家层面实现推广（秘鲁SAF项目）（诺伯特·斯查迪等，2019）。这些经验已引入中国农村偏远地区并开展实验示范，在全国范围内取得了可供复制的服务模式，学界也产出了一批示范成果（岳爱等，2019）[①]。这些国家战略型的0—3岁儿童早期发展项目，涵盖了孕期、营养干预、卫生保健、早期教育等内容，具有普惠性、福利性、公共性特征，有效提高了儿童早期发展水平，特别对处境不利儿童及家庭提供了起点公平的教育机会，阻断贫困代际传递，促进社会公平，起到了政府兜底的实际效用。0—3岁儿童养育事业成为提高人类文明水平，促进社会进步的重要内容，近年来，0—3岁儿童养育更是被视为人才培养的奠基工程，进入各国发展的战略规划。

二　国内发展历程与经验

（一）古代育儿思想：蒙养是治国之道

在中国古代，孩子养育社会化发展历程与西方社会具有同质性，存在于思想发展领域，主要体现在儒家文化的纲常伦理中。中国传统文化崇尚亲情伦理，把孩子养育看成人生的终极目标，一个家庭的幸福与否完全取决于儿孙的成就，"不孝有三，无后为大""养不教、父之过"等，均倡导婴幼儿养育的家庭责任和功能。

中国0—3儿童养育与照料事业虽然是一个现代社会问题，却有着悠远

[①] 第四章案例研究专门介绍了农村偏远地区实验示范项目。

的历史传统。这种传统是一种基于对事物本原探究的宇宙观，进而衍生出的人生观和价值观，并以科举选拔的制度设置进入了儒家修身、齐家、治国、平天下的治国理政体系中。在历史长河中，沉淀了不朽的蒙学精典，如《三字经》《弟子规》《千字文》《百家姓》等，如周公旦的《诫伯禽书》、诸葛亮的《诫子书》，颜之推的《颜氏家训》等诸多家风家训。

中国最早出现幼儿养育记载的文献可追溯到《周易·蒙卦》："蒙卦，上艮下坎，上为艮，为山；下为坎，为水。"意为山下出泉，泉水慢慢汇集，犹如幼儿的启蒙教育慢慢开始，受教者与施教者都要各守其道，才能实施正确的启蒙教育，启蒙教育要注重品格的培养，正像蒙卦中所说"蒙以养正，圣功也"（洪镇涛，2013），把培养婴幼儿纯正的人品称为圣人的功劳，德育是贯穿整个婴幼儿教育内容的主线。

中国古代凡事注重本源，注重万物起始的思想渊源，所谓"正本清源""慎其初始""教子婴孩"等著说也正是本源思想的具体表现形式，古代圣人把这种育儿本源提升到婚姻观念与优生思想。远在春秋战国时期就提倡，同姓不婚、严肃婚礼、晚婚、胎教，提倡有利于胎儿的饮食生活习惯，并形成了较为成熟的胎教思想体系和胎教内容与方法。据史料记载，中国是世界上最早倡导胎教的国家，注重对婴幼儿的家庭教化，并明确了责任主体，"不孝有三、无后为大""养不教、父之过""教不严、师之惰""多子、多孙、多福"，皆是对养育责任主体的规训。除此之外，还明确了幼儿养育的内容和方法。那些千古流传，脍炙人口的国学经典、家风家训、纲常伦理及科举制度等已为我们呈现出幼儿养育的国家观。

古代婴幼儿养育在思想层面实现了社会化，但养育模式基本还是单一的家庭方式，没有走出私育的范畴，养育方式与现代相比没有形成科学化、专业化、体系化的模式，以"仁、义、礼、智、信"为核心的道德教化是早期教育的主要内容，以适应集体和家庭生活为主要目的，习俗是养育与照料的路径依赖，养育与照料的资源主要依靠家庭整合。

（二）近代中西经验：社会化养育机构兴起

近代婴幼儿养育社会化思潮始于19世纪末20世纪初，正是中国传

第六章　古今中外养育和照料社区整合发展历程与经验启示

统社会结构解体和西方近代思想冲击的大变革时代,伴随心理学、脑科学、神经学的发展,西方科学育儿思想传入中国,社会化幼儿机构开始兴起,改变了古代单一家庭养育模式,幼儿养育从私人空间走向公共领域。这一时期育儿思潮具有四个方面的鲜明特色,其一,向西方学习科学育儿知识体系;其二,对传统育儿观念的批判与改良,养育观从家长本位到儿童本位的转变;其三,倡导公育,不相信家庭能养育好孩子,应该由社会专业人员承担;其四,出现了一批育儿思想家、教育家、幼教机构,初步建起了幼儿科学教育体系。

1904 年,清政府颁布了"癸卯学制",这是在介绍与引进日本教育成果的基础上,从国家层面颁布的官方学制体系。其中,清政府设置了《蒙养院章程及家庭教育法章程》,蒙养院接收 3—7 岁幼儿入学,幼儿教育被正式纳入官方学制体系。这一体制虽然在 1911 年随着清政府的覆灭而终结,但对后世产生了很大影响,这也是国家发展幼儿教育规划的雏形。随后,福禄培尔、蒙台梭利、杜威、皮亚杰、艾里克森等一大批西方教育家理念传入中国,中西交汇,掀起了近代婴幼儿教育的社会化思潮。

传统育儿思想根植于"三纲五常"的人伦制度,形成了以"宗法制""家庭伦理""长者本位"为中心的幼儿教育传统,而以鲁迅、蔡元培为首的新文化运动者对传统幼儿观念进行猛烈抨击并提出了改良方案。鲁迅辛辣地论述了传统幼儿养育的现实"中国的孩子,只要生,不管他好不好,只要多,不管他才不才。生他的人,不负教他的责任";"小时候不把他当人,大了以后,也做不了人";"中国娶妻早是福气,儿子多也是福气。所有小孩,只是他父母福气的材料,并非将来的'人'的萌芽"[①]。鲁迅提出儿童养育应从"长者本位"过渡到"儿童本位",充分解放儿童天性,理解和指导儿童的发展,使儿童成为一个独立的人。蔡元培抨击了封建宗法对儿童的禁锢与压抑,提出了培养"共和国健全人格"的教育目标。

儿童公育思想经历了从家庭本位、儿童个体发展到社会发展的历程。

---

① 中央教育科学研究所编:《鲁迅论教育》,教育科学出版社 1986 年版。

正如鲁迅抨击的那样，儿童是父母"福气"的材料，儿童的一生如果是依附于家庭、父母，就会失去独立的人格，因此儿童教育应转变到以儿童为本位的养育观念上。蒙养院和幼稚园的设立虽然为儿童本位提供了实践场所，但普遍局限于幼儿养育问题的实践与探讨，功利性的养育思想仍占据主流，认为养育的目的就是儿童自身发展的问题，是培养"将来就学高人一等的人才"。新文化运动后，幼儿养育社会化思想整合了妇女解放、社会分工等因素，把幼儿养育问题纳入社会总体发展进程中考虑，并提出了幼儿养育走向社会化是社会发展的必然趋势。幼儿公育的社会思想具有三个鲜明的特征：其一，幼儿公育建构了终身教育体系；其二，幼儿公育普及全民；其三，幼儿公育走向专业化与高质量的养育方式。

在近代思潮的影响下，中国涌现了大批幼儿思想家、教育家与实践家。康有为整合了中国传统育儿思想和西方近代幼儿观念，在《大同书》中提出了较为完整的儿童公育体系，涵盖了胎教和婴幼儿养育。提出了从孕期到大学院的整个公育制度，分为人本院（孕期妇女）、育婴院（0—3岁婴幼儿）、慈幼院（3岁以上儿童），并从环境条件、卫生保健、人员设置、教育制度等方面给出了具体的规范要求。蔡元培在《美育实施的方法》一文中，提出了学前教育体系应包括公立的胎教院、育婴院和幼稚园；恽代英论证了儿童公育的必要性，并主张通过公共机关集中培养；陶行知倡导幼稚园平民化；中国学前教育之父陈鹤琴，把幼儿养育事业从理论推向实践，从南京鼓楼路试点到区域性普及，甚至在全社会范围内起到了"蝴蝶效应"。

近代婴幼儿养育的社会化，是中西方思潮交汇的成果，但更多停留在理论、制度与试点层面，受众群体犹如九牛一毛，可以说家庭依然，甚至是养育的唯一场所。虽然社会意识到了养育需要专业化的人员，但过多重视幼儿教师的专业性培养，重机构建设轻家庭培训，在国民文化程度很低的社会，并没有起到多大作用，仅仅在平静的湖面上滴下一滴水，泛起的涟漪是有限的。这一时期的养育照护主要还是家庭提供，但也出现了一批政府和社会提供的专门化养育机构。

第六章　古今中外养育和照料社区整合发展历程与经验启示

（三）现代化探索：多元主体跌宕起伏

现代社会化历程，最明显的特征就是受国家政策导向、经济社会发展规划的指引。这一时期先后经历了中华人民共和国成立初期福利型保障时期，改革开放时期的市场化导向，公益普惠型转折时期和二孩政策背景下公共服务转型时期。社会化养育突破了思想与观念上的争论，走向了从理论到实践层面的体系建构。

1. 福利型时期

中国0—3岁儿童养育与照料福利型时期，主要指中华人民共和国成立初期（1949—1956年），主体是政府，福利保障是手段，服务内容主要是妇幼保健和托育服务，运行方式是通过卫生系统部门的职能业务和国有企事业单位开办托育机构等方式开展。综合起来，具有以下四大特点：其一，保障覆盖面广，内容全面，但保障层次低。从理念上来讲，强调孩子是祖国的未来，民族的希望，是共产主义事业的接班人，培养好接班人是国家的责任；其二，倡导妇女解放。要把妇女从家庭里解放出来，参与劳动、参与政治生活、参与文化学习，养育孩子是困扰妇女解放的一大障碍；其三，发展重点在工业地区和大中城市；其四，发展的主体主要是厂矿企事业、机关、学校、大中城市街道等。

1955年2月，中华全国总工会召开了"全国工会厂矿企业托儿所工作会议"，明确了厂矿企业办托儿所的方针。据《人民日报》数据显示，1950年全国有643家托幼机构；1952年全国有2738家，大中城市街道设置了4346个托幼站；1954年全国厂矿企业系统中有4443家托儿所；1956年基层托儿所发展到5775所。这一时期国家还相继出台了一系列政策法规助推婴幼儿养育事业，如1952年出台的《幼儿园暂行规程（草案）》，倡导办好幼儿教育，减轻妇女育儿负担；1956年出台的《关于托儿所幼儿园几个问题的联合通知》，明确提出了招收三岁以下儿童的机构称为托儿所，由卫生部门管理，幼儿园则由教育部门主管，责任主体分工非常明确。

总之，这一时期主要采取托儿所和公办园并举发展的思路，为进一步鼓励妇女参加劳动，在城市和农村均开办了大量公办幼儿园和托儿所，为参加工作的父母提供婴幼儿养育和照料服务，重点在保育工作，对婴幼儿进行托管，为婴幼儿在托提供安全和健康保障，给家长工作提供便利。"文化大革命"时期，婴幼儿养育事业遭到重挫，机构数量减少，发展停滞不前。

2. 政社蓬勃发展时期

1978—1996 年，是政社蓬勃发展时期，服务主体是政府与市场，政府关注卫生保健，托育领域主要由企事业单位和市场提供，这是中国 0—3 岁儿童养育与照料社会化事业恢复振兴阶段。国家高度重视婴幼儿照护和托育服务，从各级党委和国家领导人到各级政府及相关部门都对 0—3 岁婴幼儿的早期教育服务的重要性问题给予了积极关注和有力推进，强调托幼工作是"国事"，是一项社会性的事业。在这一阶段，国家承担了 0—3 岁儿童早期教育服务的绝大部分成本费用，政府不仅利用财政资金举办公办托幼机构，同时为企事业单位举办的托幼机构提供多种间接投入以扶持其发展（张亮，2014）。

这一时期是中国 0—3 岁儿童养育与照料社会化体系确立和托幼事业蓬勃发展的新时期。1978 年十一届三中全会召开后，"托育服务为集体福利形式，以工作组织和生产组织为供给主体，政府提供作为补充"（洪秀敏，2019）；1979 年，先后在《政府工作报告》、全国托幼工作会议、《全国托幼工作会议纪要》中提出了要十分重视婴幼儿养育工作，托儿所、幼儿园是社会化养育的重要场所。国务院设立了"托幼工作领导小组"，并强调托幼工作是一项社会性事业，需要全党全社会共同关心。1980 年卫生部颁布了《城市托儿所工作条例（试行草案）》，明确了托儿所的性质、制度，指出托儿所是 3 岁以下儿童的集体保教机构，必须实行保教并重的方针，为下一代打好基础。1981 年 6 月，卫生部、妇幼卫生局颁布《三岁前小儿教养大纲（草案）》，这是中华人民共和国成立后首次就 0—3 岁儿童的教育工作作出明确规范，具体提出了托儿所教养工作的教养目标、原则、内容和要求。1994 年，《母婴保健法》出台，从立法层面确保母婴的各项权益；1995 年颁布的《九十年代中国儿童发展规划纲要（1992—2000 年）》，明确了儿童早期健康的内容和监测指标。

在国家和全社会的共同努力下，0—3 岁儿童养育与照料社会化事业呈现蓬勃发展的势头。在国家积极推动下，各政府部门、机关、部队、企事业单位、民间组织等纷纷开办托儿所，托幼事业呈现一片繁荣景象。如 1980 年《人民日报》报道，根据 22 个省、市、自治区不完全统计，城乡幼儿入托率达到 28%；1982 年 8 月《人民日报》报道，广东番禺入托率达到 54.7%；1985 年《人民日报》报道，北京入托率达到 34.4%；1995 年《中国人权事业的进展白皮书》数据显示，各类托幼机构有 26 万余所，托儿所比幼儿园多 40% 以上，城市入托率达到 70%，农村达到 32%，基本能满足大中城市的需求，相比 2018 年全国托幼率仅为 4%，所以这一时期的托幼事业是非常繁荣的。

3. 政社走向低谷期

1997—2009 年，是政社服务走向低谷时期，运行主体是政府、市场与家庭。政府提供基本公共卫生服务，并增加了叶酸项目及西南乡村 6—24 月龄婴幼儿营养包内容；市场提供早期教育服务，在国家政策指导下，释放出一定的发展活力；照护责任主要是家庭，家庭提供养育方面的人、财、物投入。

福利性质的托幼服务走向衰落，主要原因有两方面。

其一，以企业为主要载体的行为主体，面临着经济体制转轨，社会结构转型，人口出生率下滑的境遇。自 1997 年开始，国企改革进入深水期，幼儿园和托儿所开始大规模从国企分离出来，依附在厂矿、企事业单位的幼儿园和托幼机构基本都面临着解体。根据教育部提供数据，1997 年，国企有 25.4 万个，2007 年减少到了 11.5 万个，这期间以国企为代表的集体办园数量减少了 70%。2003 年国务院转发教育部制定的《关于幼儿教育改革与发展的指导意见》，提出实行地方负责的幼儿园管理体制。由于幼儿园资源严重不足，3 岁以下托育机构资源更是无法保障，逐渐走向没落。

其二，国家出台相关政策文件支持转轨改革，加速下滑趋势。1988 年，国家教委等八部门联合制定的《关于加强幼儿教育工作的意见》明确指出"养育子女是儿童家长依照法律规定应尽的社会义务，幼儿教育不属于义务教育，家长送子女入园理应负担一定的保育、教育费用"，为这一时期转轨提供了政策依据，至此，0—3岁早期教育服务由原先的福利性质服务转变为家长付费的购买服务，儿童照顾责任再次回归家庭（国务院，1988）。国家政策话语中儿童照顾责任逐渐回归家庭，家庭的早期教育指导逐渐受到关注。

这期间，国家也出台了一些法律法规和政策，引导和鼓励社会力量、地方政府参与婴幼儿养育服务，经济发达地区如北京、上海等地发展出一套可供全国借鉴的模式。如1999年国务院出台了《关于深化教育改革全面推进素质教育的决定》，提出要重视婴幼儿的身体发育和智力开发，普及婴幼儿早期教育的科学知识和方法。2001年，国务院出台了《关于基础教育改革与发展的决定》，提出大力发展以社区为依托，公办与民办相结合的多种形式的学前教育和儿童早期教育服务。2001年启动"降消"项目，即降低孕产妇死亡率和消除新生儿破伤风。2001年国务院出台了《中国儿童发展纲要（2001—2010年）》，规定了学前教育的主要目标和发展学前教育的方针，即"适龄儿童基本能接受学前教育，发展0—3岁儿童早期教育，建立并完善0—3岁儿童教育管理体制"。2003年《育婴师国家职业标准》《国家玩具安全技术规范》出台；2003年《关于幼儿教育改革与发展的指导意见》出台，进一步强调了社会力量办托幼机构。2007年国务院颁布的《关于全面加强人口和计划生育工作统筹解决人口问题的决定》提出要大力普及婴幼儿抚养和家庭教育的科学知识，开展婴幼儿早期教育。2009年，启动增补叶酸项目，减少农村地区新生儿神经管出生缺陷。2009年，启动了"营养包"项目，为乡村6—24月婴幼儿免费提供营养包，提高儿童看护人的科学喂养水平。

除了全国范围的法律法规及项目运行外，地方也积极发展婴幼儿养育事业，如2001年北京出台了《学前教育条例》，明确提出了将3岁以前的幼儿纳入学前教育体系；2005年，上海出台了《上海市0—3岁婴幼儿教养方案》，明确了婴幼儿的学习内容；2009年，宁波市教育局出台了《江东区教育局关于推进0—3岁早期教育规范化建设的意见》，明确提出了早期教育人、财、物管理规范。

这一时期0—3岁儿童养育和照料事业走向市场化，福利性降低，受经济体制改革的社会转型大背景影响，企业办或机关办的托儿所萎缩消失，托育服务不再是单位提供的福利形式。

4. 公益普惠转折时期

2010—2015年是倡导公益普惠的重要转折期，这一时期是倡导公益普惠性领航和推动儿童早期事业发展的关键期（洪秀敏，2019）。从关注"养"到关注"教"的转变，0—3岁儿童早期发展作为公共服务的属性得到凸显。运行主体呈现多元化特征，资源整合的渠道不断拓展。其中，有政府提供的基本公共卫生服务保障项目，政府试点的早教项目，社会组织在西南乡村试点的早期发展项目；市场提供的多样化托育服务。以国务院提出的《关于当前发展学前教育的若干意见》为起点，不同于第一阶段给予企业单位间接投入，抑或是在农村举办集体的人民公社和生产队。这一时期，国家以直接举办、试点及资助私人市场形式推动托育事业发展，并对0—3岁儿童公共服务体系构建进行了初步设想（洪秀敏，2019）。随着国家对学前教育事业的关注，学前教育的公益性和普惠性得到了改革开放以来从未有过的重视，托育事业也因此获得前所未有的发展，出台了一系列支持托育事业发展的政策。

最具代表性的是：2010年全国妇联出台《全国家庭教育指导大纲》，规定"人口计生部门负责0—3岁儿童早期发展的推进工作"；"十五"计划纲要明确要求"大力推广0—3岁儿童家庭教育工作指导的经验"；2010年《国家中长期教育改革和发展规划纲要（2010—2020年）》提出要重视0—3岁婴幼儿教育；2010年启动"村儿童福利主任"项目，在试点地区促进基层儿童早期发展治理体系建设；2011年，国务院出台《中国儿童发展纲要（2011—2020年）》，明确提出了要促进0—3岁儿童早期综合发展，积极开展0—3岁儿童科学育儿指导，积极发展公益性、普惠性的儿童综合发展指导机构，以幼儿园和社区为依托，为0—3岁儿童及其家庭提供早期保育和教育指导，加快培养0—3岁儿童早期教育专业化人才；2012年教育部制定了《国家教育事业发展第十二个五年规划》，提出依托幼儿园，多渠道开展公益性0—3岁婴幼儿早期教育指导服务；2012年教育部颁发了《关于开展0—3岁婴幼儿早期教育试点的通知》，北京、上海等全国14个地区开展试点；2014年国务院出台了《国家贫困地区儿童发展规划（2014—2020年）》，提倡依托幼儿园和支教点，为 3 岁以下儿童及家庭提供早期保教服务；2015 年中国发展研究基金会启动了"慧育中国：儿童早期养育试点项目"，这是首个在中国农村贫困地区，结合营养和养育的干预模式，开展随机对照实践与跟踪评估的综合儿童早期发展项目。

5. 社区养育和照料公共服务体系建设时期

2016 年以来，二孩和三孩政策全面放开，《家庭教育促进法》《人口与计划生育法修正案（草案）》《中共中央国务院关于优化生育政策促进人口长期均衡发展的决定》等法律法规出台，掀起了婴幼儿照护服务的民生热潮。这一时期的最大特点是把 0—3 岁儿童养育和照料视为一项国家人口战略，由国家顶层设计，将其纳入了经济社会发展的全局规划和社会公共服务体系建设，涉及 17 个相关单位，并有明确的任务分工和阶段性目标，具有国家性、全民性和公共性特点，社会化养育进入国家整体行动，开启了覆盖城乡，由政府、家庭、社会多方参与，多样化服务体系建设的新时代。

2016 年，国务院印发了《关于鼓励社会力量兴办教育促进民办教育健康发展的若干意见》，提出放宽办学准入条件，吸引社会力量进入教育领域；2016 年《慈善法》颁布，极大地激活了慈善公益事业投入西南乡村儿童早期发展事业的活力；2016 年 4 月 27 日，国务院总理李克强主持召开国务院常务会议时提出，支持普惠性托儿所和幼儿园尤其是民办托育机构的发展；2017 年 6 月 13 日，国务院副总理刘延东在促进儿童健康发展座谈会上强调，要着眼于二孩政策背景下，扎实推进托育服务事业的发展，6 月 16 日，在"中华人口奖"座谈会上再次提出，扩大托儿所、幼儿园等公共资源供给，提高群众满意度和获得感；2017 年 10 月，党的十九大报告提出，必须取得"新进展"的七项民生要求，"幼有所育"排在首位；2017 年中央经济工作会议提出"要解决好婴幼儿照护和儿童早期教育服务问题"，2018 年中央经济工作会议则提出"要增强农村贫困地区儿童早期发展"；2018 年国家社科基金社会学领域对 0—3 岁儿童养育和照料立项了 3 个课题，引起了跨学科领域的高度关注；2018 年 4 月，上海印发了《上海市 3 岁以下幼儿托育机构设置标准（试行）》对全国起到了行业示范引领作用；2018 年，云、贵、川在妇儿工委办的主导下，联合高校、社会组织及早教机构启动了 0—3 岁儿童公办早教机构示范县（区）工程、托育服务公共服务体系建设及 0—3 岁儿童早期教育研究与指导培训基地，全国各地妇联、工会也纷纷着手落实这一重大民生工程。

2019 年被称为 0—3 岁儿童托育元年，0—3 岁儿童托育受到国家高度重视，并频频出台利好政策，加快推进普惠型托育服务事业发展，0—3 岁儿童养育和照料进入社会化的国家行动。2019 年中央经济工作会议提出要解决好婴幼儿照护和儿童早期教育服务问题，并把这一事项放入当年的重点实施工程。2019 年 2 月，国家发改委联合 18 部门印发了《加大力度推动社会领域公共服务补短板强弱项提质量促进形成强大国内市场的行动方案》，把婴幼儿照护定位于社会领域公共服务短板和弱项，需要大力度推动；2019 年 5 月，国务院《指导意见》正式出台，明确提出了到 2025 年要基本健全婴幼儿照护服务的政策法规和标准规范体系，多元化、多样化覆盖城乡的婴幼儿照护服务体系基本建成；2019 年 9 月，教育部联合 7 部门出台《关于教育支持社会服务产业发展提高紧缺人才培养培训质量的意见》，把养老、家政、托育纳入紧缺性人才培养范畴；2019 年 10 月，国家发改委出台《支持社会力量发展普惠托育服务专项行动实施方案（试行）》的通知，鼓励社会力量办托育机构，并给予每个托位 1 万元的补贴；2019 年 10 月，国家卫健委出台《托育机构设置标准（试行）》和《托育机构管理规范（试行）》，社会化养育照护机构 0—3 儿童养育与照料进入制度化建设与常态化管理的新时期；2021 年，国家卫生健康委先后印发《托育机构保育指导大纲（试行）》、《托育机构负责人培训大纲（试行）》和《托育机构保育人员培训大纲（试行）》。

2021 年国家放开了三孩政策，修改通过了《中华人民共和国人口与计划生育法〈修正草案〉》，2021 年 10 月，国家发改委、国务院妇儿工委办、民政部等 23 部门联合发布《关于推进儿童友好城市建设的指导意见》，提出坚持完善儿童政策体系、优化公共服务、加强权利保障、拓展成长空间和改善发展环境，让儿童友好成为全社会的共同理念、行动、责任与事业；鼓励支持企事业单位、社会组织和社区等提供普惠托育与婴幼儿照护服务，探索实施父母育儿假制度，加强家庭科学育儿指导服务；关注生命早期 1000 天健康保障，加强婚前、孕前、孕产期保健和儿童早期发展服务；支持建造家庭式居所，推广家庭式养育模式，为生育友好型社会营造良好氛围。

三 西南乡村发展历程与经验

西南乡村 0—3 岁儿童养育与照料社会化发展历程，经历了氏族公育时期、私有制社会家庭养育时期和现代社会化养育时期。在此围绕养育主体、养育内容与养育方式三方面进行阐述。

（一）养育主体：家庭私育到国家行动

人是环境和社会影响的产物，布朗芬布伦纳的生态系统理论为本研究提供了影响个体成长发展的生态系统模型。课题组根据这一模型，提出照养主体是为 0—3 岁儿童提供服务的行动者，不仅是直接接触者，也包含相关环境提供者，即以个体为中心的各种关系者，主要包括家庭、社会及国家。

西南乡村 0—3 岁儿童养育和照料的主体经历了氏族公育—家庭养育—社会化养育的历程。西南乡村受经济社会发展等因素影响，氏族社会生活经历了漫长的历程，有些民族甚至延续到中华人民共和国成立初期，如，云南省的 9 个"直过民族"，独龙族、德昂族、基诺族、怒族、布朗族、景颇族、傈僳族、拉祜族和佤族，在中华人民共和国成立初期才从原始社会直接过渡到社会主义社会；生产方式上，仍然为原始"刀耕火种""采集渔猎"等，生产资料氏族公有，平均分配。氏族社会时期的养育方式主要是公育为主，氏族成员是养育的主体，由氏族整合资源提供养育与照料服务，并繁衍与传承氏族人口。这一时期的发展与人类发展进程的养育特点在思想、观念与形式上是一致的，而在内容与行为方面，则各有不同的文化习俗与组织制度。氏族中的年长女性是照养的主要承担者，食物与安全是主要的服务内容，婴幼儿的健康、生存、安全是主要的养育目标。

第六章　古今中外养育和照料社区整合发展历程与经验启示

随着劳动分工与生产力的发展，产生了家庭、私有制、阶级与国家（恩格斯，2003），婴幼儿养育从氏族社会的公育进入家庭、阶级与国家的视野。私有制阶级社会，孩子的成长环境受阶级分化影响，呈现出多样化的特征，教育与国家社会福利无法为全民提供保障，家庭照养是这一时期主要甚至是唯一形式，民间流传的"龙生龙，凤生凤，老鼠生来会打洞"，充分说明了阶级、家庭环境对育儿的影响。这一时期，0—3岁儿童养育和照料的职责主要由家庭来承担，属于私人领域，由家中的女性，如母亲、祖母等承担。资源整合主要在家庭内部完成，家庭承担了生育、营养、健康、食物、疾病、安全、教育等养育功能。这一时期国家在公共卫生领域的保障水平非常低，生育基本在家庭完成，导致孕产妇和新生儿死亡率非常高。由于疾病预防控制保障水平低甚至缺乏，5岁以下婴幼儿死亡率也非常高，能成活下来的婴幼儿与家庭经济发展水平密切相关，国家在其中承担的责任有限。

中华人民共和国成立以来，国家为0—3岁儿童养育和照料事业提供了福利保障，如大力发展妇幼保健事业，婚检、孕产检、医院分娩、疾病预防控制、儿童保障福利和托育机构等体系逐渐建立；国家通过生育政策的推行，规定了不同家庭生育的胎数和生育以后养育方式等问题。国家的介入使新生儿、孕产妇及5岁以下婴幼儿死亡率大幅下降。托育机构经历了繁荣期、衰落期、恢复期、转折期和新时代加快推进社会公共服务体系建设时期。国家在0—3岁儿童养育和照料中承担着不可替代的角色，家庭与政府成为主要的照养者，即社区公共服务资源整合的主体是政府，照养的主体责任是家庭。但0—3岁儿童公共服务基本集中在妇幼保健领域，且保障水平较低，家庭主要通过分工达到照养功能。

课题组调查显示，西南乡村地区大量年轻父母外出务工，主要由母亲在家照顾孩子，父亲外出；或有父母双双外出（一般在孩子断奶以后，8个月—1.5岁期间较多），日常照养由祖辈承担。孩子的成长环境处于缺父少母或者留守状态（6个月以上留守率达到37%），日常照养由祖辈承担的占70%以上。

进入新时代，中国人口战略从人口大国向人口强国迈进，国家实施全面三孩政策和乡村振兴战略，0—3岁儿童成为乡村振兴可持续发展的重要人力资本,传统照养内容和方式已经不能满足社会与家庭需要,在国家层面采取了诸多行动,除了出台相关政策法规外,基本公共卫生服务领域增加了贫困地区儿童早期发展项目、营养包干预项目(6—24月龄)等;整合全社会资源开展早期教育入户指导服务,开办多样化的照护服务机构。0—3岁儿童养育和照料社会化发展趋势日益加快,国家在社会化资源整合中扮演着主导角色,家庭的照养功能逐渐弱化;社区整合成为重要的社会化路径引起政界、学界和社会的关注。

(二)养育理念:从自在到自觉

西南乡村0—3岁儿童养育和照料内容有广义与狭义之分,广义上包括与0—3岁儿童成长相关的家庭照养人及其环境,社会关系者及其环境,政府及其相关制度保障环境,0—3岁儿童身心发展相关的健康、营养、安全、回应性照护与早期教育。0—3岁儿童成长最关键的环境是家庭,此部分主要关注家庭照养人对0—3岁儿童身心发展相关内容的探究。

家庭照养内容发展从单一关注健康向认知和社会性全面发展转变。人类抚育后代有三个共同目标,即关注儿童的生存与健康问题;提供儿童成年后自立、谋生的能力;发展儿童最符合本民族文化价值观的行为,如道德观、宗教信仰、自我实现途径等。德国育儿经典《卡尔威特的教育》和犹太人的家教经典《诺末门》都对育儿诸多侧面进行了分类和阐释,前者涉及语言、逻辑、艺术、科学、历史和地理等全方面的知识和技能,以及独立自觉的学习品质、谦逊真诚的为人本质,后者则分为家教理念、生活知识、品德教育、知识教育、财富教育和生存教育等,突出对知识的尊敬、对智慧的渴望(卢笑笑,2013)。

0—3岁儿童养育和照料的内容,因主体及实施场域的变化而发生变化,主要表现在集体生活的背景下,因医学技术条件的限制,氏族成员主要关注0—3岁婴幼儿的存活及健康;在养育与照料上呈粗放的放养状态,即一名成人对多名婴幼儿,主要关注婴幼儿健康成长,照料上无法做到一对一或多对一的精细;教育上,主要在生产生活的场景中,成人给予婴幼儿生产生活常识的教育、应对自然环境的相关技巧、原始自然崇拜及信仰的传输;在教育内容上呈现出性别差异,即女童主要学习手

第六章　古今中外养育和照料社区整合发展历程与经验启示

工的技能知识，而男童则跟随男性长辈进行采集狩猎技能知识的启蒙和学习。这一时期由于生产力水平极其低下，人口再生产成为另一重要生产任务，婴幼儿死亡，甚至被遗弃乃常有之事（孙培青，2000）。

随着家庭出现，0—3岁儿童养育和照料的场域主要在家庭中完成，养育与照料的主体主要由家中女性长辈来承担，主要对婴幼儿实施喂养及健康成长的照料。伴随婴幼儿出生发展历程，形成了阶段性并具有鲜明地方特色的养育习俗和文化。

1. 教养观念

关于教养观念的内涵多样，诸多研究者对其进行了探究："教养观念是指父母在抚育子女的过程中所持有的有关儿童发展、对儿童期望及对儿童教育的看法和认识"（李凌艳等，1997）；"教养观念指父母在教育和抚养儿童的过程中，对儿童的发展、教育儿童的方式和途径以及儿童的可塑性等问题所持有的观点和看法"（张文新，2000）；"所谓教养观念，是一种认知，指人们对有关孩子或孩子教养行为所持的价值观、态度、感知、期望或认识能力，可分为三部分：价值观、儿童发展认知以及在这些观念指引下父母对孩子的教养目标或期望"（郭纪生，2008）；"父母教养观念是父母基于对儿童及其发展认识而形成的对儿童教养的理解，包括人才观、亲子观、儿童发展观和教子观等内容"（刘小先，2009）。结合0—3岁儿童身心发展规律与西南乡村实际情况，本研究主要从儿童发展认知、儿童教育期待两方面进行阐述和分析。

（1）儿童发展认知

西南乡村家庭养育人对儿童发展的认知，在过去更多地把精力放在了儿童的身体发展，更多关注幼儿的身体健康，只要健康无病，只要"吃得饱，穿得暖"就万事大吉；按照老一辈流传下来的育儿经验进行母乳喂养和食物添加，对食物精细度的要求几乎没有，儿童食物多从成人食物中进行分拣。至于不同月龄段婴幼儿大动作发展的要求及训练也往往被忽略；父母更关心婴幼儿"行走"这一动作发展，希望孩子能尽快走、跑、跳，大人得以解放，"拔苗助长"的现象普遍存在；对于婴幼儿的智力发展，以肉眼可见的"傻不傻"作为评价标准；婴幼儿的语言发展也处于放任自由的状态，主要在家庭环境中习得地方语言。

乡村育儿的社会化出路：以西南乡村 0—3 岁儿童为例

而随着西南乡村社会经济发展，年青一代外出务工潮的出现，以及多媒体手段影响下知识经验的多渠道获取，年轻父母对 0—3 岁婴幼儿发展的认知也不断更新和变化，表现在对婴幼儿发展的认知更加细致和全面，不仅关注婴幼儿的身体健康发展，还根据月龄段，对每一阶段婴幼儿的动作发展要求在幼儿身上进行有目的的训练，以关注婴幼儿在抬头—翻身—坐—爬—站立—行走等动作发展的现实基础上给予支持和引导，逐渐获得对动作发展价值的认知。通过科学喂养（辅食的添加、食物配比等）给予婴幼儿营养供给；同时，了解婴幼儿卫生与保健要点，进行日常护理。此外，年轻父母还重视婴幼儿的早期智力发展，并有意识、有目的地进行语言发展训练，如经典故事播放、书籍阅读，父母有意识地与婴幼儿交流等，部分家长在交流中还注意使用普通话，不仅让孩子有地方语言学习环境，也努力给孩子创造普通话学习与使用的环境。

虽然关于"教养观念"的定义至今还未形成定论，但是父母的教养观念会影响 0—3 岁儿童养育和照料的水平，也会影响对孩子的投入、教育期待、教育方法和手段选择等，进而影响 0—3 岁婴幼儿的发展，这也被越来越多的人所认同。因此，要促进 0—3 岁婴幼儿的发展，要从根本上改变家长的观念，增强家长对婴幼儿发展规律及特点的认知，从而帮助家长科学育儿。

（2）对儿童的教育期待

家长的教育期望是家长对孩子成长和发展的一种期待，也就是希望孩子成为什么样的人及未来做什么等。在西南乡村，养育人对 0—3 岁儿童的教育期待，重点还是放在了婴幼儿的吃、穿、住上，认为"孩子 3 岁以前，还太小，没必要进行教育，教了也记不住"；而且很多地区还存在着这样的观念："3 岁以前的孩子只要吃饱、穿暖，不生病就可以了；教育是学校的事情、老师的任务，在 3 岁以前家庭的主要任务是给孩子提供吃、穿、住，把孩子养大成人"（赵亚霞，2006）。家长们认为的"教育"是指学校教育，是学校和教师的责任，他们把学前班、幼儿园当作孩子教育的起始，而完全忽略了 0—3 岁阶段的早期教育与指导。有些家庭虽进行了教育，但是教育内容和形式却属于违背 0—3 岁婴幼儿身心发展特点和规律的一种"超前教育"：数数、背诵诗词、记诵英文单词等知识教授和记忆；忽略了婴幼儿动作发展、认知和社会性等方面的全面发展。

目前在西南乡村，对婴幼儿的教育期待及计划与婴幼儿的孕育及出生相伴而成：从孩子出生起，父母就期待自己的孩子将来能走出大山，能读大学，能出人头地，能找到稳定、满意的工作。这些附着在刚出生婴幼儿身上的较高期待，多半是父母未完成的心愿，期望自己的孩子能进行"补偿"，以弥补过去的遗憾；希望自己的孩子能好好学习，不要像自己一样"面朝黄土背朝天"。而这种期待，过早地压在孩子身上；加上这种功利性的期待会伴随婴幼儿成长与发展全过程，对亲子关系及儿童的健康快乐成长产生不利影响。

2. 教养习俗

教养习俗是在日常生活中长期形成的教养习惯与风俗，代代相传，影响深远。西南乡村0—3岁儿童教养习俗主要体现在出生习俗与禁忌方面。出生是人生命和发展的开始；贵州地区"布依族的婴儿一出生就被包裹在襁褓（过去自制的小被褥，当地称'抱群'）之中，四肢不能露出来，'老人说这是希望孩子长大了诚实，不偷不赌不当浪子，做堂堂正正的人'。家长有时还用带子捆得紧紧的，形似蜡烛；有些地方还认为这种被裹是为了孩子'塑形'，以防止四肢，特别是两腿变弯、变形；这样，孩子的四肢不能动，只露出一个小脑袋不能俯睡，只能仰睡，即使睡觉和喂奶时也不例外"（谭忠秀，2006）。西南有些地区这一裹法要持续一个月，出了月子才能给婴儿解绑；而且这种习俗在西南地区普遍存在，至今仍在沿用。

广西侗族地区，"婴儿出生一个月后，家人就给其剃胎毛。在侗家，一般由爷爷奶奶来剃，或者请一个技艺很高的理发师。在有些村落，剃胎毛还有一个仪式。出生一个月的婴儿是很娇嫩的，所以剃头要特别小心。在剃头前，把葫芦瓢盖在婴儿的头上，剃头的人深呼吸，用剃刀在葫芦瓢上刮三下，然后再给婴儿剃头。这样，就会剃得很顺利，不会伤着婴儿。一般是在婴儿睡着的时候剃头，第一次剃头婴儿不哭，下一次就不会吵闹了。第一次剃下的胎毛不能乱丢，要用布包起来，放了屋檐的瓦片下，或者放在一个不会被人踩到的地方。因为人们认为，如果胎毛被人踩到，婴儿就会头痛、生病"（林亚萍，2010）。

在医学技术还不发达和不普及的过去，为了儿童的身体健康，许多民族会有诸多相关禁忌和习俗，如瑶族有插青习俗（如果有家庭添丁，要在大门上插上植物枝叶，一方面报喜，另一方面做好与外人的隔离，避免婴幼儿疾病的发生）和寄俗。"瑶族人通常有寄人和寄物为父母的习俗。有些儿童时常患疾病或生来体质虚弱，就被认为仅靠生身父母难以养育成人，需要寻找有神气的人（养育子女多者或其子女健壮者）或物为寄。所谓'寄'，即寄托别人或别物帮助养育成人。当遇到孩子体弱多病时就会请道公来根据孩子的生辰八字算出孩子属什么命，命中缺什么，也就是五行（金、木、水、火、土）。一般来说，可以认人为孩子的寄爹寄娘，也可以认物。寄人为父母者，有性别之分。男孩认寄母，女孩认寄父，要认的寄母或寄父应该是孩子所正好缺的（比如，孩子缺木，就要认一个命里属木的长辈为寄爹或寄娘）；认物时，缺金者认巨石，缺木者认树木，缺水者认河流，缺火者认太阳，缺土者认大地。认了寄爹寄娘后，每年过节时去家里走动，从寄娘寄爹处象征性地拿回些粮食吃，意味着健健康康地快快长大"（姜晓丽，2010）。

总之，各民族在发展过程中沉淀了丰富的养育智慧，绵延至今，如何科学认知和发扬优秀养育习俗，改良不益于婴幼儿身心发展规律的传统养育习俗是值得深入探究的一个课题。

3. 教养重点

（1）喂养

婴儿降生后，主要由母亲承担起喂养的职责，满月前主要通过母乳喂养来实现食物的供给；随着母亲身体的恢复而参与到生产生活中，母乳喂养的频次逐渐减少；家中的祖母开始给幼儿添加成人饭桌上的食物，每个民族婴儿的第一口食物是有区别的，如广西侗族第一餐会添加糯米饭，肉类则选择鸡爪，"侗人认为鸡很聪明，能轻易地获得食物，并且很勤快地到处找食。而鸡的双爪，是鸡赖以生存的工具。所以祭神拜祖的时候首选的是鸡，并且要选毛色最黄的鸡。第一次给婴儿吃肉时，剥一点鸡爪上的皮给小孩吃，希望孩子像鸡一样聪明，掌握一套生存的本领，能够养家活口。但是鸭不能给小孩吃，因为鸭做什么都是慢吞吞的，而且走路的样子很难看。另外,蝌蚪和田螺也都因其丑陋的外形和慢吞吞的个性而不能成为成长中的儿童的食物"(林亚萍,2010)。瑶族则会把大米磨成粉,再煮成黏稠的糊来喂孩子,一周岁左右断奶时,就给婴幼儿喂些煮的特别烂的稀饭。

当前西南乡村,对0—3岁婴幼儿的喂养主要通过母乳喂养,并对母乳喂养价值认知逐渐深入:"从生物学上讲,也就是从适合婴儿生存的意义上讲,母乳最适合婴儿的生长。母乳,尤其初乳中含有丰富的免疫球蛋白、乳铁蛋白、溶菌酶和其他免疫活性物质,能增强婴儿的免疫力。而其后几个月的母乳中又含有许多的营养成分,是人工合成食品所不能媲美的。因此,婴儿对母乳比其他乳类更适应;其次,当婴儿寻找并与母亲的乳房接触时,吮吸会使母亲的乳汁分泌,乳汁分泌导致刺激激素分泌,诱导母亲的感情发生变化,母亲的母爱和母性意识往往在哺乳之间萌发和加强,这时母亲会感到一种全新的责任感,母乳把母亲和婴儿天然地联系在一起。母乳喂养增加了母亲与婴儿的身体接触,这种接触能够安抚婴儿,促进婴幼儿触觉发展"(赵亚霞,2006)。母乳喂养中,母亲自身通过营养摄入满足并保障婴幼儿营养供给及健康发展;并在喂养中,与婴幼儿建立良好的母婴关系,为其教育与指导奠定基础与条件。

除了母乳喂养外,部分产妇因身体或其他原因会出现母乳不够或者没有等问题,从而只能选择配方奶作为补充或者替代,故而形成了其他两种不同的喂养方式:混合喂养和人工喂养。在这两种不同形式的喂养中,也存在一些问题,如婴幼儿对配方奶的适应问题,脾胃消化、吸收等问题,需要家长给予额外的关注。

婴幼儿到了半岁后,家长要进行辅食添加,而且添加的食物类型及其方式相比过去更加科学,更加注重婴幼儿的营养健康;家长给婴幼儿添加的第一口食物由过去自制的菜汤、米汤变成了市场上购买的高铁米粉。母亲会根据月龄和婴幼儿的实际为其制作多种类型的食物,让其进行体验,如菜泥、水果泥和肉泥等。而且在盐的添加上,年轻父母会严格控制婴幼儿添加盐的时间,相比过去更加科学,更加按照专家意见来进行。

(2)卫生保健

过去,西南乡村对0—3岁婴幼儿的卫生保健主要体现在健康保护上,而健康的实现主要依据家中老人的"秘方":如"撒米""认亲"等,有些家庭还会去求助村中的宗教祭师,在婴幼儿出生和发展中进行一些仪式,如"摘种保命竹①""过三朝、七朝"②"还花"③ 等护佑婴幼儿健康成长,远离病痛;且依赖"求神驱邪,许愿消灾"的现象普遍存在于西南乡村各民族,成为育儿习俗中的重要组成部分。

而现在,对0—3岁婴幼儿的卫生保健,内容愈加丰富,方式也逐渐多样。在婴幼儿健康上,更多家长会首选"信赖医学技术",而且越来越重视婴幼儿成长和发展过程中的"预防接种",会严格按照村委会卫生室的要求进行疫苗接种,认为"接受疫苗,是为了孩子的健康,是为了预防疾病的发生,极为必要",但是接种疫苗的种类上还比较单一,主要接受国家免费的一类疫苗,对于要家庭自费的二类疫苗,多数家庭会拒绝。在接种类型上,多数家庭对其认识还非常欠缺,主要听从村卫生室的安排,叫打什么就打什么。当孩子生病时,"有15.3%的家长选择了自己找药给孩子吃,80%的家长会选择送孩子到医院去看病,也有的家长请教有经验的人,给孩子吃药"(赵亚霞,2006)。这说明在西南乡村,家长的卫生保健意识有了很大进步。

在日常卫生保健方面,家长也越来越注意婴幼儿的卫生清洁,每天给孩子清洗脸、脚和屁股,甚至每天会给孩子洗澡,衣服脏了会及时进行更换。但是多数家长却极少要求孩子在吃东西前洗手,在吃生蔬菜、瓜果之前,家长经常在衣服上擦一下就拿给孩子吃,"不干不净,吃了不生病"的观念仍存在多数祖辈养育者的潜意识中,并直接影响其对婴幼儿的日常卫生护理。

(3)教育内容

西南各民族先民在长期的生产实践中、积累了丰富的知识和经验;

---

① "保命竹":在壮乡,如果孩子饮食不佳,体弱多病,会请摩公来种竹,以增补其命,求其如竹之生机勃勃。
② "过三朝、七朝"是瑶族婴儿出生后的一种礼仪:生女孩,要过三朝;生男孩,要过七朝,通过仪式,意为让孩子平平安安,快长快大。
③ "还花"是花山瑶酬谢"花婆神"的一种宗教仪式,向花婆神祈祷,请花婆神降临,祈求婴幼儿能吉祥幸福。

第六章　古今中外养育和照料社区整合发展历程与经验启示

家庭是各民族成员学会生存的第一课堂，生活、生产、自然知识与技能是家庭教育的基本内容，因为它是民族成员适应自然环境和保持种族繁衍的前提，是民族求得生存、延续和发展的必要保证。在满足基本生存的基础上，家庭还承担着伦理道德、民族历史、宗教信仰、礼仪习俗、传统审美、科技等方面的教育，很好地促使个体社会化和民族化的实现。

随着社会发展，当前对 0—3 岁婴幼儿教育内容更具现代性和科学性。年轻父母也能基于对婴幼儿全面发展的认知，进行教育内容的更新和扩充，主要体现在对婴幼儿身体动作的训练（肢体动作及精细动作训练）、社会交往规则培养、语言表达与交流的训练、运用感官进行探索等能力的教育和培养来更新教育内容。而且年轻家长会通过各种育儿资源的学习与交流，进行教育内容的更新，以给婴幼儿提供更科学的教养。而父母外出务工的家庭，教育上则呈现放松状态，认为 0—3 岁的教育是没必要的，或把教育的责任转嫁到了学校和老师身上，在日常生活中会给予幼儿基本礼仪、生活习惯等方面的教育。

（三）养育方式：代际传承到科学话语

照养形式上的发展主要从传统多样性向现代单一形式转变；西南乡村各民族鲜见把本民族祖先长年累月所积累下来的自然斗争知识技术，系统地用固定形式传递给下一代，但常以口耳相传的方式教育子孙后代。

各民族以父传子、母教女、长育幼、师带徒的方式世代传承民族文化知识；一方面人们把制作工具、狩猎捕鱼、饲养牲畜、种植庄稼、建筑房屋、纺花织布、架桥铺路等生产经验通过传承不断丰富；另一方面，乡（族）规、家训、民约等亦通过教育不断延续。如对 0—3 岁婴幼儿家庭教育的形式："1. 火塘的'摆古'，摆古的内容渗透着布依族以和为贵、以善为美的思想，并把这种思想从婴幼儿时期传递给下一代，有助于民族性格的养成与发展。2. 用谚语、歌谣、故事传说来进行道德教育，教育子女要从小有礼貌、诚实守信、孝敬父母长辈等，如侗族歌谣'父母养我不容易，母去种布来遮身；白日母去留我哭，留我在家日难熬；母从山来汗未干，喂我奶吃心方安；置我凳上来喂奶，想起母愧记恩情；父母恩情重如磨，谁人发火都不对；谁人不对暗地记，铭记母恩到永远'（林亚萍，2010）。3. 用长辈身体力行、言传身教的形式来进行说明，讲求开明、自由、合理而不放任的行为教育。4. 在游戏中实施教育，布依族传统游戏种类繁多，有摔跤、射箭、划龙船、磨秋、武术、耍龙灯、耍狮子、赛马、玩山、托球、丢花包、打秋千、蹦蹦劲、舞花棍、玩木枪、水枪、木车、打陀螺、捡子、扳手劲、打翻叉、游泳、打水仗、躲猫猫、捉迷藏、过家家、捉蛤蚧、爬山爬树、抓田螺、捉萤火虫、下棋、斗鸡、踩高跷、鲤鱼跳龙门等。游戏是儿童学习的一个重要手段，也是在家庭中学习民族传统文化的重要方式"（谭忠秀，2006）。传统体育游戏发展了婴幼儿的身体动作及健康，角色游戏有些是对生产生活场景的模仿，以生动、孩子喜闻乐见的方式传承了生产生活知识和经验，寓教于乐的目标很好实现。

随着西南乡村各民族生产生活方式的改变，对于0—3岁儿童养育和照料的方式也发生翻天覆地的变化。因多媒体手段的涌入，每个家庭都有了电视机、收音机、影碟机，手机几乎人手一部，大人、小孩都学会了使用智能手机，智能手机给人们生产劳作后的闲暇生活带来了无限的"乐趣"，如听歌、看视频、看影视作品、自己录制视频等。过去人们在田间地头、在纳凉赏月时的唱歌谣、讲故事的活动再也不复存在；一家老小围坐火塘边讲故事、听神话的机会微乎其微；过去在火塘边，在具体情境中的教育形式也不复存在。取而代之的是单一的玩具教育或"媒介教育"：婴幼儿不好带了，家长丢个玩具、打开电视或拿个手机给他，让他玩会儿玩具，给婴幼儿呈现或播放并不适宜其观看的图片或视频，让他不哭不闹。婴幼儿很小就学会了使用手机，并对手机和电视有所依赖，长此以往，不利于婴幼儿的身体健康，特别是视力发展，同时其他方面的发展也会受到影响。

通过对西南乡村0—3岁儿童养育和照料历史发展的梳理，可以发现，随着社会经济的发展，家长特别是年轻父母对婴幼儿全面发展的认知及教育期待随之提升，婴儿期的价值及婴幼儿发展的独特性得以重新定位。同时，养育照料主体也有了更多选择空间，可以通过购买方式给婴幼儿提供更优质、更科学的养育与照料服务，这些改变为婴幼儿全面发展及科学育儿的实现奠定了基础。然而我们还应看到，站在传承民族文化的角度上，过去传统的立足婴幼儿生活现实的多途径教育方式，即通过歌唱、游戏、故事等，在生产生活的直观情境中，一方面传承了本民族的生产生活经验、信仰习俗、道德礼俗，另一方面还发展了个体的民族性，这对个体的社会化及其"民族文化自信"的从小培养和发展影响深远。而且各民族"游戏中的学，游戏中的教"的0—3岁儿童养育照料实践，与2016版《幼儿园工作规程》中所要求的"以游戏为基本活动，寓教育于各项活动之中；幼儿园应当将游戏作为对幼儿进行全面发展教育的重要形式"的观点不谋而合。此外，他们在生活中直观情境中的教育，也与幼儿的学习特点相匹配，为当前幼儿教育实践提供借鉴，这些具有价值的"地方性知识"值得家长进行继承和发扬；而不是全盘抛弃。

四 国内外发展历程与经验对西南乡村的重要启示

目前，中国0—3岁儿童养育和照料事业刚起步，家庭传统养育和照料功能衰弱，社会化养育和照料严重不足，0—3岁科学育儿公众意识淡薄，儿童早期发展环境滞阻，区域间、城乡间不平衡问题突出，欠发达乡村0—3岁儿童发展尤为滞后，制度和公共服务发展相对滞后，对儿童早期养育与照护极为不利。0—3岁儿童养育照护事业已被各国政府视为人才培养的奠基工程，特别是处境不利儿童的发展成为政府阻隔贫困代际传递的重要抓手。各国政府通过立法和政策制定为0—3岁儿童养育与照护保驾护航，通过多渠道项目实施解决差异化需求。中国一直重视婴幼儿早期发展事业，特别是公共卫生保健领域，已经前置到婚检和孕期，在疾病预防和控制、死亡率控制等方面在世界范围内已取得了有目共睹的成绩。但0—3儿童养育与照护事业内容覆盖面广，不仅仅是卫生保健领域，还应包含养育、照料和福利保障在内的诸多领域，这是整个民生中的短板，而农村地区则体现为整体滞后，托育发展空白等现状。农村地区0—3岁儿童养育与照护服务面临诸多困境，有经济因素、社会环境因素、制度因素，但最大的挑战还是来源于全社会对0—3岁儿童科学养育观念的转变。综合国内外长期实践经验，结合西南乡村养育和照料现实,以下三方面值得借鉴。

(一)深化处境不利儿童早期发展重要性共识,完善家庭育儿支持体系

古今中外育儿理念都贯穿着一条思想主线——儿童观,孩子不是家庭的私有物,是独立的个体、祖国的未来、民族的希望,每个儿童都有基本的生存权、发展权、受保护权和参与权,儿童利益最大化与儿童优先原则等已成为国际共识。联合国峰会通过的《2030年可持续发展议程》提出,在2030年消灭绝对贫困,确保各年龄段的福祉及公平优质的教育,让人民终身享受学习机会。2020年,中国已消灭绝对贫困,全面建成小康社会。国家卫健委和财务司于2016年发布的《关于实施健康扶贫工程的指导意见》明确提出了"贫困地区全面实施免费妇幼健康工作、儿童早期发展工作,实施贫困地区农村人居环境改善扶贫行动"(国家财务司,2016),是中国反贫困与可持续发展战略的重要组成部分。贫困不仅是经济发展问题,它更是一个文化问题。贫困文化论认为,贫困文化是贫困群体共享的一套规范和价值,一旦贫困文化存在,就会一代一代传递下去,在孩子六七岁以前就已经接受了这种亚文化的基本价值观和态度(Oscar Lewis,1966),贫困代际传递的可能性达到48%,要阻断这一趋势就要关注儿童早期发展,特别是儿童早期的营养和教育是核心,而0—3岁儿童高质量的养育与照料是消除贫困的根本途径。

经济学家用40年的社会实验跟踪研究得出,教育与健康是最有价值的人力资本投资,以教育和健康为主要指标的人力资本匮乏,是贫困发生率居高不下,弱势人群陷入持久贫困的重要影响因素。对儿童早期干预是提升国家人口素质、提高儿童未来竞争力、阻隔贫困代际传递及巩固脱贫成果可持续发展的重要途径。(李树燕等,2019)。0—3岁儿童最好的发展环境是家庭,西南乡村地区家庭经济普遍困难、家长受教育程度低、家庭养育能力不足、社会化养育滞后、市场资源缺乏,整个养育生态环境不利于婴幼儿健康成长,特别需要政府发挥兜底保障功能,建立健全家庭育儿政策支持体系。

第六章 古今中外养育和照料社区整合发展历程与经验启示

（二）实施一批国家专项行动计划，确保每个孩子都有公平的人生起点

从国家层面出台一批支持乡村0—3岁儿童早期发展专项政策、法规及行动计划，为儿童及家庭提供公平且有质量的养育支持是国际普遍的经验做法。发达国家早在20世纪就以立法的形式保障儿童早期获得高质量照护，多渠道实施儿童早期发展国家计划，如美国的"早期开端计划"、英国的"确保开端计划"、OECD国家的"强势开端项目"；巴西的"关爱巴西计划"和"快乐儿童计划"，墨西哥的"机会均等"项目，印度的"儿童发展综合服务"；拉丁美洲为贫困儿童及家庭开展早期营养干预与家访计划（牙买加项目），并在国家层面实现推广（秘鲁SAF项目），为处境不利儿童家庭营造了良好的养育环境，对阻隔贫困代际传递起到了源头疏导作用，各国专项行动给中国提供了丰富的经验素材。各地方政府主导把0—3岁儿童早期发展事业纳入公共服务体系，设置专款，加大发展力度，西南乡村更应优先实施，特别要强化政府主体责任，把儿童早期发展写入社会保障事业规划，纳入经济社会发展和乡村振兴重要事项，从制度上保障每一位孩子享有起点公平的机会，从政策上鼓励全社会参与儿童早期发展事业，从宣传舆论上引领全社会的科学养育观念及对儿童早期发展的重要意识，从政府实施项目上率先惠及西南乡村儿童。

（三）强化政府兜底保障功能，建立"中心+入户"长效服务机制

西南乡村0—3岁儿童发展基本依靠家庭养育，国内外"家访项目"为我们提供了可复制经验。贫困地区农村因交通不便、居住分散、经济社会发展水平低，没有条件建立托育和早教机构，目前出现的"学前教育进村""早教入户"模式已初见成效。主要做法是以项目为依托，把儿童早期发展的理念和重要性、早教内容（营养、卫生、健康、早期学习）、育儿技能送到千家万户，让家长在参与孩子成长过程中体验儿童早期发展干预带来的明显改变，在发展孩子的过程中，提升父母的育儿观念和能力。这一模式因以示范项目的方式运作，可持续性低，服务人员缺乏专业知识，服务质量不高，没有形成常态化、制度化的运行机制，"家访服务"的难点在于，示范项目到期了谁来接、谁送教、送什么教、如何评估等问题，要解决这些难点问题，需要在国家层面形成人、财、物及监督管理的长效机制。

儿童早期发展的核心在家庭，关键在政府，力量在社会，缺少任何一方，都难以形成儿童成长的良好生态系统。西南乡村地区的特殊性更需要政府系统整合资源，把地区差异化、多样化的文化生活习俗与现代科学养育理念相结合，以政府为主导、以家庭为核心、以社会力量为支撑，整合资源，探索出符合各地实际的发展路径。

第七章 西南乡村 0—3 岁儿童养育和照料社区整合机制理想模型建构及推进策略

本研究提出，社区整合机制是破解西南乡村 0—3 岁儿童养育和照料困境的重要途径。社区整合机制是一个"实然"的社会事实，根植于人类如何看待儿童的观念与行为中，体现在国家育人的意识形态与社会发展水平里，表现在 0—3 岁儿童综合发展素质上，反映着基层治理能力与治理现代化程度。这种"实然"的社会事实碎片化分散在 0—3 岁儿童日常生活的家庭环境、社区环境和制度环境里，发育成长所需的营养、健康、安全、回应性照护及早期学习内容里。

本章节在前六章研究的基础上建构社区整合机制理想模型。社区整合机制理想模型来源于四个方面，其一，0—3 岁儿童养育和照料的关键期发展理论回顾与研究内容；其二，社会整合理论回顾与研究内容；其三，西南乡村社会调查资料搜集、整理与研究；其四，古今中外发展经验对西南乡村的启示。通过理论研究、历史发展视角、国际共识、政策标准和具体实践的分析路径，把分散在日常生活中的各种社会现象进行挖掘、整理、归纳、提炼、建构并优化使其上升为系统化的理论模型。社区整合机制理想模型包含：理念共识（3 个二级维度、7 个三级维度）、支持系统（4 个二级维度、16 个三级维度）、制度设置（4 个二级维度、11 个三级维度）、参与者核心素养（4 个二级维度、12 个三级维度）、运行类型（4 个二级维度、13 个三级维度）、服务模式（3 个二级维度、13 个三级维度）在内的 6 个一级维度、22 个二级维度、72 个三级维度，并进行了系统化阐述，最后提出实现社区整合机制理想模型的策略。

一 社区整合机制理想模型建构

（一）社区整合机制的核心要素

1. 理念共识

理念（Ideal）一词在《辞海》（1989年版）第1367页中解释为思想、看法、理论、观念、思维活动的结果等，具有系统化的理论认知，用于此处主要强化欠发达农村儿童早期发展重要性的相关理念共识，主要是儿童观、儿童早期发展的科学认知系统，社区应该如何开展儿童早期发展事业重要性认知，总结为意义共识、观念共识及发展共识。①意义共识。意义共识有两个层面上的内容，其一是，科学育儿的意义共识，包括对科学育儿的认知、认同和践行；其二是，社区整合的意义共识，包括社区整合的认知、认同、行为和能力。②观念共识。观念共识包含两个层面的内容，其一是，儿童观共识，要树立儿童不仅仅是家庭的，也是社会和国家的观念，也就是儿童的家国天下观，养育儿童不仅是家庭的责任，更是社会和国家共同的责任；其二是，由儿童观延伸下来的服务理念就是社区整合观，只有整合全社会的力量才能实现家国天下的儿童观。③发展共识。发展共识从三个层面上理解，其一是，儿童个体身心全面发展。0—3岁是儿童身心发展最关键的时期，儿童在这个时期得到充分全面发展，可以为终身人格发展奠定基础，特别是对处境不利儿童实施早期干预，效果最明显；其二是，家庭发展。中国传统文化以孝治天下，不孝有三，无后为大；自古就有香火延续、血脉传承、望子成龙、望女成凤和光宗耀祖的绵延文化。子女成才是家庭最大的责任与成就，要一代代传承名门望族的荣耀，关键就是要培养有出息的后代。要阻隔贫困代际传递，最核心的是投资孩子教育，这是西方科学与中国五千年文化实践的结果。其三是，社会发展。人的发展是社会可持续发展的核心要素，对处境不利儿童早期发展进行投入，回报率最高。儿童早期发展充分，可以减少犯罪率，降低社会治理成本，婴幼儿养育和照料是社区建设的重要内容之一。

2. 支持系统

西南乡村0—3岁儿童养育和照料的支持系统，包括家庭、政府、社会力量、社区。

家庭支持系统。家庭对儿童养育与照料负主要责任，家庭是儿童成长的第一场所，父母是儿童的第一任老师。家庭养育与照料环境及照护人养育与照料能力直接决定着孩子成长的质量，所以家庭既是儿童养育与照料的法定义务者、参与者、支持者，也是政府和社会力量支持的被支持者。课题组参考了国际通用的 Home 量表，结合西南乡村家庭养育环境，提出了家庭支持要素主要包括：家庭养育观念、行为、方式，家庭经济状况、家庭关系、生活方式等。这些内容涵盖了儿童成长的物质环境和精神环境，以问卷调查的形式呈现在实证研究部分。通过实证研究得出家庭养育环境对儿童身心成长有直接且强烈的相关性结论。具体内容参见"第三章"问卷调查部分，有详细描述。

政府支持系统。政府的责任就是为公民提供公平且有质量的民生福祉，对公民的基本人权和生存发展负有终极责任，特别是要为处境不利人群提供营养、卫生、保健、教育等基本公共服务保障。西南乡村0—3岁儿童养育和照料事业，属于公共服务范畴，政府不但要承担基本公共服务领域的社会保障，还要引导全社会共同参与非基本公共服务领域的事务。政府的支持要素主要包括：社会保障体系、公共服务供给及社会发展环境。①社会保障体系。政府为西南乡村0—3岁儿童养育和照料提供社会保险、社会福利、社会抚恤与社会救助等社会保障体系。②公共服务供给。公共服务供给包含基本公共服务供给（如妇幼保健、卫生疾控、托位供给、托育机构及行业监管等）和非基本公共服务供给早期教育等。③社会发展环境。社会发展环境属于政府治理社会的重要内容之一，西南乡村0—3岁儿童养育和照料社区整合的社会发展环境主要包括，适宜社会力量参与的政府执政能力、政策支持体系、良好的社会合作氛围、社会组织发展与成长的空间、家庭主体责任的担当以及社区主动作为。

社会力量支持系统。政府主导，不代表政府垄断，西南乡村0—3岁儿童养育和照料事业涉及内容广泛，仅靠家庭和政府的力量还无法解决，需要全社会整合资源共同推进，社会力量是加快推进这一事业的中坚力量，是系统里的车厢，车厢越多，承载的人员越多，在开往乡村建设的大道上，我们需要强劲有力的火车头，更需要众多的车厢来承载上车的人。社会力量的支持要素主要包括：社会组织的力量、企业力量、群团组织的力量以及志愿者的力量。①社会组织。这里的社会组织包含：国际NGO组织、民政部门注册的非营利全国性社会组织、地方性社会组织，如：基金会、慈善组织、公益机构等，是社会力量支持系统的核心要素，是西南乡村0—3岁儿童养育和照料事业的重要供给者。具有公益性、慈善性且有雄厚资金势力的社会组织是推动这一事业发展的重要力量。目前，中国已经形成了以中国发展研究基金会为代表的一批公益性和慈善性强、影响力大的国内社会组织，引进了一批有丰富经验，有雄厚资金和技术势力的国际NGO组织，如联合国儿基会、救助儿童会等。还通过政府购买服务的方式培养起了一大批本土社会组织。②企业力量。企业力量泛指市场行为，0—3岁儿童养育和照料属于社会公共服务事业，特别在西南乡村地区，很难吸引企业直接投资，政府通过出台诸如《慈善法》等相关措施，优化社会发展环境，吸引企业直接或间接参与服务。如，阿里巴巴集团成立的HPD基金会，以企业筹资的方式发起了"养育未来"项目，为广大乡村家庭提供0—3岁儿童养育和照料的家庭入户指导。也有的企业直接把自己的产品捐赠到乡村贫困地区，如社区母婴公共设施建设、社区早教指导中心建设、软包、玩教具、图书材料的投放等。还有的企业通过捐资给社会组织的形式，参与项目运作。无论是直接投入还是间接参与，企业是这一事业发展最重要的资金来源。③群团组织的力量。这里的群团组织主要指各种协会、商会、事业单位的群团组织等。这些社会力量通过对口援助，或筹集物资援助的方式参与。特别在全面建设小康社会、精准扶贫时期，发挥了一对一帮扶的作用，高校、文联、妇联、工会、共青团、各民族协会以及行业协会等组织在其中发挥了重要作用。④志愿者力量。志愿者既可以是组织的身份，也可以是个体的身份，既可以是常设的组织，也可以为了某个任务临时组建，任务结束时自行解散。志愿者服务内容非常丰富，服务方式非常灵活。志愿者力量最核心的要素是有大批具有志愿者精神的人员储备，愿意贡献自己的时间和精力，为需要的人群提供专业化、高质量的服务。

第七章　西南乡村0—3岁儿童养育和照料社区整合机制理想模型建构及推进策略

西南乡村0—3岁儿童养育和照料示范项目的人员大多称为志愿者教师，有志愿者专家、志愿者评估督导员、志愿者入户指导老师及很多来来往往的流动志愿者，为项目的运作提供了可持续发展的人力资源。

社区支持系统。社区支持系统包括物质资源、人力资源、文化资源。社区的物质资源包括自然资源、社区公共设施、公共空间等。为家庭养育提供天然物资，社区要有开放包容的心态，资源共享方可达到效用最大化，如广阔的农村田园风光、绿色的田园食品等都给孩子提供自然游戏场所和丰富的营养食品；乡镇卫生院、村社卫生指导中心都可专门设置早教指导中心，为3岁以下婴幼儿及家庭提供卫生、保健、亲子活动、游戏玩具等指导。社区人力资源是指社区精英和普通居民，其中，社区精英包括社区领导干部、社区权威人士（有权、有钱、有威望、有文化、有技能之类人群）。社区精英掌握着社区资源，能很好地动员社区成员管理好社区事务。普通居民是社区的主体成员，是社区的建设者、参与者与共享者，是乡村守望相助的有力助手，无论是日常生活上的临时照料，还是项目运作中所需的志愿者，都来源于本社区普通居民。社区文化资源是社区认同感和凝聚力的纽带，包括：制度法规、乡规民约、文化习俗、生活方式等。拥有公序良俗的社区文化资源是孩子成长的最佳环境。

3. 制度设置

制度设置是为执行力保驾护航。制度设置的主要元素包括：组织架构与职责分工、服务内容与指导方法、质量督导与监测评估、奖惩机制等。组织架构与职责分工的前提条件是领导重视，相关项目在地部门的行政一把手是组织的掌舵者，业务负责人是灵魂人物，在组织架构里，领导重视与业务负责人的选择是制度设置层面的关键环节。服务内容与指导方法往往是制度层面较为结构化的内容，一般会提供服务指导手册，并对服务人员进行培训。质量督导与监测评估是实施过程的重要内容，也是制度设置的重要功效，目标达成的重要保障。任何一种行为都需要设置奖惩机制，包括物质与精神的奖惩，绩效评估与行政问责是体制内最常用且有效的奖惩机制。西南乡村0—3岁儿童养育和照料在社区整合过程中，制度设置存在多轨并存的现状，给衔接与协调带来了诸多困境，如政府与社会组织之间的衔接与协调，社会组织与社区、社会力量之间的衔接与协调，社区与家庭之间的衔接与协调。制度设置起到底线保障的作用。

4. 行动者核心素养

良好的制度设置为各项工作带来畅通的运行路径，保障各个环节有岗可依，有责可寻。但执行得如何，效率高低，质量好坏则要看参与者的核心素养，也就是制度再好，关键也得看执行制度的人，我们称之为行动者的核心素养。课题组借鉴了21世纪核心素养5C模型[①]，结合西南乡村0—3岁儿童养育和照料社区整合的项目运作状况，提炼出行动者核心素养的重要元素。这包括：领导力与行动力、合作与沟通能力、创新与学习能力、公益与志愿精神。

领导力与行动力在组织领导与业务负责人身上表现最为明显，包括对人对事所持有的洞见与处理事务的能力与执行的魄力。相同项目在不同省份或同一省份不同地区试行，产生的效果也有很大的差异性。最关键的因素就是领导力与执行力的差异。领导力与行动力是每个成员都要具备的核心要素，每个成员要充分展现与其身份、角色、地位相匹配的领导力与行动力，领导力与行动力是有层级标准的，也就是各司其职，各尽其责。但领导的认知力、重视程度、支持力、管理能力与协调统筹资源的能力直接影响着下属人员的行动力，所以，领导是层级里面的关键要素，特别是上下直接领导关系的影响力较大。

合作与沟通是全球公认的人才核心要素，特别在文化多样性显著、城乡发展差异较大、现场环境复杂多变的情况下，更能体现合作与沟通的重要性。国际NGO、本土社会组织、政府、社会力量、社区、家庭、0—3岁儿童，要把这些关系理清理顺，朝着共同的目标迈进，合作与沟通是每一位参与者都要具备的通用素养。当然合作沟通的对象不一样，所需的能力也不一样：一位国际NGO首席官员，要具备与中国政府官员合作与沟通的能力；一位项目负责人，既要具备与上司合作与沟通的能力，还要具备与项目组团队成员合作与沟通的能力；一位督导员要与他

---

① 魏锐、刘坚等：《21世纪核心素养"5C模型"研究设计》，《华东师范大学学报》（教育科学版）2020年第2期。

第七章 西南乡村0—3岁儿童养育和照料社区整合机制理想模型建构及推进策略

的上司和团队成员建立良好的合作沟通关系,具备与家长合作沟通的技巧;一位入户指导员则需要良好的亲和力让孩子接纳,同时要有接地气的家长沟通技能;家长要与入户指导员建立良好的合作沟通关系,按时带孩子参加养育指导、小组活动、亲子课程,与孩子建立和谐温馨的亲子互动关系等。所以,合作与沟通能力是与特定身份、角色、地位相匹配的素养。

创新与学习能力。创新与学习能力是一个非常时髦而又高大上的用语,往往让我们难以和贫困地区很多文化水平不高的从业人员、甚至文盲/半文盲家庭养育人联系起来。但课题组在调研时感触最明显的就是,项目给所有人带来创新与学习能力上的改变。游戏、玩教具、材料、手工、绘本故事等这些看似非常专业化的课程内容,在基层服务人员和家长手里变得简单易行。那些世世代代传承下来,耳熟能详的故事,成为孩子们的绘本材料、音乐童谣;施展家庭主妇缝缝补补的生活技能,给孩子们制作丰富多彩的游戏材料。玩具与游戏材料、绘本故事及亲子手工,这些0—3岁儿童早期发展主干课程,在本土化创新与学习中发挥得淋漓尽致,变成活灵活现的生活教材。

通过创新与学习,每一个参与其中的人员都变成了"育儿专家",每一位变成了"育儿专家"的参与者,都养成了创新学习的思维与行为。参与项目的各级领导干部也深有体会,"原来养娃娃有这么多学问,我们自己的孩子长得太随意了,如果以前有这种项目,得到科学指导的养育,他们就不会早早辍学打工了","我每天把学到的养育知识实践在我孙子身上,他跟其他孩子就是不一样,大方得很,我每天变着法子跟他做游戏"。西南乡村在养育孩子观念与行为上都延续祖辈的传承模式,认为一切都理所应当。当接受了入户指导后才认识到,原来孩子应该这样养,不少看护人认知到不良的养育行为会给孩子带来不好的终身影响时,后悔得泪流满面,从消极应对变成主动参与学习。

创新与学习能力在整个服务过程中发挥着质量提升的功效,在西南乡村0—3岁儿童养育和照料社区整合机制里显得尤为突出。科学育儿与传统养育之间在思维、理念和方法上的本土化创新,组织的制度化管理与民众生活习俗之间的衔接与变通,结构化教学活动与民间养育行为之间的融合与创新，无时无刻不考验着参与者的创新与学习能力，具备创新与学习能力的参与人员，不但提升了自己各方面的能力，也提升了整个项目实施的质量。

公益与志愿精神。公益与志愿精神是西南乡村0—3岁儿童养育和照料社区整合机制的血液，也是行动者核心素养的重要组成部分。包括：《联合国儿童权利公约》提出的生命权、生存权、发展权、参与权的人权思想，与人类命运共同体的全球发展格局；对贫困地区和处境不利儿童的公平、公正、正义的人道主义精神的使命、责任和担当；对奉献、友爱、互助、进步带来的价值共鸣。

（二）社区整合机制的理想运行类型

运行类型是从服务主体属性上分类，借鉴国内、国外经验，结合西南乡村现状，课题组总结了四种运行类型，即政府保障型、社区普惠型、市场经营型及家庭互助型。

1. 政府保障型

政府保障型具有全民性、福利保障性特点，目前主要以社区卫生站为中心，提供覆盖辖区家庭的基本公共卫生服务项目，但保障水平低，服务内容狭窄。政府保障型要在提质现有服务内容，扩容托育、农村儿童早期发展项目，建立覆盖城乡，具有示范引领效应的公办社会养育指导中心方面加大投入，弥补农村地区公办托育服务空白点。以下四个方面有利于社区家庭发展。①以社区卫生服务站为依托提供医育结合服务功能；②以社区公办幼儿园为基础扩容0—3岁儿童入园；③新建一批0—3岁社区公办托育机构；④建立健全覆盖城乡多元化多样化社区婴幼儿照料服务指导中心/站/点。政府保障型资源整合主体是政府，体现国家兜底保障功能与民生保障水平。

2. 社区普惠型

普惠是发展婴幼儿养育和照料事业的基本原则，目前西南乡村社区普惠型主要以示范项目的方式存在，虽然免费为农村家庭服务，但覆盖人群小，可持续性不强，加快推进各类示范项目走入常态化运作轨道是项目执行的最终目标，以下三方面有助于社区普惠型发展。①整合社区普惠型幼儿园资源，拓展0—3岁儿童入园，实现0—6岁托幼一体化服务；②在乡村社区新建一批0—3岁普惠性托育机构；③发展社区普惠型婴幼儿照料服务指导中心/站/点。社区普惠型资源整合主体是社区，体现社区干部资源整合与基层治理能力。

3. 市场经营型

通过企业集团化发展拓展0—3岁儿童养育和照料项目，对扩大企业社会影响力、提升企业文化具有重要意义，该模式已成为企业发展的成熟经验，以下三方面有助于企业经营型发展。①在社区建立0—3岁私立托育机构；②在私立幼儿园拓展0—6岁托幼一体化服务功能；③开发0—6岁儿童养育和照料相关服务产品。企业经营型资源整合主体是企业，企业以市场需求为导向，以盈利为目的，在农村开展婴幼儿养育和照料公共服务事业对企业的挑战很大，要在经济效益与社会效益之间博弈。

市场经营型在城市扮演着重要角色，特别在政府保障不到位的托育行业与相关产品开发领域，在很多城市甚至扮演着独角戏的功能。但这在西南乡村不多见，乡村对企业吸引力不强。在农村发展托育企业型服务，需要政府加快顶层设计，融入巩固脱贫攻坚与乡村振兴一体化发展规划，为企业营造良好的投融资环境与政策支持体系，激活市场潜力。

4. 家庭互助型

家庭互助型是传统养育方式在现代化社会养育中的延伸与发展，乡村劳动力大量外流，"三留守"人群成为乡村的主力军，家庭互助型是目前乡村养育和照料的主要类型，包括①代际互助；②亲属邻里互助。代际互助就是隔代照料，由祖辈承担主要照料任务，这种类型的占比最高；亲属邻里互助的情况也不少见，往往一个家族或者邻里有一位妇女劳动力专职照料孩子，可以长期一人照料，也可以家庭间轮流照料，主要是看管孩子的吃、喝、拉、撒和安全，为外出务工家庭解决后顾之忧。

目前，西南乡村出现的家庭互助型具有非正式组织、非专业服务的特点，资源整合主体是家庭、熟人社会，对乡村家庭互助养育的社会支持还处于空白期，但这是未来发展的主要方向。2020年12月，《国务院办公厅关于促进养老托育服务健康发展的意见》出台，提出鼓励开展家庭互助式托育服务，建立健全家庭托育点管理办法。2021年6月，中共中央国务院《关于优化生育政策促进人口长期均衡发展的决定》中，明确要发展家庭托育点，并督促加快制定家庭托育点管理办法。

总之，家庭互助型需要整合政府资源、社会力量，营造关心支持家庭互助养育的社会氛围和社区环境，使家庭互助型向规范化、专业化发展，为辖区家庭提供有质量、有保障的养育和照料服务。

（三）社区整合机制的理想服务模式

参考国内外实践经验，结合西南乡村实情，社区中心指导、家庭入户指导及社区中心＋家庭入户指导被证明是可以在西南乡村广泛复制的成功模式。

1. 社区中心指导

"社区中心"运作方式如下，在居住较为集中的地方，原则上有30名以上的3岁以下孩子可设置一个社区活动中心。中心性质可以是公办、公益普惠、市场经营、家庭互助等类型。服务方式可采取灵活多样的形式，可为辖区家庭提供全日托、半日托、临时托、亲子活动、照养人科学育儿宣传、绘本借阅、玩具游戏等服务，为儿童成长营造社区友好型环境。

目前社区卫生院服务站是乡村社区中心指导模式的主要形式，但服务功能主要是妇幼健康、疫苗接种等国家基本公共卫生项目（见表3-179 0—3岁基本公共卫生服务一览，P193）。常态化运作的婴幼儿家庭养育照护指导中心基本还处于空白，社会实验示范项目是现有的主要供给方式。把试点成功经验在乡村地区广泛复制，走向常态化运作，建立多元主体供给的社区养育指导服务中心是未来国家和地方政府的重要民生导向，也是学界要持续关注的研究前沿。

2. 家庭入户指导

家庭入户指导要解决"5个W"问题，即：谁入户（Who）、入谁家的户（Whom）、什么时候入户（When）、为什么要入户（Why）及入户要做些什么（What）。家庭入户指导适合乡村居住分散、交通不便及有特殊需求的家庭，为0—3岁儿童及照料人提供科学养育活动与家庭育儿指导。经验证明，家庭入户指导人员只需有初中以上受教育程度，通过培训即可胜任指导工作，主要由在家乡待业的大中专毕业生、家庭主妇、

第七章　西南乡村0—3岁儿童养育和照料社区整合机制理想模型建构及推进策略

基层卫生部门工作人员、妇女干部、离退休教师及其他志愿者构成。入户指导时间周期化操作性强，评估成效好，经验证明，1次/周、1次/2周或1次/月，每次1小时，最理想的状态是1次/周，至少应该1次/月。入户目的是为欠发达农村家庭提供有质量的养育指导，让每个孩子有一个公平的人生起点。入户指导内容包括符合0—3岁儿童身心发展规律与特点的认知、动作、语言、社会性情感等育儿活动；家庭育儿中的日常行为，如：日常喂养、健康检查、回应性照护、安全等方面的指导。

目前西南乡村家庭入户指导主要集中在基本公共卫生服务项目的新生儿访视；家庭养育照护主要供给方式是社会实验示范项目。常态化家访工作还处于一片空白，但家庭入户实验示范项目经验被证明可以在西南乡村广泛复制，多元主体参与，服务类型多样化，覆盖城乡的家庭入户指导模式是国家的重要导向，也是学界研究的前沿课题。

3. 社区中心＋家庭入户指导

"社区中心＋家庭入户指导"兼具社区中心模式和家庭入户模式两大功能与特点，把社区中心资源整合扩散到辖区家庭，满足家庭个性化需求。既提供社区中心服务，又提供家庭入户指导服务。家庭享有混合服务模式，可参与社区中心的所有服务内容，也可享有入户服务，这是包容性最强的一种服务模式。目前社会实验示范项目是主要的服务供给方式，但覆盖面狭窄、可持续发展困难。

以社区为平台，整合社区中心服务模式与家庭入户服务模式项目资源，把示范项目经验走向常态化运作，让星星之火率先燎原；拓展政府公办型、社会普惠型、市场经营型服务模式，覆盖所有儿童与家庭。

（四）社区整合模型框架与阐述

帕森斯在《社会行动的结构》一书中倡导，理论要从经验世界中分析得出，要用社会学理论的重要概念来理解外部世界的各个方面，这些概念是从复杂的社会现实中分离出来的，具有抽象性、广泛性和可操作性的特点，要能反映现实社会的重要特征[①]。课题组围绕西南乡村0—3

---

① ［美］T. 帕森斯：《社会行动的结构》，张明德、夏遇南、彭刚译，译林出版社2003年版。

岁儿童养育和照料社区整合机制的运行系统，从理论渊源、中外发展、问卷调查与个案实证研究中的家庭支持环境、社区资源环境、制度环境、项目运作、社会效益等方面进行了深入剖析。在此基础上建构西南乡村0—3岁儿童养育和照料的社区整合机制模型，包含6个一级维度、22个二级维度、72个三级维度，这是解决西南乡村0—3岁儿童养育和照料社区整合的理想模型。

1. 社区整合机制模型框架

表7－1　西南乡村0—3岁儿童养育和照料社区整合机制模型框架

一级维度	二级维度	三级维度
理念共识	1. 意义共识	1. 科学育儿的意义共识 2. 社区整合的意义共识
	2. 观念共识	1. 儿童观共识 2. 社区整合观共识
	3. 发展共识	1. 专业发展共识（0—3岁儿童个体身心发展规律与特点共识） 2. 家庭发展共识 3. 社会发展共识
支持系统	1. 家庭	1. 家庭经济 2. 家庭关系 3. 家庭养育观 4. 家庭养育行为 5. 家庭养育方式 6. 家庭生活方式
	2. 政府	1. 社会保障 2. 公共服务供给 3. 社会发展环境
	3. 社会力量	1. 社会组织 2. 企业 3. 群团组织 4. 志愿者组织
	4. 社区	1. 物质资源 2. 人力资源 3. 文化资源

第七章　西南乡村0—3岁儿童养育和照料社区整合机制理想模型建构及推进策略

续表

一级维度	二级维度	三级维度
制度设置	1. 组织架构与职责分工	1. 政府主导型组织架构与职责分工 2. 社会主导型组织架构与职责分工
	2. 服务内容与指导方法	1. 基本公共服务与指导方法 2. 公共服务与指导方法 3. 非公共服务与指导方法
	3. 质量督导与监测评估	1. 基本公共服务督导与监测评估 2. 公共服务督导与监测评估 3. 非公共服务督导与监测评估
	4. 奖惩机制	1. 基本公共服务奖惩机制 2. 公共服务奖惩机制 3. 非公共服务奖惩机制
参与者核心素养	1. 领导力与行动力	1. 身份、角色、地位相匹配的使命、责任、担当 2. 对人对事所持有的洞见 3. 处理事务的能力与执行的魄力
	2. 合作与沟通能力	1. 是与特定身份、角色、地位相匹配的组织、动员、协调、说服、解决问题的能力 2. 与政府、社会、社区嵌入的能力 3. 与家长、儿童沟通合作的亲和力与应变力
	3. 创新与学习能力	1. 科学育儿与传统养育之间在思维、理念和方法上的本土化创新 2. 组织的制度化管理与民众生活习俗之间的衔接与变通 3. 结构化教学活动与民间养育行为之间的融合与创新
	4. 公益与志愿精神	1. 人类命运共同体的志愿精神 2. 公平、公正、正义的人道主义精神 3. 奉献、友爱、互助、进步的利他行为
运行类型	1. 政府保障型	1. 社区医教结合卫生服务站 2. 社区0—6岁托幼一体公办幼儿园 3. 社区0—3岁公办托育机构 4. 社区公办婴幼儿养育和照料服务指导中心/站/点
	2. 社区普惠型	1. 社区0—6岁托幼一体化普惠性幼儿园 2. 社区0—3岁普惠性托育机构 3. 普惠性社区家庭养育和照料服务中心/站/点
	3. 企业经营型	1. 社区0—3岁托育机构 2. 社区0—6岁托幼一体化幼儿园 3. 0—6岁儿童早期发展相关集团企业
	4. 家庭互助型	1. 家庭内代际互助 2. 家族间互助 3. 亲属邻里间互助

续表

一级维度	二级维度	三级维度
服务模式	1. 社区中心模式	1. 公办、公益普惠、企业经营、家庭互助类型 2. 志愿者 3. 全日托、半日托、临时托、亲子活动 4. 居住集中、交通方便群体
	2. 家庭入户模式	1. 公办、公益普惠、企业经营类型 2. 志愿者 3. 周期化运作 4. 居住分散、交通不便、特殊需求群体
	3. 中心＋入户模式	1. 公办、公益普惠、企业经营、家庭互助类型 2. 志愿者 3. 全日托、半日托、临时托、亲子活动 4. 日常化＋周期化 5. 辖区所有人群

2. 模型框架阐述

理念共识、支持系统、制度设置、参与者核心要素及主体模式被认为是社区整合系统的必要条件，成为模型框架的一级维度，是社区整合系统下的5个子系统，各子系统在政府、社会和市场的指引下形成了各自运行的逻辑体系，通过各子系统功能目标的达成，维系了社区整合系统的平稳运行，实现了西南乡村0—3岁儿童养育和照料服务事业项目的顺利推进。

理念共识是行动者主观决策的依据，也就是说，"我为什么要做这件事"，"它有什么意义"之类的疑问。每个行动都受到动机（能调动能量的需要和愿望）和价值观（关于什么是正确的观念）的驱使（乔纳森·H. 特纳，2006）。同时，行动又具有情境（人格特质和所处环境影响）取向性。西南乡村0—3岁儿童养育和照料社区整合行为是一个复杂的社会系统工程，行动者要能向所有参与人把社区开展0—3岁儿童养育和照料事业，这一行为的内涵、意义与价值讲清楚。这是实现社区整合行为的前提，让所有参与者知道"我在做什么"，"我为什么要做"，"做了有什么意义"，不做的后果是什么。理念共识是行动者的精神武器，是形

第七章 西南乡村0—3岁儿童养育和照料社区整合机制理想模型建构及推进策略

成社区整合的强大内驱力。它主要包含了两方面的内容,即0—3岁儿童养育和照料及社区整合方面的理念共识,两者之间互为目的和手段。社区整合的目的是促进西南乡村0—3岁儿童养育和照料服务,而西南乡村0—3岁儿童养育和照料事业需要举全社会之力共同参与,这是实现社区整合的手段,手段为目的服务,目的是手段的动力源。

支持系统。法国社会学家布迪厄(Bouurdieu)把资本分为经济资本、文化资本、社会资本和象征性资本,并将社会资本定义为嵌入制度结构中的一种实际的或潜在的资源集合体,每个资本都是一个竞争的场域(Pierre Bouurdieu,1985)。支持系统正是社区整合过程中实际和潜在的资源集合体,包括物质(环境、设施、财富、玩教具等)和非物质资源(角色、地位、制度、关系、规范等)。支持系统是社区资源整合的供给者,是社区整合的行为主体,有个人参与也有组织参与。支持系统是社会资本的重要载体,也是撬动社会资本的重要工具,是经济资本、文化资本和社会资本的黏合剂,四种资本实现跨时空的高度统一。支持系统正是围绕以上理念进行建构。

制度设置。制度是规范个体行动的一种社会结构,是社会设置的一种手段,在本研究中也可看成一种科层制,即"一种运作于明确的规章和程序之基础上的等级权威结构"(波普诺,2005)。制度为支持特定行为体进行了有偏向性的动员。(米尔纳,2010)福柯把其说成一种"权力机器生产出来的技术实践",在人类历史上经历了对身体的直接规训到现代社会通过空间技术全景敞视监控的隐蔽转向(福柯,2010)。福柯深入剖析了制度作为一种权力技术在规训中的具体实践,而布迪厄的"场域""惯习""文化权力"则展示了制度结构中各种权力关系之间的微观互动,把个体与制度设置结构之间的权益关系深入到了文化、人格、环境及日常生活习惯等领域。本理论框架的制度设置正是把其置入科层制场域下,探讨各种关系之间合作、冲突、整合等的互动技术实践过程。特别分析了政府与社会组织两大主体在项目运作过程中的制度设置与实践过程。

参与者核心要素。行动者的核心要素是社区整合机制系统功能目标达成的关键环节。帕森斯对行动者的行动提出了精辟的论述,他认为,所有行动都是行动者主观决策的过程,行动者是有目的、有实现目标地运用多种手段，但行动者面临的各种情境条件（人格、家庭关系与社会关系）都会影响目标和手段的选择（帕森斯，2006）。五大人格理论总结出了五种人格优势，即情绪稳定（勇气、自制、冷静、韧性等）、外倾性（热情、合群、果敢、积极情绪等）、经验开放性（创新、思辨、价值观等）、宜人性（信任、坦诚、助人、温和等）及责任心（胜任、秩序、尽责、进取、自律、审慎等）是个体人格优势的重要元素[①]。北京师范大学研究团队提出了5G素养核心模型，即文化理解与传承、审辨思维、创新、沟通及合作，被认为是21世纪人才培养的核心素养[②]。布迪厄把行动者的素养与面临的各种情境条件称为生存心态（也称为惯习），是在生命历史经验中沉积下来和内化为心态结构的持久秉性系统，这种由习惯性行为或习性所累积起来的个人历史的主动性和积极性，是行动者的行动风格、心情、情感和行为模式的重要组成部分，也成为行动者所处的社会环境和历史条件的内在结晶（布迪厄，2006）。也就是说，行动者的核心要素既是个体的行为表现，也是社会结构的影射。本研究正是对个体嵌入社会结构关系的互动实践进行剖析，深入探讨参与者核心要素与社区整合目标达成之间的相关性因素，提炼出适合西南乡村0—3岁儿童养育和照料这一服务模式所要具备的核心素养。

运行类型。服务主体多元化是公共服务的主导思想，如何实现这一主导思想，国家与社会关系理论（张静，1998），市民社会理论（邓正来，2005），公共领域理论（哈贝马斯，2009），为我们提供了丰富的滋养。这些成熟的理论都阐述了政府与社会的自身功能，各自应该遵循的边界，及两者之间的相互衔接。本研究探讨的政府保障型、社区公益普惠型及企业营利型正是国家与社会之间合作的重要类型与模式，体现了国家与社会相互嵌入的逻辑。

服务模式。《国务院办公厅关于促进3岁以下婴幼儿照护服务发展的指导意见》《中国儿童发展纲要（2021—2030年）》《中共中央关于制定

[①] ［爱尔兰］Alan Car：《积极心理学》，丁丹等译，中国轻工业出版社2019年版。
[②] 魏锐、刘坚等：《21世纪核心素养"5C模型"研究设计》，《华东师范大学学报》（教育科学版）2020年第2期。

第七章 西南乡村0—3岁儿童养育和照料社区整合机制理想模型建构及推进策略

国民经济和社会发展第十四个五年规划和二〇三五年远景目标的建议》等提出建立覆盖城乡，多元化、多样化社会服务供给模式是3岁以下婴幼儿照护服务发展的总体目标。在3—6岁学前教育发展的基础上，吸取了国际国内发展经验，结合西南乡村实情，积极探索出了符合乡村运行的三种社区服务模式：社区中心模式、家庭入户模式、社区中心＋家庭入户模式；三种服务模式是社区整合机制在实践层面的集中呈现，是推进欠发达乡村加快发展的理想模式。

总之，社区整合机制理想模型既是一个整体也是一个独立体系，具有一体两面的特性，如果社区整合机制是一个有机体，那么，6个一级维度则是组成有机体的器官，各自发挥着不同的功效，为整体服务、实现整体的总目标。这就要求社区整合的一体化首先要在价值层面达成共识，形成行动者主体，构建社会支持网络，规范制度管理，挑选符合组织要求的人员，共同朝着目标努力奋斗。

除了一体化外，还存在各要素子系统的整合与独立性。如，社区资源整合的支持系统是一个整体，涵盖了家庭、社区、社会力量与政府合成的人、财、物、制度、文化等资源的整合，整体的属性是开放的，可以是全人类共同体，也可以是一个国家、省、市、县区或者乡镇社区。整体性充分体现在0—3岁儿童养育和照料的实施主体：政府与社会组织，以及组织制度层面。政府提供的社会保障与社会组织提供的示范性项目皆是整合全社会资源进行实施，而组织结构与制度设置也具有高度的一致性。这种一致性有利于总目标的达成。而6个部分又相互独立，有自己的功能与目标，在实现自身目标的过程中服务于总体目标。如，政府提供的保障性服务，通过垂直下沉的行政网络达成总目标，在实施过程中以中央—省—市—县/区—乡镇/街道—村居/社区的路径下沉，每个环节既统一又相互独立，在垂直下沉的过程中发生了本土化的行为差异。社区整合机制通过整合性与独立性协同推进才能发挥最大功效。

二 推进策略

社区整合理想模型提供了从理念到实践层面的系统化设置。社区融

| 乡村育儿的社会化出路：以西南乡村 0—3 岁儿童为例

合机制理想模型是基于西南乡村 0—3 岁儿童成长的家庭环境、社区环境、制度环境现状调查，现有社区整合机制供给服务模式运行现状，古今中外发展经验与启示的基础上挖掘、整理、归纳、提炼、建构并优化形成系统化的理论指导，适合西南乡村为代表的广大欠发达乡村发展 0—3 岁儿童养育和照料服务事业参考借鉴。为了更好发挥理想模型在现实中的运用成效，提出以下四点建议。

（一）提升乡村 0—3 岁儿童养育和照料大局意识，加强乡村顶层设计

提升 0—3 岁儿童早期发展质量，最直接最有效的方法就是日常生活的养育和照料。养育和照料质量低是欠发达乡村的普遍现象，提升家庭养育和照料质量、社区养育和照料环境，让每个孩子都有一个公平、有质量的人生起点，对阻隔贫困代际传递、巩固脱贫攻坚与乡村振兴提供人才储备具有重要意义。全社会需要达成一致共识，西南乡村 0—3 岁儿童养育和照料事业不仅是家事、地方事，也是国家人口发展战略和经济社会发展的大事。

课题组梳理了最近 3 年国家频频出台的相关法规政策文件，明显倾向城市，乡村涉及较少。2019 年，《国务院办公厅关于促进 3 岁以下婴幼儿照护服务发展的指导意义》出台，被认为是开启 3 岁以下婴幼儿发展的黄金元年，但涉及农村的内容很少，仅寥寥数语提到"加大对农村和贫困地区婴幼儿照护服务的支持，推广婴幼儿早期发展项目"，地方在制定实施细则时也较少提到农村。2021 年，国家发改委联合 23 部委联合印发了《关于推进儿童友好城市建设的指导意见》提出推进 0—3 岁儿童相关的政策、公共服务、人文空间、发展环境等儿童友好城市建设，但没有针对乡村的类似规划设计。自 2016 年二孩政策实施以来，0—3 岁儿童养育和照料成为每年"两会"热议的焦点，但提案重心都是城市，农村相关性少。2019 年，国家卫健委出台了《托育机构管理规范（试行）》《托育机构设置标准（试行）》，因地方性法规缺失，如果参照国家标准，本研究分析的 7 个案例模式就达不到国家相关要求，项目周期结束后，很难走上可持续发展道路，已经

出现不少地区因政府财政匮乏，无力接手而被迫终止。乡村县级以下托育机构基本一片空白，小而分散的"社区中心+家庭入户指导"模式被证明适合在欠发达乡村运行，"家庭互助养育模式"也广泛存在乡村社会，但这两种模式皆缺乏合法性支持，需要针对乡村实际情况分类细化管理规范，把试点项目在广大欠发达乡村推广复制。以上分析可看出，重城市轻乡村倾向严重。

课题组建议国家出台"关于推进儿童友好乡村社区建设的指导意见"，问卷调查部分全面呈现了乡村家庭、社区和政策环境严重滞后，儿童发展水平与全国差距较大，更需要优先改善乡村情况。地方要结合自身实际，尽快建立健全支持乡村0—3岁儿童养育和照料发展的政策法规体系、管理规范体系、标准规范体系及乡村社区服务供给体系。加快推进适合乡村运行的社区中心服务模式、家庭入户指导模式、社区中心+家庭入户指导服务模式及家庭互助模式进入常态化、制度化运作；地方可结合《中国儿童发展纲要（2021—2030年）》发展目标，《3岁以下婴幼儿"十四五"发展规划》，尽快出台"乡村0—3岁儿童养育和照料三年行动方案"，凝结发展共识、细化阶段目标、强化责任意识，加快推进欠发达乡村0—3岁儿童养育和照料事业与全国同步。

（二）出台部门主体职责配套考核细则，强化社区主体执行力

2019年，《国务院办公厅关于促进3岁以下婴幼儿照护服务发展的指导意见》明确了17个相关部门职能职责。国家政策宏观统揽，方向性、原则性强，国家宏观政策难落地，需要各地各部门结合实际出台相关配套措施，增强可操作性，防止政策悬空难落地。省级层面基本都出台了《3岁以下婴幼儿照护服务发展实施意见》，但呈现：部门配套政策少、工作支撑性差、空心化严重，未能把乡村0—3岁儿童养育和照料事业纳入地方财政预算、没有地方财政补助支持、没有地方项目安排、未进入职业培训目录、未进入政府惠民实事等，政策缺、支持少、发展难的诸多困境。3年以来，课题组调研发现，地方政策法规配套不到位，部门职能职责配套考核细则缺失，国家惠民政策社会认知度低，执行率不高，政策红利未能充分释放。

0—3岁儿童养育和照料是一项新兴事业,涉及相关法律法规、政策文件和行政部门众多,协作机制建设与运行确需时日,部门职责不太明确、任务未细化、实践无经验、投入无标准、指导不及时、服务供给少、问责机制缺,部门合力尚未形成、主体责任一时难以到位,一定程度上影响、制约着发展。

课题组建议,各相关部门依据国家指导意见、省实施意见,结合《中国儿童发展纲要(2021—2030年)》《中国妇女发展纲要(2021—2030年)》及各部门"十四"五发展规划指标任务,尽快完善部门职能职责、考核评估机制,推出一整套支持乡村社区0—3岁儿童养育和照料发展的政策组合拳,特别强化17个部门相关业务下沉到乡村社区的年度计划、实施成效、考评机制,0—3岁儿童养育和照料服务项目纳入乡村基层社区建设的激励措施与考核机制。西南乡村社区0—3岁儿童养育和照料事业不具有市场吸引力,基层社区治理能力与治理现代化水平提升需要时日。目前,国家指导意见明确17个部门相关工作业务资源下沉到基层社区,"两纲"提出的相关发展指标,是目前乡村社区最重要、最现实的资源。强化政府职责、整合各部门业务资源、量化社区建设考核指标,充分发挥好"妇儿工委"负责统筹协调和推动政府各部门执行妇女儿童的各项法律法规、政策措施,督促、评估《妇纲》《儿纲》指标任务的职责优势,彻底解决宏观政策在乡村社区难落地问题。这是发展西南乡村0—3岁儿童养育和照料事业最现成的路径,充分考虑到了操作性强、宏观政策支持、部门职责分工的制度依据。

(三)细分0—3岁儿童养育和照料服务类型,完善多元服务模式管理体系

0—3岁儿童养育和照料内容广泛,涉及健康、营养、安全、回应性照护、早期学习。生命1000天(怀孕至2岁)婚前、孕前、孕产期、新生儿健康纳入了基本公共卫生服务保障,是政府—保障型服务类型的典型案例;国家在多个政策法规文件里强调,社区普惠托育服务和婴幼儿照护属于公共服务范畴,鼓励企事业单位、群团组织、社会组织、社区、家庭、个人提供多样化服务供给模式,《家庭教育促进法》提出,教育、

妇联按职责分工承担家庭教育日常事务，统筹协调社会资源协同推进家庭教育指导服务体系建设。国家发改委负责把0—3岁儿童养育和照料事业纳入经济社会发展规划和专项规划，实现经济社会与儿童发展同步规划、同步部署、同步实施、同步落实。

依据国家现有的制度和基础，建议把乡村0—3岁儿童养育和照料发展内容分为基本公共服务、公共服务及非公共服务三类。基本公共服务纳入政府—保障型服务类型，在现有服务内容的基础上，拓展欠发达乡村0—3岁儿童在健康、营养、安全、社区照料、早期学习领域的发展项目。公共服务列入社会普惠型类型，国家明确公共服务内容，优先发展乡村社区公益普惠服务供给体系，出台乡村社区支持政策，结合乡村振兴项目，加快建设一批乡村社区0—3岁儿童公共服务设施、普惠托育机构，拓展乡村家长学校、儿童之家服务0—3岁儿童的功能，嵌入社区中心、家庭入户、社区中心+家庭入户服务模式。非公共服务列入市场经营范畴，国家明确非公共服务内容，释放政策红利，营造招商引资环境，鼓励和支持企业集团化发展，拓展婴幼儿产业链，吸引企业积极参与乡村地区0—3岁儿童养育和照料发展事业，建设一批家庭能承担、企业能生存、质量有保障的乡村社区托育机构。国家针对每一种服务模式出台相应的管理规范、设置标准、评估机制。

乡村社区资源匮乏，以政府为主导安排一批支持乡村社区0—3岁儿童养育和发展的专项资金。建议盘活现存资金，科学调剂、合理分配、专项设置，建立医疗托育融合发展专项资金，支持有条件医疗机构开展托育服务；设置早期教育专项资金，支持高等（职）院校定向培育一批高素质乡村托育师资、托幼一体化师资；设立托育服务运营补贴专项资金，支持托育机构开展普惠服务。

（四）实施一批政府专项行动，加快推进乡村社区普惠托育服务设施建设

结合西南乡村欠发达、多民族、边疆、辐射南亚东南亚的地缘优势，紧紧围绕民生和"一带一路"两条主线，建设一批具有0—3岁儿童养育和照料服务行业培训、家庭养育指导和家长课堂等多功能的社区普惠托育公共服务设施，发挥示范引领、辐射带动作用，提高西南乡村0—3岁儿童养育和照料服务整体水平，建议政府启动以下重点项目。

1. 欠发达乡村地区实施社区中心+家庭入户指导项目

为欠发达乡村家庭提供有质量的养育和照料服务，可以阻隔代际贫困传递，提升人口素质，但欠发达乡村对市场不具有吸引力，需要政府兜底保障。课题组建议政府牵头，在乡镇或人口集中的行政村，建立婴幼儿养育照护服务指导中心，免费为婴幼儿及家庭提供早期养育照护指导服务，每个中心面积在50—100平方米，每个中心每年投入20万—40万元，每个中心聘用3名专业指导教师，每年每省建100个，由中央资金与省级资金全额支持，中央资金占80%，省级资金占20%；另外，离中心较远的偏远家庭，因交通不方便，无法来到中心接受服务，采取入户指导，每年每省服务1000户婴幼儿及家庭，每户每年投入3000元，由中央资金与省级资金分别以8∶2承担，政府对处境不利儿童实施早期干预，保障每位孩子有一个公平且有质量的人生起点。

2. 乡村社区项目

各省每年选取200个乡村社区开展0—3岁儿童养育和照料服务试点，探索多元化照护服务模式，即：0—6岁托幼一体、社区照护中心、家庭入户指导等模式，每个社区示范点投入不低于50万元，由市、县区两级按7∶3的比例分摊，省级资金用于考核奖励。乡村社区项目可为辖区家庭提供全日、半日、临时托管、亲子活动、社区科学育儿宣传、家庭育儿科普讲座等服务。

3. 县区示范项目

在每个县区建立1个具有示范带动效应的普惠托育机构，每个机构投入不低于2000万元，面积不小于2000平方米；其中，原国家级贫困县与边境县，由中央与省级资金以8∶2投入分摊。其他县区由省、市、县分别以3∶5∶2投入分摊。承担全县社区托育照护指导工作、师资培训、课程设置、专业指导、家庭科普宣传等功能。

4. 州（市）示范项目

在各州（市），至少建立1个具有辐射全州（市）的普惠托育机构，面积不小于3000平方米，机构投入不少于5000万元；承担全州（市）

第七章 西南乡村 0—3 岁儿童养育和照料社区整合机制理想模型建构及推进策略

托育服务指导工作、师资培训、制定适合本地方的课程体系、教材开发、专业指导、科学研究、家庭培训等功能。经费投入由地方全额承担，省级通过年检与评估方式，对考核优秀的州（市）给予奖励补助。

在边境州（市）各建立 1 个具有相当规模，投入不少于 1 亿元，既能服务本地，又能辐射周边国家的"反贫困与儿童早期发展研究与指导基地（或中心）"，经费投入由国家、省、州（市）按照 7∶2∶1 进行分摊。主要承担实验教学、科学研究、对外开放、文化交流、模式共享、经验交流，以及反贫困与儿童早期发展人类命运共同体的推动工作，把中国的反贫困与儿童早期发展经验与周边国家共享。

5. 家庭养育和照料支持项目

0—3 岁儿童养育和照料服务主要以家庭为主，托育机构补充。培养家庭科学育儿理念，提升家庭照护能力是目前最为关键的任务。建议，乡村地区，每个家庭每年发放 6 张政府免费券，提供家长免费培训，每参与 1 次培训发放 50 元的误工补贴，参与 6 次培训并考核优秀的，每人奖励 50 元。经费投入由政府—机构共同承担，政府投入占 20%，机构投入占 80%，把家庭培训工作列入机构年度考核指标。

为保障项目顺利实施，结合现有出台的惠民政策，督促相关部门切实发挥联席会议制的协调功能，加快完善跨部门合作的体制机制，打通机构在审批难、备案难、经营难三大环节的堵点；切实把中央财政支持新建、改建、扩建托位补贴惠及更多群体，缓解托育机构资金短缺的压力；切实把优先用地、社区配套设施落实到位，解决机构"场地难寻"的问题；切实把托育人才培养纳入政府紧缺性人才战略，实施政府人才培养补贴计划，减轻机构人才培养负担，提升从业人员的专业水平；切实加快政策法规体系、管理规范体系、行业标准体系制度的建立，规范市场发展环境，为托育行业提供公平、公正、专业的良好发展环境。打通保险支持渠道，特别是呼声最强烈的入托儿童意外保险和园方责任险两部分，为企业营造良好的托育投资环境。

结论与展望

本研究从事实经验考察，以问题为导向，提出了社区整合机制是破解西南乡村 0—3 岁儿童养育和照料的重要途径。围绕如何破解这一思路，课题组采用了问卷调查、案例剖析、深度访谈、开座谈会、实地考察等方法搜集第一手资料。通过第一手资料搜集，全面了解了西南乡村 0—3 岁儿童养育和照料现状、儿童发育现状；儿童成长的家庭环境、社区环境及制度环境；西南乡村现有各类社区整合项目，项目运行机制、社会成效、运行困境，特别关注同一项目、同一管理在不同区域产生的社会成效及成败经验。除了资料搜集，课题组对古今中外育儿思想、观念、早期发展知识体系、政策法规及实践行为进行了梳理、提炼，总结人类时空留下的经验启示。结合以上实证分析，把分散在日常生活中的各种社会现象进行挖掘、整理、归纳、提炼，建构并优化使其上升为系统化的理论模型，结合西南乡村实际，提出实施策略。

此部分对本研究的重要思想、观点和结论进行总结；提出了在研究过程中发现的新情况，未来进一步推进的研究方向；交代了本研究中的不足之处。

一 结论

0—3 岁儿童正处于感观、认知、语言、动作、情绪等方面发展的最佳阶段，是人力投资回报最关键的时期，也是终身人格形成的关键时期。促进 0—3 岁儿童综合发展最直接、最有效的方法就是有质量的养育和照料。西南乡村具有经济社会发展滞后、0—3 岁儿童早期发展科学知识匮乏、0—3岁儿童发展重要性社会认可度低、家庭养育能力受限、财政投入不足、社区社会组织发育程度低、市场吸引力不足、社区资源匮乏等复杂因素。

目前，西南乡村服务0—3岁儿童养育和照料社会主体有：政府牵头部门卫健委、国务院指导意见明确的17家相关单位、社会组织、企业、乡村社区及家庭。以上行为主体呈现的状态是：（1）以政府为主导的各类政策法规，重城市轻乡村；（2）以卫健委为主体的基本公共卫生服务，提供广覆盖、保基本的全民健康保障；（3）以17家相关部门为主体承担的业务工作，分散、悬空难落地；（4）以社会组织为主体提供的各类试点项目，惠及面狭窄、可持续性低；（5）以乡村社区为主体的基层服务主体，无意识、无资源、无能力；（6）以家庭为主体的传统养育，处于"自在"和"放养"状态。

结合以上分析，本研究提出了社区整合机制理想模型，破解目前存在的发展困境。社区整合机制有6个一级核心要素、22个二级指标及72个发展要点组成。提高欠发达乡村0—3岁儿童养育和照料重要性的社会共识，并强化政府顶层设计。第一个核心要素是理念共识，针对全社会对乡村0—3岁儿童养育和照料重要性认识不足的设置，各指标要点进一步强化了儿童国家观、0—3岁儿童综合发展的重要意义、对脱贫攻坚和乡村振兴可持续发展的意义共识、全社会形成合力共同推进的共识。第二个核心要素是主体支持系统，各行为主体在各自职责范围内创造适合0—3岁儿童成长的适宜环境及核心要素。第三个核心要素是制度设置，围绕社区整合机制运行中的困境，设置了突破困境的制度支持体系。第四个核心要素是参与者核心素养，除了具备共性的素养外（领导力与行动力、合作与沟通、创新与学习、志愿者精神），还要具备地方性知识体系（语言、风土人情、本民族文化等），项目能够落实落地、有质量，参与者核心素养起着灵魂作用。第五个是服务类型，适合西南乡村运行的类型有：政府保障型、社区普惠型、企业经营型及家庭互助型，每种类型匹配了多样化的服务方式。第六个是主体服务模式，提出了适合西南乡村发展的3种模式。即，社区中心型、家庭入户型、社区中心＋家庭入户指导型，在每种模式上拓展了多样化服务供给方式。

课题组提出了保障社区整合机制理想模型实施的策略。即强化全社会对西南乡村0—3岁儿童养育和照料事业的重要性认识，加强政府顶层设计；特别是国家政策体系对乡村的倾向性支持。出台部门主体职责配套考核细则，完善多元服务模式管理体系；特别是17个部门工作业务下沉到社区的考核细则，0—3岁儿童民生事项纳入社区建设的考核指标。细分0—3岁儿童养育和照料服务类型，完善多元服务模式管理体系；特别要拓展政府基本公共服务在0—3岁儿童健康、营养方面的服务内容及目录，优先把欠发达乡村0—3岁儿童公共服务体系纳入社区建设指标考核条目。实施一批政府专项行动，加快推进乡村社区普惠托育服务设施建设；特别强调西南乡村社区整体性专项计划、边境社区跨境服务功能、民族社区政府兜底保障功能。

二 展望

本课题最初设计是以西南乡村为代表的欠发达农村整体现状，所以西南乡村的整体性与一体化是本研究视角，本研究达到了最初设计目标。但研究过程中发现了可进一步拓展的方向，西南乡村整体性里面也存在多样性，社区类型复杂多样：（1）经济层面，西南乡村相对全国乡村而言，存在整体性欠发达特征，西南乡村内部也存在诸多差异；（2）文化层面，西南乡村少数民族众多，呈现大杂居、小聚居的特点，有单一少数民族社区、民汉融合社区、汉族社区；（3）区位条件，西南乡村很多社区处在边境线上，社区养育和照料既是本国的民生工程，又是对外交流的一张名片，边境社区承担着对内做好本国民生福祉，对外讲好中国故事的功能；（4）行政层面，乡村社区既是国家行政权力网络的神经末梢、又是乡村熟人社会共同体，0—3岁儿童养育和照料事业兼具社区公共服务与家庭传统私域属性，社区扮演一体两面角色。以上四方面的复杂现实，对乡村基层社区提出了严峻挑战，也给学界留下了广阔的研究空间。

目前，全国0—3岁儿童养育和照料事业刚起步，全国政策法规体系、管理规范体系、行业标准体系及服务供给体系尚在建设中，地方相关配套体系尚未成形，相关部门职责难到位；另外，二孩政策实施以来，从国家政策法规到每年"两会"提案，核心重心都是城市，乡村很少提起，实证调查也发现，除了基本公共卫生服务项目与零星的试点项目，乡村基本是一片空白。本研究抛砖引玉，希望引起政府、学界和社会高度关注。以上问题也正是课题组未来要深入研究的专题。

三 研究不足之处

2016年全面二孩政策实施，本课题2018年立项，2019年以来的近3年是国家加快推进0—3岁儿童养育和照料事业发展的关键时期。国家出台了一系列政策法规体系，基本搭建起了"四梁八柱"框架，但在实践层面上刚起步，是一项刚开启和待发展的新兴事业，全国可参考的经验有限。乡村地区发展严重滞后，现有社区整合主体单一、项目有限，主要集中在基本公共卫生服务和各类试点项目，所以社区整合机制表现出来的同质性较强。科学育儿在中国是一个需要超越传统经验式照护，但理论研究相对缺乏的话题。课题组将拓展对少数民族传统家庭养育、民族社区、多民族融合社区、边境社区及国家对乡村的专项行动案例进行专题研究，拓展城市社区案例，继续完善社区整合机制理论模型。

参考文献

一 著作

邓正来：《国家与市民社会：一种社会理论的研究路径》，中央编译出版社 2005 年版。

杜智鑫、卢迈：《探索儿童发展的中国式新路》，载李伟主编《反贫困与儿童早期发展》，中国发展出版社 2018 年版。

费孝通：《乡土中国》，上海人民出版社 2006 年版。

郭纪生：《上海市流动人口子女家庭教养方式研究——以普陀区 TP 镇为例》，华东师范大学，硕士学位论文，2008 年。

洪镇涛、戴忠路注译：《周易》，上海大学出版社 2013 年版。

李伟：《反贫困与中国儿童发展》，中国发展出版社 2017 年版。

林荣远：《共同体与社会》，商务印书馆 1999 年版。

刘继同：《国家责任与儿童福利》，中国社会科学出版社 2010 年版。

谢立中：《西方社会学名著提要》，江西出版集团 2007 年版。

张静：《国家与社会》，浙江人民出版社 1998 年版。

张文新：《儿童社会性发展》，北京师范大学出版社 2000 年版。

中央教育科学研究所编：《鲁迅论教育》，教育科学出版社 1986 年版。

［爱尔兰］卡尔：《积极心理学》，丁丹等译，中国轻工业出版社 2019 年版。

［德］尤尔根·哈贝马斯：《哈贝马斯精粹》，曹卫东译，南京大学出版社 2009 年版。

［法］米歇尔·福柯：《规训与惩罚》，刘北成等译，生活·读书·新知三联书店 2010 年版。

参考文献

［古希腊］柏拉图：《理想国》，郭斌和等译，商务印书馆1986年版。

［古希腊］亚里士多德：《政治学》，颜一等译，中国人民大学出版社2003年版。

［美］C. 赖特·米尔斯：《社会学的想象力》，李康译，北京师范大学出版集团2017年版。

［美］R. K. 默顿：《社会理论和社会结构》，唐少杰等译，译林出版社2006年版。

［美］T. 帕森斯：《社会行动的结构》，张明德等译，译林出版社2006年版。

［美］戴维·波普诺：《社会学（第十版）》，李强等译，中国人民大学出版社2005年版。

［美］戴维斯·沃茨：《文化与权力——布迪厄的社会学》，陶东风译，上海译文出版社2006年版。

［美］丹尼斯·库恩：《心理学导论：思想与行为的认知之路（第13版）》，郑钢译，中国轻工业出版社2014年版。

［美］海伦·米尔纳：《利益、制度与信息：国内政治与国际关系》，曲博译，世纪出版集团2010年版。

［美］杰克森：《什么是教育》，吴春雷、马林海译，安徽人民出版社2012年版。

［美］马斯洛：《动机与人格》，许金声译，中国人民大学出版社2013年版。

［美］钱德勒·巴伯、［美］尼塔·H. 巴伯、［美］帕特丽夏·史高利：《家庭、学校与社区——建立儿童教育的合作关系（第四版）》，丁安睿等译，江苏教育出版社2013年版。

［美］乔纳森·H. 特纳：《社会学理论的结构》，邱泽奇等译，华夏出版社2006年版。

［美］塞缪尔·P. 亨廷顿：《变化社会中的政治秩序》，王冠华等译，生活·读书·新知三联书店1989年版。

［美］舒尔茨：《论人力资本投资》，吴珠华等译，北京经济学院出版社1990年版。

［意大利］康帕内拉：《太阳城》，陈大维等译，商务印书馆1980年版。

［印度］阿比吉特·班纳吉、［法］埃斯特·迪弗洛：《贫穷的本质》，景芳译，中信出版集团2020年版。

［英］恩格斯：《家庭、私有制和国家的起源》，人民出版社2003年版。

［英］马克思、恩格斯：《马克思恩格斯选集》（第1卷），人民出版社1995年版。

［英］维里蒂·坎贝尔-巴尔、卡罗琳·利森：《早期服务的质量与领导力：研究、理论与实践》，洪秀敏等译，教育科学出版社2020年版。

二 期刊

毕天云：《论底线福利公平》，《学术探索》2017年第11期。

曹能秀：《世界幼儿教育的"一体化"趋势浅探》，《平安校园》2015年第11期。

陈佳鞠、翟振武：《20世纪以来国际生育水平变迁历程及影响机制分析》，《中国人口科学》2016年第2期。

高薇、苗春凤：《新中国成立70年来托育服务的发展历程与思考》，《北京青年研究》2019年第4期。

郭林、董玉莲：《0—3岁婴幼儿托育服务：国际比较与中国选择》，《中共中央党校（国家行政学院）学报》2021年第5期。

和建花：《部分发达国家0—3岁托幼公共服务经验及启示》，《中华女子学院学报》2018年第5期。

和建花：《关于3岁以下托幼公共服务理论的再思考——跨学界视野与跨学界对话》，《学前教育研究》2017年第7期。

洪秀敏：《改革开放40年我国0—3岁早期教育服务的政策与实践》，《学前教育研究》2019年第2期。

洪岩璧、刘精明：《早期健康与阶层再生产》，《社会学研究》2019年第1期。

胡那苏图：《我国社区治理"碎片化"整合机制探析》，《行政与法》2020年第3期。

贾志科等：《我国家庭养育成本的研究述评与前景展望》，《西北人口》

2021 年第 5 期。

江夏：《OECD 国家儿童早期照顾政策取向差异及其对我国的启示》，《学前教育研究》2021 年第 5 期。

景天魁：《底线公平：公平与发展相均衡的福利基点》，《北京工业大学学报》2015 年第 2 期。

李凌艳等：《2—6 岁儿童母亲教育观念结构及其影响因素》，《心理科学》1997 年第 3 期。

李珊珊等：《中国农村贫困地区婴幼儿社区情绪发展及影响分析的实证研究》，《华东师范大学学报》（教育科学版）2019 年第 3 期。

李树燕等：《农村贫困地区 0—3 岁儿童早期发展的意义、困境与出路》，《当代教育论坛》2019 年第 6 期。

廖敬仪等：《女性职业发展中的生育惩罚》，《电子科技大学学报》2020 年第 1 期。

刘继同：《中国现代儿童福利服务体系制度化建设论纲》，《探索与争鸣》2021 年第 10 期。

刘丽伟、修钰颖：《美国 0—3 岁婴幼儿照护服务体系及借鉴》，《学前教育研究》2020 年第 12 期。

聂景春等：《中国农村贫困地区婴幼儿贫血现状及影响因素分析》，《华东师范大学学报》（教育科学版）2019 年第 3 期。

彭华民：《福利三角：一个社会政策分析的范式》，《社会学研究》2006 年第 4 期。

申小菊、茅倬彦：《OECD 国家 3 岁以下儿童照料支持体系对我国的启示》，《人口与计划生育》2018 年第 2 期。

沈毅：《社会整合与社区整合》，《天府新论》2007 年第 4 期。

史耀疆等：《教育精准扶贫中随机干预实验的中国实践与经验》，《华东师范大学学报》（教育科学版）2020 年第 8 期。

王蕾等：《中国农村儿童早期发展：政府投资的效益—成本分析》，《华东师范大学学报》（教育科学版）2019 年第 3 期。

邬春芹：《世界经合组织国家育儿支持政策的架构、特征及启示》，《教育评论》2021 年第 12 期。

岳爱、蔡建华等：《中国农村贫困地区 0—3 岁婴幼儿面临的挑战及可能的解决方案》，《华东师范大学学报》（教育科学版）2019 年第 3 期。

张航空：《儿童照料的延续和嬗变与我国 0—3 岁儿童照料服务体系的建立》，《学前教育研究》2016 年第 9 期。

张建波：《构建 0—3 岁婴幼儿社区早教公共服务体系的实践模式》，《理论观察》2013 年第 10 期。

张霞：《中国女性就业与生育困境的再思考——从女性主体地位出发》，《改革与战略》2017 年第 10 期。

［巴西］奥斯马尔·特拉、汤蕾、李英、郑文廷、史耀疆：《儿童早期发展入户项目和公共政策：巴西经验》，《华东师范大学学报》（教育科学版）2019 年第 3 期。

［美］弗拉维奥·库尼亚、李珊珊、王博雅、蒋琪、岳爱、史耀疆：《投资儿童早期人力资本：儿童早期发展项目设计的经济理论、数据及启示》，《华东师范大学学报》（教育科学版）2019 年第 3 期。

［美］加里·达姆施塔特：《推动儿童早期发展——从个体到社会》，《华东师范大学学报》（教育科学版）2019 年第 3 期。

［西班牙］诺伯特·斯查迪等：《儿童早期发展项目：拉丁美洲的实践和政策推广》，《华东师范大学学报》（教育科学版）2019 年第 3 期。

三 学位论文

姜晓丽：《瑶族村寨中的育儿习俗》，广西师范大学，硕士学位论文，2010 年。

李笑春：《我国 0—3 岁婴幼儿早期教育公共服务供给问题研究》，西北大学，硕士学位论文，2017 年。

林亚萍：《侗族育儿习俗研究——以广西三江侗族自治县独峒乡具盘村为个案》，广西师范大学，硕士学位论文，2010 年。

刘小先：《父母教养观念、亲子关系与儿童青少年自我意识的相关研究》，华东师范大学，硕士学位论文，2009 年。

柳倩：《世界三国以社区为基础的整合性早期服务机构运行模式的比较研究》，华东师范大学，硕士学位论文，2004 年。

卢笑笑：《从育儿角度看维吾尔族的民族性的形成与传承——以新疆科克墩村为例》，中央民族大学，硕士学位论文，2013年。

谭忠秀：《布依族社会变迁与家庭教育研究》，中央民族大学，硕士学位论文，2006年。

张亮：《中国儿童照顾政策研究》，复旦大学，博士学位论文，2014年。

赵亚霞：《基于人类发展生态学理论的白族农村地区0—3岁婴幼儿家庭教养研究》，云南师范大学，硕士学位论文，2006年。

四 外文

Abrahamson, P., "Neo-liberalism, Welfare Pluralism and Configuration of Social Policies", http://www.public-policy.u-nimelb.edu.au/conference, 2005.

Basu, Rashmita, "Lasting Impacts of Childhood Health and Socioecomic Circumstances on Adult Health Problems: Analysis of a Longtitudinal Count Regerssion Model", *International Journal of Applied Economics*, Vol.12, No.1, 2015.

Black, R.E., Victoria C.G., Walk er, S.P., Bhutta, Z.A., Christian, P., De Onis, M., & Uauy, R., "Maternal and Child Undernutrition and Overweight in Low-income and Middle-income Countries", *The Lancet*, Vol.382, No.9890, 2013. DOI: 10.1016/S0140-6736(13)60937-X.

Black et al., "Early Childhood Development Coming of Age: Science Through the Life Course", *The Lancet*, Vol.389, No.10064, 2017. DOI; 10.1016/S0140-6736(16)31389-7.

Currie, J. & Almond D., "Human Capital Development before Age Five", In *Handbook of Labor Economics*, Vol.4, 2011. Elsevier.

Elizabeth Benninger, "A Systematic Review of Children's Construction of the Self: Implications for Children's Subjective Well-being", June 2017, Volume 10, Issue2.

Evers, A., "Shifts in the Welfare Mix: Introducing a New Approach for the Study of Transformation in Welfare and Social Policy", In Evers, A. & Winters Berger, H. (Ed.), *Shifts in the Welfare Mix: Their Impact on Work, Social Services and Welfare Policies*, Euro Social, Vienna, 1988.

Grantham, McGregor, S. Cheung, Y. B. Cueto, S. Glewwe, P. Richter, L. Strupp, B. & International Child Development Steering Group, "Developmental Potential in the First 5 Years for Children in Developing Countries", 2007, Johnson, N., *Mixed Economies of Welfare: A Comparative Perspective*, London: Prentice Hall, 1999.

Lancet, 369 (9555), 60 – 70. DOI: 10.1016/S0140 – 6736 (07) 60032 – 4.

Luo, R. & Jia, F., Yue A., Zhang L., Lyu Q., Shi Y., & Rozelle S., "Passive Parenting and Its Association with Early Child Development", *Early Child Development and Care*, Vol. 189, No. 10, 2017a.

Marshall, A., "The Principles of Economics", *Political Science Quarterly*, Vol. 77, No. 2, 2004.

Mohamed A., & Hatem Jemmali, Do Tunisian Young Children Have Equal Chances in Access to Basic Services? A Special Focus on Opportunities in Healthcare and Nutrition. Child Indicators Research, 14 January 2017.

Niklas L., *The Differentiation of Society*, New York, 1982.

Oscar Lewis, La Vida: A Puerto Rican Family in the Culture of Poverty – Ork and San Juan, New York: Random House, 1966.

Pierre B., "The Form of Capital", In J. G. Richardson (ed.), *Handbook of Theory and Research for the Sociology of Education*, New York: Greenwood Press, 1985.

Urie, B., "Ecological Systems Theory", Ross Vesta (Eds), *Annals of Child Development*, 1989.

五 网络文献

国家民政部:《城乡社区服务体系建设规划（2016—2020 年）》,（2016 - 10 - 28）[2019 - 12 - 10], http://sgs.mca.gov.cn/article/。

国务院:《民办非企业单位登记管理暂行条例》,（1998 - 10 - 25）[2019 - 03 - 03], http://www.gov.cn/zhengce/2020 - 12/26/content_ 5574294.htm。

国务院：《事业单位登记管理暂行条例》，（1998-10-25）[2019-03-03]，http：//www.gov.cn/zhengce/2020-12/26/content_5574292.htm。

国务院：《中国儿童发展纲要（2010—2020年）》，（2011-08-05）[2019-12-10]，http：//www.gov.cn/zhengce/。

国务院：《中华人民共和国母婴保健法实施办法》，（2001-06-20）[2019-04-02]，http：//www.gov.cn/banshi/2005-08/01/content_19126.htm。

国务院：《中华人民共和国食品安全法实施条例》[2019-12-15]，http：//www.gov.cn/zhengce/content/2019-10/31/content_5447142.htm。

国务院办公厅：《关于加强幼儿教育工作的意见》，（1988-08-15）[2018-06-12]，http//www.pkulaw.cn/fulltext_form.aspx/pay/fulltext_form.aspx？Db=chl&Gid=96f4c460c7eabd4fbdfb。

国务院办公厅：《国务院办公厅关于促进3岁以下婴幼儿照护服务发展的指导意见》，（2019-05-09）[2020-01-09]，http：//www.gov.cn/zhengce/content/2019-05/09/content_5389983.htm。

国务院办公厅：《突发事件应急预案管理办法》，（2013-10-25）[2019-03-20]，http：//www.gov.cn/zwgk/2013-11/08/content_2524119.htm。

昆明市卫生健康委员会办公室：《昆明市卫生健康委员会办公室关于印发昆明市3岁以下婴幼儿照护服务机构卫生评价工作规范（试行）的通知》，（2020-09-02）[2021-01-19]，http：//wsjkw.km.gov.cn/c/2020-09-02/3773322.shtml。

联合国：《〈2030年可持续发展议程〉各项可持续发展目标和具体目标全球指标框架》，https：//unstats.un.org/sdgs/indicators/Global%20Indicator20%Framework%20after%20refinement_Chi.pdf，2018年10月查阅。

民政部，《国务院办公厅关于印发"十四五"城乡社区服务体系建设规划的通知》（国办发〔2021〕56），（2022-01-21）[2022-01-25]，http：//xxgk.mca.gov.cn：8011/gdnps/content.jsp？id=15356。

宁波市奉化区人民政府：《〈托儿所、幼儿园建筑设计规范〉JGJ39-2016局部修订条文（2019年版）》，（2020-05-11）[2020-07-09]，http：//www.fh.gov.cn/art/2020/5/11/art_1229037542_358883.html。

全国人民代表大会：《中华人民共和国家庭教育促进法》，（2021－10－23）［2021－10－31］，http：//www.npc.gov.cn/npc/c30834/202110/8d266f0320b74e17b02cd43722eeb413.shtml。

全国人民代表大会常务委员会：《中华人民共和国安全生产法》，（2002－06－29）［2019－02－12］，http：//www.gov.cn/ztzl/2006－05/27/content_292725.htm。

全国人民代表大会常务委员会：《中华人民共和国建筑法》，（1997－11－01）［2018－12－13］，http：//www.gov.cn/ziliao/flfg/2005－08/05/content_20920.htm。

全国人民代表大会常务委员会：《中华人民共和国母婴保健法》，（1994－10－27）［2019－02－13］，http：//www.gov.cn/banshi/2005－08/01/content_18943.htm。

全国人民代表大会常务委员会：《中华人民共和国突发事件应对法》，（2007－08－30）［2019－01－01］，http：//www.gov.cn/ziliao/flfg/2007－08/30/content_732593.htm。

全国人民代表大会常务委员会：《中华人民共和国未成年人保护法》，（1991－09－04）［2018－09－12］，http：//www.gov.cn/xinwen/2020－10/18/content_5552113.htm。

全国人民代表大会常务委员会：《中华人民共和国消防法》，（1998－04－29）［2018－12－04］，http：//www.gov.cn/flfg/2008－10/29/content_1134208.htm。

全国人民代表大会常务委员会：《中华人民共和国预防未成年人犯罪法》，（1999－06－28）［2019－01－01］，http：//www.gov.cn/xinwen/2020－12/27/content_5573667.htm。

人口监测与家庭发展司：《〈托育机构婴幼儿伤害预防指南（试行）〉解读》，（2021－01－20）［2021－02－09］，http：//www.nhc.gov.cn/rkjcyjtfzs/s7786/202101/43739924e1c840bb9fe020aa94c65772.shtml？ivk_sa=1024320u。

人口监测与家庭发展司：《关于印发托育机构登记和备案办法（试行）的通知》，（2020－01－06）［2019－02－15］，http：//www.gov.cn/

zhengce/zhengceku/2020 - 01/06/content_ 5466960. htm。

人口监测与家庭发展司：《国家卫生健康委关于印发托育机构保育指导大纲（试行）的通知》，（2021 - 01 - 12）［2021 - 02 - 07］，http：//www. nhc. gov. cn/rkjcyjtfzs/s7785/202101/deb9c0d7a44e4e8283b3e227c5b114c9. shtml。

人口监测与家庭发展司：《国家卫生健康委关于印发托育机构设置标准（试行）和托育机构管理规范（试行）的通知》，（2019 - 10 - 14）［2020 - 01 - 18］，http：//www. gov. cn/xinwen/2019 - 10/16/content_ 5440463. htm。

社会司：《关于推进儿童友好城市建设的指导意见》，（2021 - 10 - 15）［2021 - 10 - 16］，https：//www. ndrc. gov. cn/xwdt/wszb/tjetyhcsjs/etxgwj/202110/t20211015_ 1299751. html? code = &state = 123。

卫生部、教育部：《托儿所幼儿园卫生保健管理办法》，（2010 - 09 - 06）［2019 - 03 - 10］，http：//www. nhc. gov. cn/fzs/s3576/201010/c6db3a4d25b74ea093a2cef9709647ad. shtml。

云南省人民政府办公厅：《云南省人民政府办公厅关于促进3岁以下婴幼儿照护服务发展的实施意见》，（2020 - 06 - 04）［2020 - 08 - 19］，http：//www. yn. gov. cn/zwgk/zcwj/zxwj/202006/t20200604 _ 205043. html。

云南省卫生健康委员会：《云南省托育机构登记和备案办法实施细则（试行）（征求意见稿）》，（2021 - 01 - 18）［2021 - 02 - 13］，http：//www. pbh. yn. gov. cn/wjwWebsite/web/doc/UU161093400626124582。

中华人民共和国住房和城乡建设部：《住房城乡建设部关于发布国家标准〈建筑设计防火规范〉局部修订的公告》，（2018 - 3 - 30）［2018 - 12 - 11］，http：//www. mohurd. gov. cn/wjfb/201805/t20180509_ 235971. html。